Italienische Politikphilosophie

Roland Benedikter (Hrsg.)

Italienische Politikphilosophie

 Springer VS

Herausgeber
Roland Benedikter
Santa Barbara
USA

ISBN 978-3-658-11023-9   ISBN 978-3-658-11024-6 (eBook)
DOI 10.1007/978-3-658-11024-6

Die Deutsche Nationalbibliothek verzeichnet diese Publikation in der Deutschen Nationalbi-
bliografie; detaillierte bibliografische Daten sind im Internet über http://dnb.d-nb.de abrufbar.

Springer VS
Lektorat: Frank Schindler

Gedruckt auf säurefreiem und chlorfrei gebleichtem Papier

Springer Fachmedien Wiesbaden ist Teil der Fachverlagsgruppe Springer Science+Business Media
(www.springer.com)

Inhalt

Einleitung. „Schwäche" oder „Stärke" als Grundfrage zeitgenössischer Politik

Roland Benedikter

Dieses Buch enthält sechs Aufsätze von *Massimo Cacciari, Antonio Giuseppe Balistreri, Remo Bodei, Salvatore Veca, Roberto Esposito* und *Ugo Perone.* Sie präsentieren Schlüsselpositionen der italienischen Politikphilosophie der Gegenwart. Hier fassen einige der wichtigsten Denker Italiens ihre Sichtweise auf „die Politik", „das Politische" und deren in den kommenden Jahren zu erwartende Entwicklung kurz und allgemeinverständlich zusammen – und zwar so weit als möglich im Gespräch miteinander.

Was ist der verbindende rote Faden?

Gemeinsam ist diesen Texten – und den aktuellen Ansätzen italienischer Politikphilosophie insgesamt -

1. dass sie die Zukunft des Politischen, seiner Gegenstände und Probleme in *grundsätzlicher* Absicht vorauszudenken versuchen. Das macht sie über Italien hinaus auch für das deutschsprachige Europa zur Anregung. Wie mehrere Beiträge dieses Buches ausführen, haben sich in der italienischen Politik-Erfahrung der vergangenen Jahrzehnte möglicherweise auch künftige Grundprobleme des Politischen Europas wie in einem Laboratorium verdichtet.

2. Das italienische Politikdenken geht fast immer in *theoretischer und praktischer* Perspektive *zugleich* vor. Es ist ein Kennzeichen der italienischen Politikphilosophie der letzten Jahrzehnte, dass ihre Vertreter nicht nur über das Politische, seine Herkunft aus Zeitschichten der Vergangenheit, seine Dialektik in der Gegenwart und seine daraus absehbare Zukunft nachdenken, sondern dass sie auch selbst aktiv in die Politik eingreifen. Das gilt nicht nur für den ehemaligen Bürgermeister Venedigs, den Parlamentarier und Europaparlamentarier *Massimo Cacciari,* oder für den ehemaligen Kulturstadtrat Turins und Botschaftsrat für Kultur der italienischen Botschaft in Berlin *Ugo Perone.* Viele anerkannte Denker Italiens sind in den vergangenen Jahren in die Politik gegangen – aus Unzufriedenheit mit den Verhältnissen, aber auch aus einem „römischen" Zug der

Rationalität heraus, der sehr praxisorientiert und pragmatisch ist. Vor allem seit der Demokratiereform „Mani Pulite" („Saubere Hände") 1992-1995, die einem friedlichem Umsturz des politischen Nachkriegssystems Italiens gleichkam und den Übergang von der Ersten Republik (1946-1992) in die Zweite Republik (seit 1992) vollzog, gilt: Italiens Denker greifen ein – und zwar ebenso konstruktiv, wie, wenn es sein muss, subversiv. Gerade in Italien gehen Konstruktivismus und Dekonstruktivismus vielleicht mehr als anderswo in der täglichen politischen Praxis Hand in Hand – und zwar mit einer hier demonstrativer zur Schau gestellten Lust an beidem, und an den damit verbundenen Widersprüchen.

3. Die Verbindung von *Politik mit Spiel* – nicht zuletzt in sprachlicher Hinsicht – ist auch im Hinblick auf die Konstruktion politischer Identitäten und Verfahrensweisen auf der südlichen Halbinsel lebendiger denn je. Die Liebe zu Überraschung und Neuerfindung, die mit einem vergleichsweise rascheren Wandel politischer Konstellationen und Parteien einhergeht, ist hier ebenso ein stärkeres Element politischer Öffentlichkeit als im deutschsprachigen Raum wie der Hang zur theoretischen und rhetorischen Großgeste. Das macht den politischen Alltag abwechslungsreicher, aber auch unberechenbarer und oft weniger nachhaltig.

Könnten Elemente dieser politischen Kultur auch für das „postunitarische" Europa als Zukunftsszenario bevorstehen – proportional zunehmend etwa zu Tendenzen der Re-Nationalisierung und zu Warnungen vor dem Auseinanderfall, zum immer offensichtlicheren Fehlen eines kulturellen und zivilreligiösen Kits, der zwar nicht „Werte", aber doch Grundhaltungen neu zu denken auffordert, wenn das europäische Projekt nicht scheitern soll, aber analog auch zum wachsenden Einfluss des Europaparlaments und also zur wachsend pluralistischen Theoretisierung der Europäischen Union, die für deren Weiterentwicklung unvermeidlich scheint?

Die drei Elemente: Antizipatives Grundlagendenken aus einem gewissen Geist zeitgenössischen Abenteuers heraus, in dem mehr möglich ist als bisher gedacht wurde, gleichzeitiger Theorie-Praxis-Bezug und die Verbindung Politik-Spiel könnten auch für ein Europa an Geltung gewinnen, das sich heute – wie der „schwache Staat" Italien seit seiner Gründung – gegenüber seinen Bürgern sowohl beweisen wie verändern muss, ohne dabei einfach „Stärke" an die Stelle bisheriger „Schwäche" zu setzen.

Mit „Politikphilosophie" ist hier jedenfalls gemäß dem *theoretisch-praktischen Ansatz,* wie er für die heutige Politikphilosophie in Italien charakteristisch ist, sowohl *Philosophie des Politischen* wie *politische Philosophie* gemeint. Es ist ein – seinem Charakter nach immer zweischneidiges, dabei sich seiner produktiven Ambivalenz in hohem Maße bewusstes – Nachdenken über die Formen, die das

Politische unter Gegenwartsbedingungen annimmt, ebenso wie ein sich selbst (wenn manchmal auch nur implizit) als politisch verstehendes Philosophieren über das Politische hinaus.

Letzteres mag damit zu tun haben, dass die italienische Gesellschaft traditionell lieber über große statt über kleine Dinge philosophiert – und zugleich stärker als die deutschsprachige(n) nicht nur auf der Makro-, sondern auch auf den Mikro- und Meso-Ebenen politisiert ist. Das hat seine Gründe unter anderem in der notorischen Unzufriedenheit vieler Bürger mit dem „schwachen" Staat, der auch nach 150 Jahren nationaler Geschichte ungelösten Nord-Süd-Spaltung und den viel kürzeren politischen Zyklen.

Der Effekt? Die Synchronie, aber auch die nicht selten konflikthafte öffentliche Koexistenz von *Philosophie des Politischen* und *politischer* (und *politisierender*) *Philosophie* macht die italienische Politikphilosophie der Gegenwart in gewisser Hinsicht lebensnäher als die mancher anderer europäischer Zivilkulturen. Sie lässt sie zugleich aber, wie die hier gesammelten Beiträge zeigen, wenig von ihrem traditionellen Hintersinn, ihrer strategischen List und spekulativen Kraft verlieren.

Was bedeutet das? Vor allem eins: Italiens Philosophen handeln. Und sie werden dabei – in der Tradition der öffentlichen Philosophen Großgriechenlands, die vor allem im südlichen und mittleren Italien noch sehr lebendig ist – bis heute im Volk weniger als Meisterdenker, sondern viel eher als *Meister des Vernünftigen in der Polis* angesehen. Der politische Philosoph Italiens, wie etwa *Roberto Esposito*, wandert sowohl geistig wie auch physisch in der Polis umher und wird von den Bürgern angesprochen, führt Gespräche auf der Straße, nicht nur in der Akademie. Das ist ein Habitus sowohl der Philosophen wie der Bürger, der nicht nur in der *magna graecia*, das heißt im südlichen Italien bis herauf nach Rom überaus lebendig bleibt, sondern den auch Philosophen-Politiker des Nordens wie *Massimo Cacciari* täglich praktizieren. *Cacciaris* ausgedehnte tägliche Spaziergänge in Venedig als Bürgermeister, auf denen ihn jeder ansprechen konnte, um Kommentare zu geben, Forderungen zu stellen, seine Meinung einzuholen, ihn zur Rede zu stellen oder einfach nur das Leid zu klagen, sind legendär.

Diese – bei hoher spekulativer Abstraktion umso ausdrücklichere – Eingebundenheit italienischer Politikphilosophie in das tägliche Geschehen in der weiterlebenden Tradition des Polis-Denkers, der ständig zwischen „hoher" Theorie und Alltag vermittelt (und darin kulturelle Lust findet), und der dabei weder rein abstrakt noch rein populistisch vorgehen kann, ist gewiss ein eher südliches Element. Es könnte aber für das weitere *Verhältnis zwischen Politik und Kultur* in Europa durchaus bis zu einem gewissen Grad beispielgebend sein. Denn wenn, wie heute viele fordern, eine Einigung Europas, die diesen Namen verdient, nicht nur wirtschaftlich, sondern in sozusagen trinitarisch ausgewogenem Maß wirtschaftlich, politisch und kulturell erfolgen soll, dann kommt auch der Anbindung politischer Philosophie an den Alltag neues Gewicht zu. Die Aufgabe der Politikphilosophie ist und bleibt es, die öffentliche Rationalität des Politischen kritisch zu hinterfragen, seine Selbstbilder und Verfahrensweisen zu Bewusstsein zu bringen und ständig neue Themen einzuführen, zu definieren und vorauszudenken, die sich als zukunftsträchtig abzeichnen.

Um den Charakter der heutigen italienischen Politikphilosophie – und also der folgenden Beiträge – zu verstehen, ist es wichtig, ihren stufenförmigen, dabei aber nicht hierarchischen Grundgestus zu beachten. Die Entfaltung des zeitgenössischen italienischen Denkens erfolgt in *drei aufeinander aufbauenden Ebenen*: Technik, Politik und Moral.

1. Das, was heute vorrangig und unmittelbar zum Denken zwingt, ist die *technische* Entwicklung – und zwar im breiten, mehrdimensionalen Sinn des italienischen Begriffs *tecnica*. Dieser wird für ein sehr viel weiteres Spektrum an Bedeutungen und Anwendungen gebraucht als im Deutschen.[1] Das hat mit der Präsenz des römischen Erbes zu tun. Der römische Geist war seit jeher dem Technischen, einschließlich der „Technik" von Verfahrensweisen und Institutionen und einer „technischen" Politik, wie sie sich zuletzt in der Amtszeit des nicht gewählten Ministerpräsidenten *Mario Monti* (November 2011 bis April 2013) verwirklichte, besonders zugeneigt. Er war zugleich stets bemüht, sie wenigstens notdürftig ethisch zu bändigen und ihre Potentiale unter sich wandelnden Bedingungen ständig neu nutzbar zu machen. Die Erfindung des Rechts durch das „rationale" römische Imperium ist Folge und Ausdruck dieser bis heute kulturell verankerten Inklination, die das Denken des Politischen in Italien weiterhin stark beeinflusst.

2. Aus jedem Denken der „Technik" ergibt sich für die italienische Wahrnehmung gleichsam von sich aus als nächster logischer Schritt das Denken des *Politischen im engeren Sinne: als dialogischer Vorprozess der Formalisierung*, und zugleich als ständige Um- und Neugestaltung der Verfahren der Formalisierung. „Technik" ist ohne das Politische im Sinne eines nicht enden wollenden vor-formalen Gesprächs nicht zu beeinflussen und zu formen. Dazu muss ein so verstandenes Politisches aber auch in seiner Eigendimension, den Weisen seiner Verankerung und Transformation, seinen „fluiden" Qualitäten und seinen sich ständig wandelnden Perspektiven bedacht werden. In Italien besteht dazu besonderer Anlass zu stetiger Übung. Denn die Parteien-, Gruppen- und Klientelvielfalt

---

1   Vgl. R. Benedikter (Hrsg.): *Italienische Technikphilosophie für das 21. Jahrhundert.* Reihe Problemata, Band 145. Frommann-Holzboog Verlag, Stuttgart 2002.

ist größer und vielleicht anarchischer als in den meisten anderen europäischen Ländern. Das Politische im vorformalen Sinn erhält daher größeren Wert und eine wichtigere Rolle gegenüber den Institutionenpolitiken. Es gibt sich macchiavellistischer und unabsehbarer als anderswo. Mit einem Wort: Es wird mehr geredet und breiter diskutiert, auch wenn dadurch die Handlungsentschlossenheit und -geschwindigkeit nicht unbedingt zunimmt.

3. Jedes politische Denken muss, so ein weiterer unbewusst-bewusster Kern heutigen italienischen politischen Denkens, unter den Zeitbedingungen des 21. Jahrhunderts unfertig bleiben, wenn es nicht in eine Wert-Perspektive mündet, welche die *innere* Dimension praktischer Urteilsbildung und Sinnbefragung des Einzelnen: des politischen Subjekts (oder dessen, was *Slavoij Zizek* den „Gegenstand politischer Subjektivierung" genannt hat) einbezieht. Diese Dimension hat die europäische Tradition meist (politische) *Moral* genannt, was ihre individuell-generative Ebene betrifft; in ihrer kollektiv bedingten Ebene heißt sie *Ethik*.[2] Moral und Ethik stellen auf zusammenhängende, aber je unterschiedliche Weisen jene Dimension dar, auf die jede einzelne – auch noch die kleinste – (politische) Urteilsbildung und Handlung letztlich unausweichlich beruht, und auf die sie bezogen bleibt, weil es letztlich immer Menschen sind, die Urteile bilden und Entscheidungen treffen. Italien, das Land des Katholizismus und des Papstes, ist vielleicht mehr als andere politische Kulturen davon überzeugt: Jede individuelle und kollektive Entscheidung ist in ihrem Grund – ebenso wie in ihren Folgen – letztlich moralischer Natur, auf welche die Ethik als gemeinschaftliche Konvention über das Richtige (zumindest in einer Demokratie) dann aufbaut. Daher bleibt in Italien bis heute weit stärker als in Zentraleuropa sowohl das Denken des Technischen wie des Politischen in seinen Grundlagen auf das hier nicht implizit bleibende, sondern explizite Denken des Moralischen angewiesen, welches sich – auch in seinen institutionalisierten Formen, etwa der Katholischen Kirche – ständig offen als Teil des politischen Diskurses artikuliert und das Entwickeln tragfähiger ethischer Grundideen unter Zeitbedingungen maßgeblich mitbestimmt. Das bleibt nicht ohne Einfluss auf die italienische Politikphilosophie. Es wirkt bewusst und unterbewusst auch auf jene ein, die sich ausdrücklich laizistisch, anti-substantialistisch oder gar atheistisch definieren.

Was ergibt sich daraus in Summe?

In Italien ist die unbestrittene Grundlage der moralisch-ethischen Dimension der Katholizismus – auch noch für den überwiegenden Großteil linker und kommunitarischer Politiker und Politiken. Das Paradoxon des „katholischen Kommunisten"

---

2 Vgl. R. Benedikter (Hrsg.): *Italienische Moralphilosophie*, Springer Verlag Berlin 2015.

und des „kommunistischen Katholiken" ist hier, weit über Klischees wie *Don Camillo und Peppone* hinaus und jenseits ihrer historischen Einheit in symptomatischen Einzeldenkern wie *Massimo Cacciari*, nicht nur sprichwörtlich, sondern Ausdruck eines weiterhin prägenden Charakters italienischen Politikdenkens. Es schwingt im Hintergrund praktisch aller Denkansätze entweder affirmativ oder konfrontativ mit – so auch in den Texten dieses Bandes.

Dass die charakteristische Dreidimensionalität heutigen italienischen Denkens im zirkulären Dreischritt zwischen „Technik", „vorformaler" Politik und Moral – letztere oft genug radikal individualisiert und daher auch im Gegensatz zur Ethik – besteht; dass dieser Dreischritt eigentümliche Brüche, Widersprüche und Dialektiken generiert; und dass möglicherweise diese drei Felder überhaupt vom politischen Denken als eine untrennbare Einheit angesehen werden müssen, da ihre „Dialektik in Zusammengehörigkeit" gegenwärtig auch für Europa zunehmend produktiv wird: Das ist wichtig zu beachten, um die Gemeinsamkeit der folgenden Texte ebenso zu verstehen wie ihre kulturelle Prägung, die sie trotz aller europäischen Ausrichtung weder leugnen können noch wollen.

Was ist aus solcher Konstellation heraus das gemeinsame Grundmotiv der folgenden Beiträge?

Alle Texte des vorliegenden Bandes kreisen, kongenial mit dem Grundmotiv der italienischen Staatsgeschichte seit 1861, um die typologische Dichotomie zwischen „Schwäche" gegen „Stärke" des Politischen. Die Grundfrage lautet: Ist es wünschenswert, dass „schwache", weiche, sanfte und fließende Konzeptionen von Politik, Staat und Institutionen die weitere Entwicklung bestimmen (*Cacciari*) – oder sollten lieber „starke", „klare", „deutlich umrissene" Formen und Verfahrensweisen wirksam werden (*Balistreri*)? Das Eingangsgespräch zwischen *Cacciari* und *Balistreri* verdeutlicht die Bedeutung dieser politikphilosophischen Grundentscheidung vor dem Hintergrund der Beziehung zwischen Italien und Europa. Inwiefern ist sie wesentlich?

Die Frage „schwaches oder starkes Politisches?" erwächst zunächst aus dem spezifischen Charakter des italienischen Politischen heraus. In Italien hat, wie der Beitrag von *Antonio Giuseppe Balistreri* meisterhaft aufzeigt, der „schwache Staat" seit der einzigartigen Gründung des modernen italienischen Nationalstaats 1861 durch Liberale gegen die Kirche mehr oder weniger ungebrochen Tradition. Ein oft dysfunktionaler Staat, der den Bürgern nicht geheuer ist, das seinerseits weiß und sie daher umgekehrt mit vorbeugendem Verdacht belegen muss, worauf diese wiederum mit Subversion reagieren, war und ist bis heute die Folge. Das Ergebnis ist „anarchische Zugehörigkeit" – oder ein „starkes" Subjekt, das sich ständig gegen den „schwachen Staat" behauptet, jedenfalls in einer Art Haßliebe zu und in ihm steht.

Das begründet einerseits die frühe „Postmodernität" des Staates im *bel paese*, mit der Italien in der politischen Praxis mehr Erfahrung hat als die meisten anderen europäischen Länder – und die auch die treibende Kraft hinter dem wesentlich gegen den „schwachen Staat" gerichteten Ursprung avantgardistischer italienischer Bewegungen des 20. Jahrhunderts wie Futurismus oder Faschismus war. Andererseits ist es der Grund einer kulturell angelegten „Nichtstaatlichkeit" des Subjekts, die nicht strukturell, sondern systemisch bedingt ist – nämlich in der programmatischen „Schwäche" des italienischen Staates und seiner Institutionen begründet. Darauf antworten Formen des Widerstands, die sowohl in Richtung „weiche" Dispersion (Linke) wie auch „starker" Separatismus (Rechte des Nordens), Anarchie (anarchische Bewegungen, Teile der Zivilgesellschaft) oder, dazu im Gegensatz, „starke" Rezentralisierung (Nationalisten) gehen.

Alle folgenden Texte nehmen auf diese grundlegende Dichotomie zwischen „Stärke" und „Schwäche" Bezug und projizieren sie in die Gegenwart des größeren europäischen Kontexts. Sie gehen von ihr als konstitutiv für die Zukunft des Politischen überhaupt aus – nicht nur für Italien, sondern auch für Europa, und vielleicht (zumindest als Grundmechanismus hinter den weiteren grundlegenden Entwicklungskonflikten des Politischen) in den kommenden Jahrzehnten sogar international. Wenn „Schwäche" gegen „Stärke" eine der Grundfragen zur wünschenswerten Gestalt eines vereinten europäischen Staatsgebildes ist – können sich dann anders geartete Gemeinwesen wie etwa die USA oder nicht-demokratische Nationen wie China der Dichotomie „Stärke-Schwäche" bei zunehmenden Bestrebungen zur Ausdifferenzierung, zum Regionalen und Lokalen und zu ethnischer Diversifizierung entziehen?

Diese gemeinsame Grundfrage wird im folgenden typologisch aufgefächert und in Einzelbereichen entfaltet. Während der Eröffnungsbeitrag von *Massimo Cacciari* für „Schwäche" als positive politische Basisphilosophie plädiert, antwortet *Antonio Giuseppe Balistreri* darauf aus der Rekapitulation der spezifischen historischen Erfahrung Italiens heraus mit der Forderung nach einem „starken" Staat und einem „starken" Politischen, zumindest für das multinationale Europa.

Die folgenden Beiträge differenzieren diese Gegenüberstellung aus. Um bei der Grundsatzdiskussion den Gefahren einer (wenn auch möglicherweise in ihren Mechanismen noch nicht richtig absehbaren, im Kern neuartigen) Reideologisierung zu entgehen, suchen *Remo Bodei, Salvatore Veca* und *Roberto Esposito* nach flüssigeren und zugleich lebensnäheren Begriffen, um dieselbe Frage auszutragen. Darunter sind die Dimensionen von Vergessen und Gedächtnis, Utopie und Gerechtigkeit, von „Biopolitik", Immunisierung und ihrem Bezug zur Kommunität.

Ugo Perone schließlich sucht eine Synthese zwischen „Schwäche" und „Stärke" des Politischen unter den heute beginnenden „post-postmodernen" Bedingungen.

Er findet sie in der politischen Neukonzeption der Leitbegriffe von „Gegenwart"
und „Gegenwärtigkeit" – vielleicht nicht ohne Verwandtschaft zur sprichwörtlichen
italienischen Kunst des *arrangiarsi*, also der angesichts der „Schwäche" des Staates
notwendigen Improvisation des Subjekts aus dem Fluss des Gegenwärtigen heraus.
Wird ein möglicher europäischer Superstaat dazu beitragen, ein solches „halb-an-
archisches" Subjekt auch auf europäischer Ebene zu generieren?

Alle Texte des vorliegenden Buches sind Originalbeiträge, die hier erstmals in
deutscher Sprache erscheinen. Die Übersetzungen aus dem Italienischen sowie die
Bearbeitung und Strukturierung verantworte ich.

Mailand, Bozen und Berlin, im November 2015   Roland Benedikter

„Schwäche" als Instrument politischer Selbstbehauptung
Europa und das Politische im 21. Jahrhundert

Massimo Cacciari

In welche Gedanken und Konzepte sollen wir Europa also fassen – dieses bislang noch immer unidentifizierte, „schwache" politische Objekt? Kann ein Organismus, *der aus der eigenen politischen Schwäche ein Instrument der Selbstbehauptung gemacht hat, oder vielleicht auch erst noch machen will,* über seinen gegenwärtigen Zustand hinaus aus eigener Kraft voranschreiten? Und: Kann er es auch nicht tun? Kann er sich entwickeln – *und zugleich* derselbe bleiben? Auf den Kontinent bezogen: Kann sich Europa entwickeln – und *zugleich* dasselbe bleiben? Und umgekehrt: Kann es sich nicht entwickeln – und sich *dabei* verändern? Welche Rolle könnte dabei *Schwäche als politisches Instrument* spielen – analog vielleicht zur Rolle des „schwachen Denkens" als hermeneutisch-kritisches und ethisches Instrument in der Philosophie?

I

Jede Vorstellung zur *Zukunft* Europas muss sich dem Vergleich mit dem stellen, was Europa heute tatsächlich *ist.* Es wäre verständlich, wenn sich jemand angesichts des noch keineswegs weit zurückliegenden, viele Jahre währenden Blutvergießens im Südosten und Osten des Kontinents oder der aktuellen Migranten- und Flücht- lings-Krisen zur Behauptung verleiten ließe, dass Europa – politisch gesehen – eben noch *nicht* existiert. Ebensowenig wäre es verwunderlich, wenn dieser jemand meinte, das Problem samt der Frage nach der Zukunft damit ebenso schnell wie realistisch gelöst zu haben: nämlich negativ.

Eine solche „Lösung": Europa existiert (noch) nicht, also brauchen wir darüber auch nicht vertieft nachdenken, und schon gar nicht philosophisch, wäre allerdings keine. Sie wäre nichts anderes als ein Symptom programmatischer Ungeduld. Sie wäre vielleicht auch ein Zeichen politischer Romantik.

In Wahrheit, so glaube ich, sind die augenscheinlichsten Zeugnisse politischer Ohmacht, die sich Europa in diesen Jahren selbst ausgestellt hat, auf die Grundlagen seines politischen Selbstverständnisses zurückzuführen. Das hat viel mit Philosophie, mehr noch: mit philosophischen Grundentscheidungen zu tun. Wenn Europa an den Schauplätzen, an denen die Krise vergangener Gleichgewichte ins Endstadium getreten ist, nur unter extremen Schwierigkeiten oder überhaupt nicht dazu fähig ist, seiner ersehnten Hauptdarsteller-Rolle gerecht zu werden, dann müssen wir den Versuch wagen, die Gründe dafür in den zugrundeliegenden Leit-Ideen europäischer Politik selbst zu suchen. Diese werden derzeit meist negativ gefasst. Wir müssen sie aber positiv formulieren.

Genauer – und als Frage für die Zukunft des europäischen Projekts – formuliert: Kann der Umstand, dass Europa den Anschein eines „unidentifizierten politischen Objekts", also eines „schwachen" Objekts erweckt, wie es heute nicht nur die Amerikaner formulieren, als *Ausdruck seiner ganz speziellen Wesensart* gedeutet werden? Und kann vielleicht eben aus dieser Wesensart eine positive Zukunft seines Politischen erwachsen? Welcher Art könnte diese Zukunft sein?

II

Tatsächlich endete das 20. Jahrhundert mit einem außerordentlichen Ereignis, dem nicht nur politisch, sondern auch symbolisch große Bedeutung zukommt. Die Einführung der Einheitswährung, des „Euro", in den Jahren 1999-2002 beendete einen auf Handel und Wirtschaft begrenzten Integrationsprozess, der die Entwicklung Europas im 20. Jahrhundert geprägt hatte. Dieser Integrationsprozess war über viele Jahre gerade dadurch verwirklichbar, dass die Begrenzung auf Handel und Wirtschaft ins Zentrum des Entwurfs von Integration gestellt wurde.

Das heißt: Das Wissen um die begrenzten Möglichkeiten von Integration und ihre „weise" Einschränkung auf einen eng umrissenen Bereich hat die Europas Vision in den vergangenen 50 Jahren dazu befähigt, ihre Einigungsräume rigoros nur innerhalb wirtschaftlich-finanzieller Grenzen zu suchen.

Das *politisch nicht identifizierbare Objekt Europa* ist also das Ergebnis einer durchaus durchdachten und (im eigentlichen Sinn) selbstbewussten politischen Strategie, die auf Wirtschaft konzentriert war. Jetzt zu behaupten, wie es manche tun, dass sich die Frage nach der „politischen Form" Europas erst jetzt, nämlich in der wohl tiefsten Krise des bisherigen Integrations-Projekts, stellt, wäre erneut nichts anderes als politische Romantik. Denn der überwältigende Erfolg der *wirtschaftlichen* Integration gründet gerade in der *politischen* Schwäche der europäischen Nationalstaaten – die die Zeitgeschichte nur formal als „Mächte" bezeichnet.

Wer sich diese Tatsache nicht immer wieder vor Augen hält, kann und wird die Ereignisse der Gegenwart und der ihr bereits immanenten Zukunft nicht verstehen.

III

Die Konzentration auf Wirtschaft hatte ihre Gründe. Auf der politischen Machtbasis der europäischen Staaten wäre nur die unendliche Fortsetzung der „Bürgerkriege" der Nationen gegeneinander vorstellbar gewesen. Eine „Lösung" interner Konkurrenz durch den Sieg eines dieser Staaten über die anderen wäre und ist undenkbar. Das ist die tragische Lehre des „langen Jahrhunderts" von 1848 bis zum Ende des Zweiten Weltkrieges 1945.

Gerade wegen – und nicht etwa trotz – dieser außerordentlichen politischen Konstellation der europäischen Staaten konnte der Integrationsprozess am Ende des Bürgerkrieg-Jahrhunderts (des 20. Jahrhunderts, in dem die Bürger, nicht die Klassen verschiedener Staaten einander bekämpften) zustande kommen. Die Nutzung der heutigen Schwäche – oder noch etwas unverhüllter ausgesprochen: die Nutzung der Krise der europäischen Nationalstaaten – hat unter dem Druck der Globalisierungsfaktoren Wirtschaft, Geldwesen, Technologie und Kultur am Ende des 20. Jahrhunderts das außergewöhnliche Produkt der Einheitswährung hervorgebracht. Und damit hat ausgerechnet die Nutzung politischer Schwäche durch Wirtschafts- und monetäre Faktoren einen einheitlichen und einheitlich verwaltbaren Raum für Europa geschaffen.

IV

Dreizehn Jahre nach Einführung des Euro hat sich *diese* Einheit trotz verschiedener Erschütterungen mehr oder weniger konsolidiert. Wie sollen wir uns Europa aber *von nun an* denken? Welche Ideen liefert seine Schwäche-Verfasstheit für seine gegenwärtige und künftige Gestalt?

Die Entstehungsgeschichte des heutigen Europas ist ohne Zweifel ein bestimmender Faktor, wenn es um das gegenwärtig mögliche Gefüge und um den künftigen Wandel geht. Die Frage muss an dieser Stelle wiederholt werden: Kann ein Organismus, der aus der eigenen politischen Schwäche ein Instrument der (wirtschaftlichen) Selbstbehauptung gemacht hat, über den gegenwärtigen Zustand hinaus vorwärts schreiten? Trägt er in seiner gegenwärtigen Beschaffenheit den Keim künftiger, mehrgestaltiger Metamorphosen in sich? Oder sind solche

Metamorphosen nur in Form von Katastrophen denkbar, das heißt angestossen durch jähe Umwälzungen (wie es vielleicht die Füchtlingskrise ist)?

V

Wir kommen nicht umhin, hier bei den *Ideen* anzusetzen, die heute das politische Handeln in Europa bestimmen. Es gibt eine regelrechte (und unschwer definierbare) *Maastricht-Philosophie* – die noch immer sehr weitgehend im Zeichen der Geschichte *vor* der Währungs-Integration steht. Ihr Grundprinzip, ihr *fundamentum inconcussum*, von dem jegliche weitere Beweisführung zur Existenzberechtigung des europäischen Projekts ausgeht, das seinerseits aber als Axiom unbeweisbar ist, heißt *Stabilität*. Die Traumata, die wiederholten Schrecken des „großen Bürgerkrieges" zwischen den Nationen in der europäischen Geschichte haben fast zwangsläufig zu diesem Axiom geführt.

Der Wert dieses Axioms *Stabilität* reicht in der heutigen Wirklichkeit Europas über reine Haushalts- oder Finanzkriterien hinaus. Mit ihm fällt eine weitreichende und grundsätzliche politische Entscheidung. Sie lautet: Es gilt, rein politische Entscheidungen zu verhindern. Denn unter ihnen könnte das Netz der reziproken Interessen auf der Basis wirtschaftlicher Vorteile zerreißen – und so den Integrationsprozess ohne Halt: ohne den bisherigen Basiskit zurücklassen.

VI

Aber nicht genug damit. Im Gefolge des Stabilitätsprinzips findet sich auch das Dogma von der *Irreversibilität der Integrations-Prozesse*. Integration, so heißt es, muss sich ständig konsolidieren, durch sich selbst bestätigen und weiterentwickeln, wenn sie nicht ihre Stabilität einbüßen will. Und diese Entwicklung darf nicht umkehrbar sein, wenn sie nicht zur Gefahr für das eigene Fundament werden will. Anders gesagt: Die Folgephasen der Integration müssen sozusagen immer schon von den jeweils vorhergehenden „vorausgesetzt", in ihnen bereits angelegt, ja impliziert sein. Was Sinn macht, sind also keine Sprünge, keine Kurzschlüsse. Sondern Evolution, Entwicklung, „natürliches Wachstum" *einmal erreichter Stabilität*.

VII

Bei genauerer Betrachtung spielt hier eine ganze *Philosophie der Zeit* herein – nämlich der gesamte Bedeutungsumfang dessen, was man heute im Sinn eines technischen Funktionalismus „Projekt" nennt. Die Zeit wird dabei verstanden als die lineare Funktion des Gleichgewichts zwischen den Faktoren eines Zustandes. Die Inhalte eines bereits gegebenen Zustandes extrapoliert man aus der Analyse seines Gleichgewichts; und man projiziert sie dann einfach in die Zukunft. Die Zeit ist nichts anderes als das Medium dieser Projektion. Das „beste Projekt" für Europa besteht demnach in der Optimierung des „organischen Wachstums" der bereits gegebenen Faktoren und der Stabilität ihres Gleichgewichts.

VIII

Man würde es sich zu leicht machen, wollte man die geradezu archaische epistemologische Starrheit dieses Modells und den naiven historistischen Fortschrittsglauben kritisieren, den es enthält. Andererseits würde ein indeterministischer Probabilismus – ein auf „Ereignis" statt „Stabilität" ausgerichtetes Selbstverständnis – auch die gesamte Statik der Grundsätze ins Wanken bringen, auf denen die europäische Integration heute aufruht. Denn jedes Modell, *Möglichkeiten einzubauen, die die Logik eines „Aktes" einbeziehen*, würde dazu führen, dass die weiteren Phasen von Europas Entwicklung unter Umständen auch *keine* organische Entwicklung des bestehenden Zustandes darstellten – und daher dessen Gleichgewicht auch nicht gewährleisten könnten.

Das impliziert in gewisser Weise, dass es solche „Ereignisse" oder „Akte" der Entwicklung wenn, dann überhaupt *nur als politische Entscheidungen* geben kann. Und das wiederum ist genau das, was vom Axiom „Stabilität" keinesfalls zugelassen werden darf. Für das *fundamentum inconcussum* (wirtschaftliche) Stabilität ist es ausschlaggebend, dass die Entscheidung über die weitere Entwicklung *ent-politisiert* wird – dass sie in ein administratives Kalkül umgewandelt wird. Auf die kürzeste Formel gebracht: Ohne eine Ent-Politisierung des europäischen Integrationsprozesses gibt es keine Gewähr für seinen Erfolg.

IX

Der Schachzug der Entpolitisierung (und damit die Fortsetzung der politischen Schwäche Europas zugunsten eines administrativen Automatismus) *kann* gelingen – aber nur unter einer Bedingung. Diese Bedingung (die übrigens seit jeher Bestandteil der fortschrittsorientierten Geschichtsphilosophie liberaler Färbung war) lautet: Stabilität und Irreversibilität des Systems und seiner Entwicklung können nur dann immanent, also „organisch" gesichert werden, *wenn der Kanon der freien Marktwirtschaft respektiert wird*. Nur der Marktmechanismus kann, allem Anschein nach, irreversible Stabilität überhaupt möglich machen – und Abweichungen von ihrer Norm-Entwicklungslinie auf einen akzeptablen Schwankungswert begrenzen.

X

Die Vorstellung eines stabilen Fortschritts, gleichgesetzt mit fortschrittlicher Stabilität, auf der Grundlage halb-automatisierter oder wenigstens anonymer, nämlich weder dem Zufall noch der Willkür ausgesetzter Mechanismen: das ist selbstverständlich aber eine *althergebrachte Utopie*, vielleicht sogar die Quintessenz der modernen Utopie. Denn worin besteht schließlich Utopie für die Moderne, wenn nicht in einer gewissermaßen automatischen Entwicklung von Wissen, Technologie und Wohlstand unter Ausschluss von stringent politischen Konflikten und expliziten politischen Entscheidungen?

XI

Zusammenfassend gilt: Die für die Entwicklung Europas heute noch immer bestehende Utopie repräsentiert das Utopische *aller* modernen Utopien – nur mit einem gegenüber früheren Ansätzen veränderten Wirklichkeitsbezug. Die *moderne Utopie* war stets wie ein Morgenrot, das den *Aufstieg der Nationalstaaten* begleitete und beleuchtete. Die heute im Zentrum stehende Utopie *„irreversibler Stabilität"* dagegen steht im Zeichen des unausweichlichen und irreversiblen *Niedergangs der Nationalstaaten und ihres bisherigen Politischen*. Der Glaube an die Möglichkeit, dass rein administrative, apolitische Automatismen greifen, um Europa zum Guten zu verändern, hat ungemein an Boden gewonnen. Kein demokratischer Staat kann sich heute mehr vorstellen, die Landkarte Europas unter Berufung auf seine nationale Macht neu zu gestalten. Im Gegenteil: Tatsächlich ist es so, dass wirtschaftlich definierte Integrationsgesetze den politischen Machtbereich der Staaten definieren und begrenzen. Das Kraftpotential der gegenwärtig noch immer gültigen Integrationsgesetze, ihr Lebenszentrum, sind mehr denn je der freie Wettbewerb und der Markt.

XII

Aber es gibt auch noch einen tieferliegenden, nämlich – paradoxerweise –einen *anthropologischen* Grund, der die *Utopie einer progressiv-irreversiblen Entpolitisierung Europas* „realistisch" macht. Der europäische Mensch empfindet den *Raum Europa* als gesichert. Er empfindet ihn als „Schutzraum", der mit zunehmender Wirksamkeit die vordringlich bedeutsamen wirtschaftlichen Interessen behütet. Der europäische Mensch erfährt den wirtschaftlichen Integrationsprozess daher wenigstens unbewusst auch als Schlussstrich unter die sogenannten *politischen* Entscheidungen.

Diese Empfindung, in der sich zugleich das Anliegen des europäischen Wohlfahrtsstaates auf Frieden und Dauer um den Preis des „Aktes" und des „Ereignisses" spiegelt, hat es den Nationalstaaten überhaupt erst ermöglicht, die inneren ideologischen und kulturellen, aber auch politischen Widerstände zu überwinden, die sich der europäischen Einigung in den Weg stellten. Der europäische *homo democraticus*, rechtmäßiger Erbe des bei Alexis de Tocqueville und Friedrich Nietzsche beschriebenen Menschen, *fordert unterm Strich ein wirtschaftlich starkes und zugleich politisch schwaches Europa* – ob ihm das nun vollends bewusst ist oder nicht.

XIII

Dieser Grundzug der europäischen Situation wird von denen unentwegt verdrängt, welche die „politische Abwesenheit" Europas in Krisenmomenten beklagen. Sie klagen: Nicht nur seien die Regierungen der europäischen Staaten außerstande, ihre Bürger von einer aktiven Interventionspolitik und den damit verbundenen militärischen und wirtschaftlichen Risiken, aber auch Chancen zu überzeugen. Sondern diese Staaten, so die Klage, setzten sich mit dieser ihrer *politischen Schwäche* auch der Gefahr massiver Gegenreaktionen gegen die europäische Integration aus, falls sich die europäische *Politik* in eine kontinentale oder gar internationale Hauptdarsteller-Rolle vorwagen sollte.

XIV

Das ist eine durchaus berechtigte Beobachtung. Trotzdem hat sie ihre nicht zu übersehenden Probleme. Denn hat die Kreuzung *wirtschaftlicher Stärke* mit *politischer Schwäche* über die Lenkung des Tags hinaus substantielle Zukunftsaussichten? Ist das, was durch diese Kombination erzeugt wird, tatsächlich eine stabile Situation? Oder wird die Utopie der Befriedungs- und Ausgleichsleistung dieser Kreuzung, die heute noch immer dominiert, in den kommenden Jahrzehnten mehr oder weniger rasch ein sozusagen „natürliches" Ende finden?

Dieser Frage müssen wir uns stellen. Denn der Leitgedanke des bisherigen europäischen Gemeinschaftsgebäudes: dass Stabilität nur über eine Normierung des europäischen Raumes im Rahmen liberalistisch interpretierter Wettbewerbs- und Marktgesetze erreichbar ist, deckt sich offenkundig mit einer *negativen Auffassung von Politik*, die sich der europäische Mensch auch in Folge der tragischen Erfahrungen des 20. Jahrhunderts angeeignet hat. Für ihn ist Politik in der Hauptsache Verursacherin von Krisen und Konflikten.

XV

Man könnte hier durchaus eine Parallele wagen. Der europäische Mensch ist heute bereit, sich *zur Vermeidung politischer Konflikte* mit einer transnationalen Gemeinschaft zu identifizieren, so wie er sich vor Jahrhunderten *zur Vermeidung der Religionskriege* mit dem Staat identifiziert hat, dem *deus artificialis* der Neuzeit und großen Garanten von Einheit.

In dieser Konstellation traut man der Politik Europas bewusst oder unbewusst nicht, was die gute Verwaltung und Weiterentwicklung der erwünschten irreversiblen Stabilität angeht. Das ist spätestens dann ersichtlich, wenn man das System der heute bestehenden europäischen *Gemeinschaftsorgane* näher betrachtet. Es beruht nämlich auf einer augenscheinlichen *Asymmetrie*. Welcher?

XVI

Die meta- oder trans-nationalstaatlichen Organe Europas sind im wesentlichen wirtschaftlich-finanzieller Natur. Ihre Macht wird von meta-staatlichen Rechtsquellen legitimiert. Ihr heiliger Dienst am *fundamentum inconcussum* „Stabilität" gewährt ihnen alle diejenigen Rechte, die für die Ausübung ihrer Funktion erforderlich sind. Im Gegenzug dazu müssen sich jene Organe, deren Aufgabenbereich die eigentlich politischen Angelegenheiten der europäischen Gemeinschaft sind, mehrheitlich mit einer notdürftigen Absicherung durch zwischenstaatliche Abkommen zufrieden geben – und damit ihre Legitimierung letztlich weiterhin der Souveränität der einzelnen Nationalstaaten anvertrauen.

XVII

Obwohl die Mehrheit der europäischen Bürger wohl so empfindet, wie ich es dargestellt habe, geht es in den kommenden Jahren und Jahrzehnten nicht so sehr darum, ob und wie diese Asymmetrie überwunden werden kann. Die Frage, die zunächst näher liegt, ist vielmehr die, *ob die Überwindung dieser Asymmetrie überhaupt erstrebenswert ist*. Denn welcher Weg könnte in Richtung einer solchen Überwindung führen? Welcher wäre sinnvoll, würde nach vorne weisen?

Wohl kaum eine reaktionäre Kehrtwende, also der Weg heraus aus Integration und Transnationalisierung zurück zum Wiedererstarken der „alten" politisch-zentrierenden und ideologischen National-Mächte. Umgekehrt würde jeder Versuch, die wirtschaftlich definierten Integrations-Mächte Europas demokratisch zu legitimieren, eine – für unsere Gesellschaft typische – Flut von Fragen heraufbeschwören. *Wirtschaftliche Integrationskraft und politische Legitimation müssen, so scheint es, ihrer Natur nach getrennte Wege gehen – jede nach ihrer eigenen Logik.* Denn sowohl für die europäische Einheit, so wie sie bisher aufgebaut wurde, als auch für ihre gegenwärtig hauptsächlich wirtschaftlich definierte und durchgesetzte *Idee* ist es von grundlegender Bedeutung, dass wirtschaftliche und politische Gewalt getrennt werden.

XVIII

Das innere Gleichgewicht Europas ist dergestalt heute *von Natur aus* ein zutiefst asymmetrisches. Wirtschaft dominiert, „politische" Politik fehlt. Wir müssen die Frage erneuern: Kann ein solches asymmetrisches Gleichgewicht, das die Aktionspläne der europäischen Gemeinschaft heute bestimmt, tatsächlich als *stabil* bezeichnet werden?

Tatsächlich sollen – wiederum vor allem aus Gründen der Stabilität – die *Währungspolitik*, für die die Europäische Zentralbank wenigstens formal zuständig ist, die *gemeinsame Haushaltspolitik* mit ihren zum Teil einschneidenden Wirkungen auf die Steuerpolitiken der Mitgliedsstaaten, die *Sozial- und Beschäftigungspolitik* und schließlich auch die *Regionenpolitik* europaweit harmonisiert werden. Dieses

Quartett europäischer Politiken bildet offenkundig seiner Natur nach ein einziges Gesamt-System. Gleichzeitig sind aber die entsprechenden Zuständigkeiten nicht nur verteilt, sondern treten seit einiger Zeit teilweise in einen Konkurrenzkampf gegeneinander ein.

Auf dem angesprochenen asymmetrischen Fundament zwischen Wirtschaft und Politik bleibt aber den wirtschaftlich-finanziellen Gewalten, die Europas Einigung lenken sollen, in Wirklichkeit nur ein schmaler Spielraum, um ihre Aufgabe zu erfüllen: stark gebundene Staatshaushalte, schwache Sozial- und Beschäftigungspolitiken, eingeschränkte Wiederverteilungs-Kompetenzen. Auch deshalb ist es in Zukunft unvermeidlich (und wird mit dem Erstarken der Europäischen Zentralbank in den jüngsten Krisen einhergehen), dass die *politischen* Gewalten mit dem immer unüberhörbareren Hinweis auf ihre demokratische Legitimation nach mehr Einfluss streben, wenn die Prinzipien der Stabilität und Irreversibilität wirtschaftlich und finanziell – wie derzeit – hinterfragt werden und also auf dem Spiel stehen. So könnte eine weitere Verschlimmerung der Lage auf dem Arbeitsmarkt, zusammen mit interregionalen Gleichgewichtsstörungen, jederzeit zum Ausbruch einer noch größeren Krise führen. *Diese Krise wird im wesentlichen eine Krise zwischen wirtschaftlichen und politischen Logiken in der europäischen Konstellation sein.*

XIX

Eine solche neue Krise ist nicht unvermeidlich. Unvermeidlich ist aber, dass innerhalb der Europäischen Gemeinschaft nach dem Abschluss der ersten Phase der Einigung, die mit der gemeinsamen Währung erreicht wurde, wieder vorrangig an politischen Problemen, an politischen Entscheidungen gearbeitet wird. Diese Anforderung wird sich verstärken. Es wird immer deutlicher werden, dass die neuen wirtschaftlich-finanziellen Gewalten nicht das Ergebnis von Gewährenlassen sein dürfen, sondern politisch gestaltet werden müssen. Und das bedeutet: *Das gesamte bis heute aufgebaute asymmetrische Gleichgewicht der europäischen Integration wird in den kommenden Jahren von Grund auf in Frage gestellt werden müssen.*

XX

Wird die Grundsatzdiskussion über diese Infragestellung die Aufgabe des Europaparlaments sein? Das ist nur unter der Voraussetzung möglich, dass das Europaparlament an Macht gewinnt – und also die Entscheidungen der neuen meta-staatlichen Einrichtungen immer mehr an sich bindet. Es wäre denkbar, dass dieser Machtgewinn – der in jedem Fall ein politischer sein wird – dem Stabilitäts-postulat grundsätzlich nicht widerspricht. Dies freilich nur unter der Bedingung, dass das europäische Parlament wirklich ein *europäisches* sein kann und also auf staatlich-nationale Ansprüche nur mehr in sehr geringem Maß Rücksicht nehmen muss – was heute noch nicht ausreichend der Fall ist.

Diese Perspektive liegt nicht außerhalb der realen Welt. Sie ist aber mit Sicherheit nicht unmittelbar zu verwirklichen. Die Hürden, die sich ihr in den Weg stellen, sind augenfällig: das Europäische Parlament wird sich einerseits, losgelöst vom Schutz der einzelnen Staaten, als gesamteuropäisches *System* konstituieren müssen, das für die Irreversibilität der Integration bürgt. Zugleich aber wird es sein Augenmerk und seine Anstrengung verstärkt auf die Anerkennung regionaler und urbaner *Eigenarten* richten müssen, denn diese sind die wirklichen Komponenten, die den europäischen Raum aufbauen.

XXI

Der Nationalstaat, dieses mächtige *politische* Konstrukt des modernen Geistes, scheint in mittel- bis langfristiger Perspektive in Europa dem Untergang geweiht. Seine Endzeit steht unter der Einwirkung zweier Kräfte, die bislang wenig zusam-menspielen. Die *eine* ist die wirtschaftlich-technische Globalisierung. Die *andere* ist das Netz der Autonomien und der Lokalkörperschaften, die sich der Nationalstaat im Lauf seiner Geschichte immer wieder einzuverleiben versucht hat – und die er nun, da er sich allmählich in der europäischen Einigung auflöst, in eine neue Freiheit entlassen muss. Im Jargon der Verwaltungsfachleute ausgedrückt: Es wird in den kommenden Jahren verstärkt um Sinn und Umfang von *Subsidiarität* als Prinzip europäischer Einigung gehen. Es ist heute sichtbar, dass dieses Prinzip als ausgleichende Gegenkraft zum gewaltigen Angleichungs-Sog des europäischen Integrationsprozesses wirkt. Subsidiarität ist wertvoll, wenn es um *wirtschaftliche* Effizienz geht. Doch um sie vollends zu aktivieren und zu nutzen, müssen auch die *politischen* Einrichtungen regional-urbaner Autonomien anerkannt werden.

XXII

Allerdings ist es vorläufig noch nicht gelungen, die *Grenzen* des Subsidiaritäts-Prin-zips festzulegen. Subsidiarität kann Synergien zwischen den Zuständigkeiten und Einrichtungen der verschiedenen Ebenen einer föderalistischen Gesamtstruktur bedeuten. Sie kann aber auch im Gegenteil dort, wo Stabilitätsfaktoren ausfallen, dafür sorgen, dass andere öffentliche Einrichtungen oder Privatpersonen subsidiäre Aufgaben übernehmen, also im Gegensatz zur zentralen Verwaltung unterstützend eingreifen. Nach meinem Empfinden wird Subsidiarität gegenwärtig eher im zweiten Sinn ausgelegt: verstanden als – letztlich im Sinn der großen Gemeinschaftsziele wenig belangvolle – Ausgleichsmaßnahme zu den Angleichungsmechanismen und meta-politischen Gewaltenkonzentrationen der europäischen Gemeinschaft.

XXIII

Das Problem bei alledem besteht darin, dass das Europäische Parlament diese bisherige Auslegung von Subsidiarität kaum auf lange Sicht wird teilen können – es sei denn, es präsentiert sich als Parlament eines neuen europäischen Makro-Zentralstaates. Das würde bedeuten, dass es sich die absolutistische, bürokratisch-zentralistische Optik des klassischen Nationalstaates zu Eigen macht, nur auf größerer Ebene. Dadurch verlöre es aber sein Image der direkten, nicht-zentralistischen demokratischen Legitimation durch die europäischen Bevölkerungen, die unersetzlich ist, gerade um die einzelnen, alten Nationalstaaten zu überwinden. Auch in diesem Bereich, so zeichnet es sich ab, wird nur *eine* Entscheidung in Frage kommen. Sie ist, als Ergebnis einer dem Wesen nach *politischen* Auseinandersetzung und eines *politischen* Konflikts, nicht eine wirtschaftliche, sondern eine *politische* Entscheidung.

XXIV

Zusammenfassend werden *zwei* Haupttendenzen der europäischen Entwicklung künftig zueinander in Widerstreit treten: Einerseits die „starke", zentralistische, die auf der Auffassung von „schwacher" Subsidiarität und von „absoluter" Souveränität des *fundamentum inconcussum* Stabilität beruht. Andererseits die föderalistische, die auf der Synergie zwischen zwar nicht schwachen, aber für klar eingeschränkte Bereiche zuständigen Souveränitäten aufbaut, wobei sich Souveränität in diesem zweiten Fall als im Lokalen ursprünglich und nicht von oben abgeleitet versteht.

Wenn auch die Entscheidung mittel- bis langfristig zugunsten des föderalistischen Modells fallen dürfte, so ist dabei jedoch auch klar, *dass die föderalistische Perspektive grundsätzlich niemals die gewünschte irreversible Stabilität gewährleisten kann.* Ein föderalistisch gedachter Integrationsprozess Europas kann nur über eine komplexe Vielzahl *politischer* Vertragswerke und Vereinbarungen ablaufen, ist also faktisch stets *durch radikale Reversibilität gekennzeichnet,* da politische Abmachungen immer reversibel sind. Das heißt: ein *solcher* – politischer – Vereinigungsprozess folgt einer höchst veränderlichen Geometrie und ist demnach auch allen damit verbundenen Gefahren ausgesetzt.

XXV

Von welchem Föderalismus kann – und soll – nun bei alledem in produktiv-fortschrittlicher Blickrichtung die Rede sein? Wenn wir uns Europa als *Konföderation souveräner Staaten* denken, dann steht diesen souveränen Staaten zwangsläufig auch das Austrittsrecht aus dem Bündnis zu. Wenn wir aber eine *Föderation im eigentlichen, stabilen Gemeinschafts-Sinn* meinen, dann muss festgelegt werden, welche Institutionen den Mitgliedsstaaten übergeordnet sind, wem also alle Bürger eines tatsächlich Vereinigten Europa direkt und unmittelbar unterstehen. Nur auf der Grundlage dieses zweiten Falls könnte Europa als ein Europa der Regionen (und der Städte) neu entworfen werden, und zwar nach einer „Geometrie", die keinerlei Hoheitsgrenzen nach dem Muster der alten Staaten, aber letztlich auch keinerlei anderer gebietsmäßig eingrenzender Hoheiten mehr vorsieht. Ist diese Perspektive unter jenem ökonomischen „Binnenfrieden", den allem Anschein nach gegenwärtig allein die Einheit garantieren kann, überhaupt zu verwirklichen? Und wenn ja, wie?

XXVI

Besser als *die Politik* verträgt sich offenbar *die Technik* mit der Wirtschaft. Die radikal modernistische Option einer *technischen* Gemeinschaftsregierung, die in der Hauptsache Wirtschafts-, Finanz- und Marktangelegenheiten regelt und allen anderen Zuständigkeiten nur eine unterstützende Funktion zuweist – kann diese Option heute und künftig noch ernsthaft in Erwägung gezogen werden?

Die Antwort ist nicht einfach. Aufzuzeigen, welche Probleme *ihrer Natur nach* außerhalb des eindimensional dominanten wirtschaftlich-finanziellen Handlungsspielraums stehen und damit unter dem gegenwärtigen Einigungsparadigma ungelöst bleiben müssen, ist das eine. Diese Probleme mit neuen Mitteln zu lösen, ist etwas anderes. Normalerweise verstehen wir heute in der westlichen Kultur den Begriff *technische Regierung* nicht in seiner engsten Bedeutung. Sondern wir verstehen ihn, in einer Deformation unseres Verstehens selbst, vielmehr meist als *Regierung der Technik*.

Die Technik ist, wie ein vorausgehender Band des Herausgebers aufgezeigt hat[1], in der Tat die allumfassende Dimension europäischen (und westlichen) Lebens geworden. Vielleicht war sie es schon von Anbeginn an. Die Folge: Wir verstehen heute unbewusst unter einer *technischen Regierung* stets schon eine *Regierung der Technik* – also eine Regierungsform, die sich nicht mehr in erster Linie über „archaische" Demokratieprozeduren, sondern über die *Beherrschung unserer Lebenswelt* legitimiert. Wir verstehen darunter eine Regierungsform, die garantiert keine Einzel- oder Gruppeninteressen fördert, sondern „neutral" bleibt, dafür aber die epochale Grundtendenz: den irreversiblen und progressiven Aufbau der universalen Herrschaft der Technik fördert. Wir missverstehen den Begriff *technische Regierung* damit oft als eine Regierungsform, die voller (naiver) Hoffnung an einem Wandel der Technik von der Summe von Geräte hin zu einer Lebensraumstruktur arbeitet.

Genau in diesem Begriffs-Verständnis, das sich immer weiter verstärkt, liegt eine *Revolution* des klassischen europäischen Politikverständnisses. Diese Revolution bringt die traditionellen Beziehungen zwischen Wirtschaft und Politik, zwischen Mittel und Zweck gegenwärtig ins Wanken. Sie bewirkt eine Umwälzung, die uns über den Untergang der Politik und jener großen politischen Erscheinungen nachdenken macht, die die zweite Hälfte des 20. Jahrhunderts in der europäischen Kultur geprägt haben.

XXVII

War aber letztlich nicht bereits die zweite Hälfte des 20. Jahrhunderts gerade in „technischer" Hinsicht der eigentliche Beginn unseres dritten Jahrtausends? Und zwar insofern, als sie das „große" Politische der ersten Hälfte des 20. Jahrhunderts nach und nach in eine *Schwäche* überführt hat, die heute für die Wirklichkeit des Politischen in Europa charakteristisch ist? Und was bedeutet das für die kommenden Jahre?

Was wir heute vorhersagen können, ist eines: dass Europa nicht mehr Europa sein würde, wenn, um Hegel zu zitieren, das Prinzip „Festwerden an der Erdscholle", anders gesagt: wenn wirtschaftliche Stabilität und technische Angleichung *allein* den Ausschlag für die Wirklichkeit des Kontinents geben würden. Wenn Europa zu einem rein „erdhaften", unveränderbaren ökonomisch-technischen Schutzraum, einem lediglich der eigenen Bewahrung zugewandten Ort unter „stabilen" Opti-

---

1   R. Benedikter (Hrsg.): *Italienische Technikphilosophie für das 21. Jahrhundert*, Reihe Problemata, Band 145. Frommann-Holzboog Verlag, Stuttgart 2002.

mierungsgesichtspunkten würde, dann wird es kein Europa mehr sein, sondern nur mehr die Erinnerung daran.

Es gibt keinen Zweifel daran, dass ein neuer europäischer *Nomos* für das 21. Jahrhundert nur *ohne* eine fundamentale Gebundenheit an den Ort der Ordnung und an eine feste Geometrie gedacht werden kann. *Alle Schwachstellen, alle Widersprüchlichkeiten, alle Zweifel, die wir in jüngster Zeit als Merkmale an dem spezifisch europäischen Politischen ausgemacht haben, bedingen zwar seine Schwäche und Verletzlichkeit, sind zugleich aber seine unvergleichliche Chance.*

XXVIII

Was bedeutet das? Und wo liegt die Perspektive?

Die Zukunft wird zeigen: Gerade über manche noch nicht verheilten nationalistischen Wunden, die in der Krise Europas neu aufbrechen, kann sich eine föderalistische Idee einstellen, die im eigentlichen Sinn des Wortes auf die *Urform Europas* als *Archipel* zurückverweist: auf ein Netz aus verschieden beschaffenen Individualitäten, *zusammengehalten eben von ihrer Unterschiedlichkeit.* Es sind politische Individualitäten, die dem Dialog und der gegenseitigen Wahrnehmung ausgeliefert sind, und die ohne den Bezug zum Anderen unfähig sind, sich selbst zu erkennen. Dieses Gebilde würden die Gelehrten des scholastischen Mittelalters eine *communitas analogiae* genannt haben – nämlich eine Gemeinschaft, in der kein Element für sich allein, sondern alle nur durch den Bezug aufeinander bestimmt werden können, in der wir aber dennoch nicht durch einen relativistischen Dogmatismus oder dogmatischen Relativismus zu indifferenter Wesenslosigkeit verdammt sind.

Dieses Gebilde, das Europa sein soll und sein muss, wenn es Europa sein soll und weil es Europa ist, erfordert im verbleibenden 21. Jahrhundert verstärkte *politische Kommunikation.* Eine neue politische Kommunikation jenseits der Ideologien und Nationalsprachen allerdings. Ihre Sprache kann und darf dabei nicht die der rein technischen *Information* sein. Wird es uns gelingen, zusätzlich zu einer neuen Staatsform auch eine neue Form der *Kommunikation* für das geeinte Europa zu erfinden? Oder anders – und viel weitreichender – gefragt: *Kann es auch eine kommunikative transnationale Politik jenseits des Staates geben?*

Gerade die Entwicklung einer solch neuartigen Politik ist meines Erachtens die große Herausforderung, der sich die Völker Europas nun stellen müssen. Und zwar *mittels der politischen Schwäche*, mit ihr, und sie aktiv als *Chance* nutzend. Europas Vielgestaltigkeit bedingt seine Schwäche. Doch gerade diese Schwäche ist Europas größtes Potential. *Daher sollten wir Schwäche zum politischen Leitprinzip der weiteren europäischen Entwicklung machen.*

Für einen öffentlichen Geist der „Stärke"
Ein Resümée des 19. und 20. Jahrhunderts und eine Vorausschau auf das 21. Jahrhundert – in Italien und in Europa

Antonio Giuseppe Balistreri

Der *philosophischen Gelassenheit*, mit der Italiener seit dem 19. Jahrhundert ihrem Staat begegnen, entspricht bislang wenig Neigung, sich auch mit einer *Staatsphilosophie* im eigentlichen Sinn zu befassen. Die politikphilosophische Betrachtung des Staates bleibt daher in Italien meist eher auf das bezogen, was der Staat für den gemeinen Verstand darstellt; und weniger auf das, was der Staat theoretisch in seinen *Ansprüchen* begründet, oder gar auf das, auf *was er sein will* und auf was er im 21. Jahrhundert selbstkritisch hinarbeiten sollte. Wir brauchen jedoch eine Politikphilosophie des *wünschenswerten* öffentlichen Geistes in der Polis. Denn der öffentliche Geist *ist* bis zu einem hohen Grad selbst die Polis. Kann die diesbezügliche italienische Erfahrung der Vergangenheit für Europa beispielhaft sein? Und kann sie für das Politische der Zukunft grundlegende Perspektiven aufzeigen?

I

Die italienischen Staatswissenschaftler – der bedeutendste von ihnen ist wohl *Gaetano Mosca* – sind diejenigen, die die konkreten Vorgänge des je real bestehenden italienischen Staates praktisch immer kritisch in Frage stellen mussten. Deshalb stellte eine *Theorie des Staates* in Italien zugleich immer auch eine *Kritik am gerade real bestehenden Staat* dar.

Dafür gibt es viele Beispiele. Nicht nur der „ethische Staat" *Giovanni Gentiles* verweist auf ein Staatsideal, das nur schwerlich mit dem faschistischen Staat in Einklang zu bringen war, auf den es eigentlich angewandt hätte werden sollen. Die liberale Auffassung *Benedetto Croces* stieß in seinem Heimatland zu keiner Zeit auf große Zustimmung. Croce galt in Italien vor allem als Urheber einer modernen Ästhetik und als angesehener Intellektueller, wurde aber für seine politischen Ideen wenig geschätzt. *Giovanni Sartori* präsentierte in der republikanischen Epoche nach dem zweiten Weltkrieg eine liberal-demokratische Staatstheorie, in deren

Zentrum die Auswahl einer effizienten Führungsschicht stand – das Gegenteil des damaligen realen politischen Systems in Italien. Auch *Norberto Bobbios* Auffassung von Demokratie besteht grundsätzlich in einer Kritik am tatsächlich existierenden demokratischen System des Landes. Diesem wirft er vor, seine Versprechen nicht eingelöst zu haben.

II

Das bedeutet: Jedesmal, wenn in Italien über den Staat nachgedacht wurde, geschah das unter *Bezug auf ein Ideal oder ein Modell, mit dem die Realität nicht übereinstimmte*, oder zu dem sie sogar in Widerspruch stand. Zwischen der *Staatstheorie* und der *Staatspraxis* klaffte in Italien schon seit der Staatsgründung in der zweiten Hälfte des 19. Jahrhunderts immer ein Abgrund. Aus diesem Grund war das effektive Funktionieren des Staates für das politische Denken Italiens niemals das, was es sein sollte, oder was mit einer tatsächlichen Staatstheorie übereinstimmte.

Wenn wir also nur auf die bisherige italienische Staatsphilosophie und ihrer Konzeption einer wünschenswerten politischen und institutionellen Zukunft achten, dann befinden wir uns auch heute – in Zeiten *Matteo Renzis* – noch immer weit entfernt von jeder wirklichen Realität des Staates Italien. Um dieser Realität gerecht zu werden, dürfen wir uns nicht einer *Staatsphilosophie strictu sensu* zuwenden – die stets eine Vision von Staat verkörpert, die es zwar als solche nicht gibt, die aber als Paradigma vorgebracht wird, das zu gelten hätte. Sondern wir müssen uns zunächst um eine realitätsnähere *Philosophie des öffentlichen Geistes* bemühen. In einer Philosophie des öffentlichen Geistes sehe ich die Hauptaufgabe für die politisch-philosophische Reflexion Italiens – wie auch ihren eigentlichen Wert für die Konzeption der Zukunft des Politischen in Europa.

III

Eine Philosophie des öffentlichen Geistes muss, wie jede „echte" Philosophie seit *Platon*, zunächst in Erinnerungsarbeit bestehen. Das heißt: Sie muss zunächst *rückschauend* vorgehen, wenn *Hegels* Behauptung noch stimmt, dass sich das Wesen der Dinge erst dann erkennen lässt, wenn diese schon vergangen sind. Den seit Jahrzehnten in Italien vorherrschenden öffentlichen Geist kann man vielleicht erst jetzt endlich erfassen, da seine Zeit langsam zur Neige geht. Eine lange Periode politischer Nachkriegs-Visionen und Auffassungen, von Ideologien und institutionellen Praktiken ist in der friedlichen Demokratie-Revolution Italiens

„Mani pulite" 1992-1995, dem damit verbundenen Ende der Ersten Republik und den darauf folgenden Ereignissen zu Ende gegangen. Was blieb, sind bestimmte Systemfehler, die heute endlich überwunden werden müssen, wenn sie nicht in der neuen politischen Realität Wurzeln schlagen sollen. Was meine ich damit?

Ich denke vor allem an die notorische *Unzulänglichkeit der führenden Klasse* Italiens, gepaart mit der *Legitimationsfrage* an das Politische im 21. Jahrhundert. Meine Kernthese ist, dass alle politischen und ideologischen Strömungen, die sich durch das Italien des 20. Jahrhundert gezogen haben, einer Vision gefolgt sind, die in ihrem tiefsten Inneren – offen oder insgeheim – *gegen* den Staat gerichtet war. Es waren *dem Staat entgegengesetzte* Theorien oder Anti-Staats-Theorien, wie immer man das nennen will, die Italien politikphilosophisch, mentalitätsmässig und praktisch dominierten – und zwar von Anfang an bis heute. Darin ist sogar das Grundcharakteristikum italienischen politischen Denkens zu sehen: dass es in seinem Grundgestus *anti-staatlich* ist.

IV

Für solche Theorien halte ich im Prinzip den politisch-sozialen *Katholizismus* (in all seinen Varianten, besonders in den populistischen Hauptströmungen eines *Don Sturzo* und der *Democrazia Cristiana*), den *Marxismus* (selbst der Marxist *Norberto Bobbio* hat die Existenz einer marxistischen Staatstheorie in Frage gestellt), aber auch, gegen die landläufige Meinung, sogar den *Faschismus*, der doch auf den ersten Blick den stärkstmöglichen Staat propagierte. Alle italienischen Ideologien sind im Allgemeinen zutiefst antistaatlich; und diese Haltung wird nicht nur in den täglichen Praktiken spürbar, sondern auch auf politischer und institutioneller Ebene im engeren Sinn.

Zu den entsprechenden Symptomen gehören zum Beispiel der Sturz des liberalen Regimes und der Aufstieg des Faschismus nach dem 1. Weltkrieg; die Auflösung des faschistischen Staates am 8. September 1943; der Mythos, dass die linke Widerstandsbewegung, die *resistenza*, den demokratischen Staat Italien der Nachkriegszeit begründet habe – und dass also der antifaschistische Staat das Produkt einer der Staatlichkeit vorangehenden Volksrevolution und dieser deshalb verpflichtet sei; und schließlich der Antifaschismus selbst, dessen Anspruch es ist, die Legitimation des Staates von sich selbst abhängig zu machen.

Es folgten die demokratische Parteienherrschaft der Zeit nach dem zweiten Weltkrieg; die Protestwelle der 1968er-Bewegung, die in Italien zehn Jahre lang gedauert und vor allem in ihren anti-staatlichen und anarchischen Ideen auch nachher stark weitergewirkt hat; und schlussendlich, als gemeinsamer Charakterzug, einerseits das Vakuum auf der rechten Seite des politischen Systems, deren Vertretung in Ermangelung einer echten liberal-konservativen Partei im wesentlichen einer Kraft postfaschistischer Herkunft überlassen wurde; andererseits der ausbleibende Erfolg einer sozialdemokratischen Partei, die sich als legitimer Ausdruck der Arbeiterschaft hätte durchsetzen können, aber dazu nie in der Lage war. An der Stelle letzterer etablierte sich eine Hegemonie der kommunistischen Partei, die letztlich aber nur den Effekt hatte, jeden Machtwechsel nach links aus der Sicht der Mehrheitsbevölkerung unmöglich zu machen.

V

Sogar der erste Satz der heutigen italienischen Verfassung, der behauptet, dass Italien eine „auf Arbeit gegründete Republik" ist, stellt im Grunde einen Misstrauensantrag gegen die Fähigkeit des italienischen Volkes dar, sich selbst als *politisches* Wesen zu verstehen, *ohne* dieses Selbstverständnis in einem *wirtschaftlichen* Horizont zu verankern. Eine Republik kann ihre Grundlage in dem *gemeinsamen Willen* der Bürger finden, sofern sie Raum und Macht gemeinsam teilen wollen. Aber man kann sich schwer vorstellen, wie ein politisches Gemeinwesen auf der Arbeit, also auf der Grundlage eines wirtschaftlichen Begriffs errichtet werden sollte. Man kann höchstens den erwünschten *Reichtum* der Republik auf die Grundlage der Arbeit stellen, wobei man dann Arbeit nicht als politische Kategorie gelten lässt, sondern als *wirtschaftliche* – was sie eigentlich ist.

Aber vielleicht wollte der italienische Verfassungsgeber tatsächlich das Politische auf das Wirtschaftliche gründen; und er hat damit von Anfang an die Autorität ausgehöhlt, die dem Politischen dadurch zukommt, *dass es nur als ein auf sich selbst Gegründetes besteht.* Einen Staat auf die Arbeit zu gründen, bedeutet nämlich bei genauer Betrachtung nichts anderes, als *dass der Staat wirtschaftliche Verhältnisse widerzuspiegeln hat*: dass er Ausdruck wirtschaftlich-kommerzieller Beziehungen ist.

In welche Denkrichtung – und vor allem: in welche Realität diese Auffassung verweist, wurde etwa unter den Macht-Bedingungen der Periode *Silvio Berlusconis* (1994-2011) deutlich, die stark in der Beziehung zwischen Wirtschaft und Politik gründete. Jedenfalls ist sie die Gründung eines Staates auf Arbeit die Negation einer Staatstheorie im eigentlichen Sinn. Denn wenn der Staat das Kriterium der eigenen Gründung nicht *in sich selbst* trägt, dann wird er zum Spielball äußerer -wirtschaftlicher – Mächte, denen er seine Kraft und seine Autorität offen oder insgeheim unterwirft. Bei so beschaffenen Voraussetzungen ist das institutionelle Schicksal der Republik Italien langfristig gewissermaßen bereits durch den ersten Satz seiner Verfassung determiniert – gezeichnet von einer *chronischen und unüber-*

windbaren Schwäche der Staatsautorität gegenüber den wirtschaftlich-finanziellen Mächten. Diese Schwäche ist das Kernmerkmal des heutigen Italien. Und sie ist, wie *Massimo Cacciari* im vorhergehenden Kapitel ausführte, als Systemfaktor in wenn auch anderer Weise vielleicht auch ein Merkmal des heutigen Europa.

VI

Aber die Periode *Silvio Berlusconis*, so wie vieles andere, ist mittlerweile Geschichte. Ihr Erbe und ihre Lehre zu überdenken, wird Aufgabe der nun notwendigen Philosophie des öffentlichen Geistes in Italien – und, davon ausgehend, gewiss auch im größeren Europa. Die Aufgabe ist, einen *neuen öffentlichen Geist* zu kreieren, dessen bisherige Gestalt in den vergangenen Jahren unmerklich zu Ende gegangen ist, und von dem wir noch nicht wissen, ob er unter den Bedingungen der Gegenwart in einer anderen Form wieder zum Leben erweckt werden kann. Für Italien – und Europa – ist es heute vielleicht mehr als alles andere notwendig, sich in einem theoretischen Modell des öffentlichen Geistes zu spiegeln, der beiden eigen und angemessen ist. Das Material, dessen sich eine so ausgerichtete Philosophie des öffentlichen Geistes bedienen muss, ist einerseits empirisch. Andererseits muss sie aber, ohne sich auf eine zu eng gefasste geschichtliche Behandlung oder auf ein einseitig soziologisches Erklärungsmuster zu beschränken, zu einem effektiven philosophischen Verständnis der untersuchten Gegebenheiten führen. Beginnen wir also 1. am Überschneidungspunkt zwischen Staat und öffentlichem Geist in Italiens Gründungsgeschichte, um 2. sein spezifisches Politisches zu verstehen und schließlich 3. unsere Lehren für Europa daraus zu ziehen.

VII

Unmittelbar nach der Einigung Italiens im März 1861 kam es bereits zu einem grundlegenden, für alles weitere konstitutiven Paradoxon. Die *liberale* politische Elite, die in anderen europäischen Ländern den Widerstand gegen die Staatsgewalt in ihrer alten monarchischen Verkörperung dargestellt hatte, musste sich in Italien von Anfang an *mit dem Staat identifizieren*, weil sie den aktiven Aufbau des Staates zu übernehmen hatte. Das Paradoxale dieser Situation liegt darin, dass der Liberalismus in Italien das Problem hatte, *einen Staat zu errichten*, während er anderenorts die Aufgabe hatte, den Staat mit seinen – alten und neuen – Souveränitätsansprüchen *in Grenzen zu weisen*. Was für ein Liberalismus dabei herauskommen musste, wenn es, wie in Italien, nicht darum ging, die Gesellschaft gegen übermäßige Souveränitätsansprüche des Staates zu verteidigen, was seit jeher die natürliche Bestimmung des Liberalismus war, sondern einen ersten souveränen National-Staat überhaupt erst zu formen, konnte damals noch niemand wissen. Was sich in der Folge tatsächlich daraus ergab, war, dass die neue liberale Führungsschicht *zwei Rollen zugleich* zu übernehmen hatte, die in den anderen europäischen Geburtsländern des Liberalismus klar getrennt waren: *Sie musste Staat und Gesellschaft zugleich sein.* Dadurch fehlte in Italien von Anfang an jene Dialektik zwischen der politischen und der nicht-politischen – im weitesten Sinn zivilgesellschaftlichen – Sphäre, die in anderen Staaten so fruchtbar war. Dieser Mangel führte zu einem *schwachen und zugleich alles durchdringenden* Staat – also zum Gegenteil eines wirklich liberalen Staates, der seinem Begriff nach *stark und eingeschränkt* zur selben Zeit sein sollte. Inwiefern?

VIII

Der Liberalismus ist – zumindest am Anfang seiner historischen Entfaltung in Europa – in der Tat nichts anderes als eine Theorie der Vertretung, ja *Selbstbehauptung der Gesellschaft im Innern des Staates*: einer wenn auch nur durch die Fiktion eines Vertrages bereits konstituierten Volkssouveränität, die vom Vertragspartner unabhängig geworden ist. Dies mit dem Ziel, Mechanismen einzuführen, die eine Übermächtigkeit des Staates gegenüber der Gesellschaft und dem Einzelnen verhindern sollen.

Aber der europäische Liberalismus hatte sich dabei nie eine Einschränkung oder substantielle Schwächung der Autorität des Staates zum Ziel gesetzt. Es war vielmehr aus seiner Sicht nötig, dass sich diese Autorität unter Einhaltung allgemein gültiger Regeln, und dem Gesetz gehorchend, mit der Gerechtigkeit im Einklang befände. Der liberale Angriff auf die Souveränitätsansprüche des Monarchen war *nicht* mit einem Angriff auf die Souveränitätsansprüche *an sich* gleichzusetzen; und die Macht des liberalen Gesetzes, welche die willkürliche Herrschaft des Monarchen als eines *legibus solutus* ersetzen sollte, sollte auf keinen Fall schwächer, sondern nach Möglichkeit stärker, weil besser legitimiert als jene sein. Die gesellschaftliche Vertretung durch das Parlament hatte *nicht* die Aufgabe, die staatliche Souveränität schlechthin zu schwächen, sondern *das Politische an das Volk zu binden, ohne die Souveränität zu entmachten.* Für den Liberalismus war von Anfang an nicht so sehr die Volkshoheit im emphatischen Sinn, als vielmehr die Souveränität des Gesetzes bestimmend. Und die erstere wurde nur insofern angestrebt, als sie sich – verglichen mit der Souveränität von Gottes Gnaden des Monarchen – als die einzige erwies, welche auch die Herrschaft des Gesetzes bestmöglich absichern konnte.

IX

Das bedeutet: Mittels einer Gesetzgebung, die in die Hände der Volksvertretung gelegt ist, muss aus liberaler Sicht der allgemeine Wille der Gesetze zum Ausdruck kommen, durch den die einzelnen Sichtweisen und die Detailinteressen im Parlament überwunden werden. *Der Gesetzgeber artikuliert einen Willen, dessen Ausführung nicht bei ihm liegt, und zwar ohne die Herrschaft der Gesetze aufs Spiel zu setzen.* Daraus ergibt sich auch die Notwendigkeit einer von der parlamentarischen (und gesellschaftlichen) Vertretung unabhängigen, nur dem Staat gegenüber zu unverbrüchlicher Treue verpflichteten und effizienten Bürokratie.

Die parlamentarische Vertretung stieß jedoch im ursprünglichen national-liberalen Entwurf Italiens bei ihrer gesetzgebenden Aufgabe auf Befugnisbereiche, über die sie nicht verfügte – wie zum Beispiel die Hoheit der Gesetze selbst, die Institutionen, denen die Umsetzung der Gesetze obliegt, und die Autoritäten, die für ihre Wirksamkeit zuständig sind. Die Befugnis des Parlaments muss notwendigerweise beschränkt sein, wenn es selbst nach seinen eigenen liberalen Prinzipien funktionieren soll. Man vergisst oft, dass das Parlament, das im Rahmen der liberalen Bewegungen des 19. Jahrhunderts ja zur Eingrenzung anderer Staatsbefugnisse entstanden ist, auch seinerseits wieder die Begrenzung seiner eigenen Befugnisse durch die anderen Geltungsbereiche im Rahmen des Staates akzeptieren muss. Vor allem aber ist das Parlament aus liberaler Sicht ursprünglich eine staatliche Einrichtung, die nicht über andere Einrichtungen verfügen kann, ohne dadurch den Staat und die souveräne Autorität aufzulösen. Da das Parlament andere Gewalten einschränkt, muss es selbst eine eingeschränkte Gewalt sein: Denn ein parlamentarischer Absolutismus ist aus national-liberaler Sicht vielleicht dem monarchischen vorzuziehen, aber auch seine Schäden sind nicht zu unterschätzen.

X

Der Nationalstaat Italien wurde nach seiner Einigung 1861 im Wesentlichen auf diese – hier nur skizzenhaft wiedergegebenen – liberalen Grundsätze aufgebaut. Es gab ein Parlament, das Gesetze erließ; es gab einen König, der die Legislative kontrollierte, und dem auch die Exekutive Rechenschaft ablegen musste (oder, genauer gesagt, mit dem sich die Exekutive identifizierte); es gab eine formal unabhängige, staatsgebundene Verwaltung; und es gab der Form nach autonome, souveräne Gerichtsinstanzen. Es war aber zugleich nicht zu übersehen, dass, abgesehen von der national-liberalen Elite, die im Parlament saß und die staatlichen Institutionen prägte, *es in Italien keinen Staat strictu sensu gab.* Das heißt, dass der italienische Staat von Anfang an im Wesentlichen mit der parlamentarischen Elite gleichzusetzen war, und dass Souveränität, Institutionen, Staatsautorität und Legitimationsverfahren letztlich alle zentral in deren Händen lagen.

Das war eine Situation, mit der das neue liberale Regime anfangs nicht gerechnet hatte, und in der gar kein „liberales Regime" mehr in seinem ursprünglichen Selbstverständnis wirken konnte. Die Folge davon war eine *Umkehrung des liberalen Staates*, die, anstatt durch die repräsentative Vertretung möglichst *allen* einzelnen sozialen Sichtweisen, Egoismen und gesunden Instinkten einen Platz in der allgemeinen Sichtweise zu schaffen und diese dadurch zu bereichern, eine folgenreiche Aufsplitterung von Interessen auf politischer Ebene verursachte.

So bestand das Schicksal der liberalen Staates Italien nach dem *Risorgimento* (wörtlich: „politische Wiederauferstehung": die Epoche zwischen dem Wiener Kongress 1815 und etwa 1870, die der Gründung des italienischen Nationalstaates vorausging und dessen erste Jahre prägte, Anmerkung des Herausgebers) darin, zwischen verschiedenen, nicht formal repräsentierten Klüngeln aufgeteilt zu werden. Und das politische Hauptmerkmal des jungen Staates war der „Transformismus", in dem es nicht die Mehrheiten waren, die durch Programme zu einer kompakten Gruppe zusammenwuchsen, sondern in dem es die Programme waren, die sich nach möglichen Mehrheiten richteten. Das ist seit damals ein stets wiederholtes Phänomen des ausgeprägten pragmatischen Anpassungsvermögens der Italiener – oder, wenn man so will, eine Übertragung der Kunst des sich Arrangierens vom Alltag auf das parlamentarisch-politische System. Der sicherlich nicht ohne brillante und nützliche Ergebnisse verlaufene Versuch von Ministerpräsident *Giovanni Giolitti* (1903-1914), mittels dieses „Transformismus" eine „variable" und „flexible" Programmpolitik in Gang zu setzen, führte schließlich vergleichsweise rasch zur Degeneration des politischen Systems Italiens. Und er erwies sich beim Einzug neuer ideologischer Massenparteien ins Parlament, wie zunächst der Sozialisten, dann der Katholiken und schlussendlich der Faschisten, als demokratisch untauglich.

XI

Unter solchen Bedingungen war die einzige authentische politische Theorie, die sich in Italien faktisch einen Weg bahnen konnte, die *Elitentheorie*. Diese übertrug die Vertretung des allgemeinen Interesses einer Minderheit, welche dazu in der Lage sein sollte, das eigene persönliche Schicksal mit dem der ganzen Nation zu verbinden. Die Verbindung zwischen den persönlichen Machtansprüchen des Individuums und ihrer Übereinstimmung mit dem „Gebot der historischen Stunde", das heißt mit den Bedürfnissen des Staates, war ja bereits die Kernbotschaft von

Machiavellis „Il Principe" – und als solche das bis dahin unübertroffene Fundament einer „reinen Theorie vom Staat". Aber in Folge der grundlegenden, strukturellen und programmatischen Schwäche der politischen Autorität des neuen national-liberalen Staates schien es in Italien am Beginn des 20. Jahrhunderts unmöglich, dass der Ausdruck von *sozialen Einzelinteressen*, zu dem das Parlament immer mehr verkam, eine gemeinsame *nationale* politische Linie auszudrücken im Stande wäre.

Der Faschismus war der Ausweg aus dieser Sackgasse, in welcher der Liberalismus in der Zeit nach dem *Risorgimento* gelandet war. Er entsprach einer Therapie, die zwar den Krankheitserreger beseitigt, aber mit ihm auch den Patienten selbst ins Jenseits befördert. Weder die Sozialisten noch die Katholiken hatten am Beginn des 20. Jahrhunderts einen anderen Ausweg als die faschistischen Elitentheoretiker zu bieten, da sie selbst parteiisch waren und die Autonomie des Staates sowie seine frühe „rechtsstaatliche" Universalität im Namen übernationaler, metapolitischer Werte oder auch des Klassendenkens negierten.

XII

Als nach dem Ende des Faschismus (1943) vor dem neuen republikanisch-institutionellen Hintergrund in Italien schließlich wiederum parlamentarische Einrichtungen entstanden, stand man immer noch vor demselben, prinzipiellen Defizit an Autorität und Souveränität des Staates, das der Faschismus – vergeblich – aufzufüllen versucht hatte. Vergeblich schon deshalb, da er selbst der in sich widersprüchliche Versuch war, dem Staat einen „eigenen Willen" zu geben, und zwar ausgehend von einem *Willen außerhalb des Staates* – ein Versuch, der an Münchhausens Kunststück erinnert, sich selbst am Schopf aus dem Sumpf zu ziehen.

In einer Zeit der völligen Auflösung des Staates übertrug man in der Nachkriegszeit nun alle Gewalten an das Parlament, und man ersetzte so den *außerparlamentarischen Absolutismus* des Faschismus durch einen auf die Parteienherrschaft der neuen Republik gegründeten *parlamentarischen Absolutismus*. Da der Nationalstaat aber, weil sich das Parlament nur allzu rasch nicht als Instrument nationaler Einigung, sondern als eines der Trennung und Teilung (etwa zwischen Nord und Süd) erwies, im Parlament keine wirklichen Legitimationskriterien finden konnte, und da es umgekehrt außerhalb des Parlaments keine Garantie für die Souveränität und Autorität des Staates gab, konnte sich die parlamentarische Republik Italien in den ersten Jahren (seit 1945) nur mit Hilfe der legitimierenden Kraft der Kirche halten. Diese war die einzige Einrichtung, die im Italien der Nachkriegszeit allgemein und ohne Frage als Autorität anerkannt war. Wieder einmal war es in der Geschichte Italiens die katholische Kirche, die die Einheit des Landes rettete; aber diese Rettung bewirkte zugleich eine folgenreiche Spaltung, die zwar keine *territoriale* mehr war (wie vor der Einigung 1861), wohl aber eine *ideologische*.

XIII

Die Kirche bewies nun durch ihren politischen Einsatz, dass sich die Bresche der *Porta Pia* (ein Tor in der Aurelianischen Mauer in Rom, dessen Durchbrechung durch ein Eliteregiment 1870 die Einigung Italiens vollendete, Anmerkung des Herausgebers) wieder geschlossen hatte. Sie bekannte nun, dass sie sich als Zuschauerin in den schlimmen Zeiten der Vorkriegs- und Kriegszeit zu Unrecht aus dem Geschehen herausgehalten hatte. Sie wurde sich des Tributes bewusst, den sie mit der Anerkennung des Faschismus dem Allgemeinwohl hatte zollen müssen. Und sie sah im nun drohenden Kommunismus der Nachkriegszeit, entstanden aus den Linkspartisanen, die gegen *Benito Mussolini* gekämpft hatten, den Abgrund, der sie zusammen mit dem ganzen Land verschlingen würde.

In diesem historischen Augenblick setzte die Kirche ihre Rettung mit der Rettung des Staates vor dem Kommunismus gleich. Sie übernahm faktisch jene Rahmenfunktion für die nationale Einheit, die eigentlich dem Staat zugekommen wäre, die der neue demokratische Staat Italien aber nicht leisten konnte.

Das Paradoxe an alledem ist im Ganzen die Tatsache, dass die Kirche dieser nationalen Aufgabe nachkam, ohne ihren übernationalen Horizont und ihr Hauptinteresse für unpolitische Gemeinschaften als Grundlage der Gesellschaft aufzugeben. Daher garantierte die neue katholische Partei (*Democrazia Christiana*, DC, die wichtigste christliche und wichtigste gesamtstaatliche Partei Italiens zwischen 1945 und 1993, also während der Ersten Republik, mit der sie unterging) zwar die nationale Kontinuität. Sie machte zugleich aber die Instauration einer neuen autonomen Souveränität des Staates unmöglich. Die katholische Partei personifizierte sich mit dem Staat – ohne aber wirklich in den Dienst des Staates treten zu wollen und zu können. Sie blieb letztlich bis in die 80er Jahre des 20. Jahrhunderts ohne jene klare Identifikation mit dem Staat, aus der allein aber eine langfristig glaubwürdig führende politische Klasse entstehen hätte können (es gab allerdings mehrere christdemokratische *Persönlichkeiten,* die dazu fähig gewesen wären).

Der Effekt? Der Staat blieb unter der parlamentarischen Dominanz der Christdemokraten immer nur das *Mittel*, nicht aber der *Zweck* der Politik. Der Zweck konnte sich, ebenso wie der Sinn, für die regierende katholische Partei stets nur *außerhalb* des Staates befinden. Die Partei, die zum Staat geworden war, die *Democrazia Cristiana*, hatte daher in Wirklichkeit aus dem Staat eine Partei gemacht. Es war bis in die 1980er Jahre hinein die Treue zur *Democrazia Cristiana* (und dadurch auch die Treue gegenüber der Kirche), oder, umgekehrt, die Angst vor dem Kommunismus, welche in Italien die Anerkennung des Staates gewährleistete – nicht mehr, und nicht weniger.

XIV

Für die Linke, und im Besonderen für die Kommunisten dagegen musste sich der italienische Staat als eine aus dem antifaschistischen Widerstand geborene Republik legitimieren, das heißt als erklärt antifaschistisch. Ganz so, als ob es für einen Staat nicht genügte, einfach nur ein Rechtsstaat zu sein, sondern als ob er einen ideologischen Kampf gegen eine politische Richtung antreten müsste, um sich zu legitimieren. So, als ob eine Republik nicht schon *um ihrer selbst willen* der Anerkennung und Unterstützung würdig wäre, sondern nur dann, wenn sie sich vorher als „gegen etwas" qualifiziert hat. Ebenso wie der Faschismus seit den 1920er Jahren aus dem Staat einen „faschistischen Staat" hatte machen wollen, wollten die Kommunisten seit 1945, dass der italienische Staat ein „antifaschistischer Staat" sei – und dass seine Legitimation also nicht darin bestünde, *dass er ein Staat ist*, sondern darin, dass er aus dem *Nullpunkt der Staatlichkeit* heraus geboren ist. Der Moment, in dem der Faschismus in Italien wirksam wurde, ist aus *dieser* linken Sichtweise zugleich bereits der Moment der Auflösung des italienischen Staates als Folge seiner Identifikation mit dem Faschismus, und als Folge des Zusammenbruchs des Faschismus.

XV

Die solcherart seit 1945 über fast 50 Jahre einerseits in der katholischen, andererseits in der kommunistischen Variante ideologisierte Politik galt paradoxerweise *beiden* Seiten als Ersatz für die Befriedigung jener Bedürfnisse nach Wertorientierung und Universalitätsansprüchen, die eigentlich neutral und säkular vom liberalen Staat erfüllt hätten werden sollen. Dadurch erklärt sich auch das Paradoxon einer für eine repräsentative Demokratie wie Italien meist ungewöhnlich hohen Wahlbeteiligung bei zugleich abnehmendem Interesse an den Institutionen. Dem Wort nach vertraut man in Italien dem Staat, weil der Staat über den Parteien steht. In Wirklichkeit aber wurde der italienische Staat von Anfang an partikularisiert, und er konnte daher kein universales Vertrauen genießen, während die Parteien von Anfang an universalisiert wurden (oder sich als universalisiert akkreditierten).

XVI

Die Parteien nahmen sich nun des Bedürfnisses nach verbindlichen überindividuellen Werten an. Und sie erfüllten es, während der Staat als Mechanismus zur Befriedigung der Einzelinteressen fungierte. Der Staat seinerseits versuchte sich das Vertrauen der Bürger dadurch zu sichern, dass er „niemandem Unrecht" tat und „alle einzubeziehen" versuchte, was aber natürlich keine wirklich Universalität bedeutete, sondern die ausnahmslose Präsenz von Einzelheiten und Einzelelementen. Kein Interesse durfte nun mehr ausgeschlossen werden: weiter als hierher reichte die Universalität des Staates nicht. Diese Universalität war passiv. Einen aktiven Schutz dessen, was gemeinsam war, einen positiven Ausdruck von Werten im öffentlichen Dienst, der über das Verständnis der einzelnen Interessen hinausreichen und diese gegebenenfalls auch einbremsen konnte, vermochte der Staat nicht zu leisten. Er war viel zu schwach, um eigene Ansprüche anzumelden, um gegen die angebliche Allgemeingültigkeit von Einzelinteressen die Allgemeingültigkeit von gemeinsamen, überindividuellen Notwendigkeiten durchzusetzen. Diese Legitimität wurde dem Staat im übrigen auch weder von Volk noch von Parteien zugestanden, und die größeren Parteien Italiens hatten auch gar kein Interesse daran, dass es dazu käme.

Ein gemeinsames Interesse, das hauptsächlich nationales Interesse wäre, bot die Linke nur in der für sie in Frage kommenden Form einer sozialen Mindestübereinkunft an. Für sie war nur diese soziale Mindestübereinkunft bereits ihrem Wesen nach universal. Die – von einer national-liberalen Sichtweise ebenso weit entfernten – Katholiken hatten dem nichts entgegenzusetzen, denn auch für sie besaßen vorstaatliche Aggregationen einen höheren Wert als die politischen: die Kirche, die Religion, die Familie, die Person. So konnte der italienische Staat keine auf die Wahrung des Gemeinwohles ausgerichtete Politik betreiben, sondern beschränkte sich lediglich auf den Schutz des sozialen Interesses (der Starken *und* der Schwachen), das – wie allgemein auch immer – in seinem Kern dennoch kein Interesse von allgemeinem Wert ist. Denn „sozial" mit „öffentlich" gleichzusetzen ist im Prinzip ein Missverständnis, dem sowohl Christdemokraten als auch Kommunisten über die gesamte Nachkriegsgeschichte hindurch erlagen.

XVII

So erweist sich in Summe die *bisherige* „Philosophie des öffentlichen Geistes" in Italien seit 1861 in wechselnden Formen stets als *Philosophie des schwachen Staates*, auch wenn dies kaum je ausdrücklich als politische Theorie formuliert worden ist. Ein Ansatz zur Formulierung dieser Position aus aktueller, „postmoderner" Sicht scheint mir der Beitrag von *Massimo Cacciari* im vorhergehenden Kapitel des vorliegenden Buches zu sein. *Cacciari,* der enge Beziehungen sowohl zur italienischen Linken wie zur katholischen Kirche unterhält, versucht offenbar (auch in der Nachfolge *Gianni Vattimos*), politische Schwäche des Staates nun nicht mehr nur zum Programm Italiens, sondern sogar ganz Europas zu erheben. Insofern kann mein folgender Analyseversuch auch als kritische Antwort auf *Cacciaris* voranstehende Skizze für das künftige Europa gelesen werden.

XVIII

Cacciaris Philosophie des schwachen Staates ist zunächst keinesfalls mit der liberalen Theorie des Minimalstaates zu verwechseln, nach welcher der Staat dort, wo er eingeschränkt ist, seine größte Kraft entfaltet, und nach der er dort, wo er sich zurückzieht, um anderen Kräften Platz zu machen, seine eigentliche Funktion wahrnimmt: nämlich die Einhaltung der Spielregeln zu garantieren. Der Unterschied zwischen einem *schwachen Staat* und einem *Minimalstaat* besteht in Wirklichkeit darin, dass der schwache Staat omnipräsent sein kann, während der Minimalstaat *per definitionem* ein begrenzt präsenter Staat ist. Es ist also nicht die *Macht*, die einen Staat pervasiv macht. Denn auch ein starker Staat kann seine Präsenz auf ein Mindestmaß beschränken, da er sich auf seine soziale Relevanz verlassen kann. Im Gegenteil: an den schwachen Staat wendet sich man als Bittsteller, da er angesichts seiner Unfähigkeit, die Rechte zu garantieren, stets zu Gefälligkeiten bereit ist.

XIX

Ein *weiterer Irrtum* der bisherigen Ansätze zu einer „Philosophie des öffentlichen Geistes" im heutigen demokratischen Italien ist der, *dass in einem „schwachen" Staat die Freiheiten größer sein sollen als in einem „starken". Das Gegenteil ist der Fall.* Es ist gerade der „starke" demokratische Staat, der die größte – und, vergessen wir nicht, die einzige – Garantie für die Freiheit der Bürger bietet. Denn gerade unter post-modernen Umständen beruht die Freiheit der Bürger ausschließlich auf der Fähigkeit des Staates, für die Einhaltung der Gesetze zu sorgen, da die Gesetze durch ihren Universalitätscharakter die Freiheit für alle sichern, indem sie die Freiheit für den Einzelnen sowohl garantieren wie einschränken. Überall dort, wo es zwar Gesetze gibt, diese aber aufgrund der Schwäche des Staates nicht eingehalten werden, wird über die Freiheit des Einzelnen verhandelt, und zwar um den Preis der Freiheit für alle. Das Ergebnis: Jeder tut, wie es ihm gefällt, aber niemand ist wirklich frei. Genau das ist im heutigen Italien der Fall.

XX

Der Grund, warum auch noch der heutige öffentliche Geist Italiens *einen schwachen Staat bevorzugt* und sich von der Perspektive des starken Staates abgewandt hat, liegt – genau in der skizzierten historischen Tradition – darin, *dass der Staat in Wahrheit noch immer nicht als Garant für die Gesamtheit der Bürger gesehen wird, sondern immer noch als Werkzeug für einen Teil.*

Dabei war der italienische Staat nicht einmal unter dem *Faschismus* stark. Stark war nur die politisch-ideologische Gruppierung, die den Staat kontrollierte, sich aber im Grunde nicht gänzlich mit ihm identifizierte, sondern ihn nur als Instrument für ihre Politik benutzte, welche auch keine wirkliche Staatspolitik war. Die *marxistische* Ideologie vom „Staat als einem Kommittee für die Angelegenheiten der Bürger" dagegen war angesichts der Tatsache, dass sie in der Nachkriegs-Zeit in der Regel mindestens ein Drittel der italienischen Wählerschaft beeindruckt hat, eine der Hauptursachen für die immer weiter voranschreitende Delegitimierung des Staates bei der *nicht*-marxistischen Mehrheit, die schließlich in die politische Heraufkunft *Silvio Berlusconis* mündete. Sie hätte sich aber nicht in diesem Ausmaß durchsetzen können, wenn sie nicht die bereits in Italien historisch verwurzelte Ideologie vorgefunden hätte, welche in der althergebrachten Überzeugung besteht, dass die Mächtigen ausschließlich dazu da sind, den Staat zu ihren eigenen Gunsten zu benutzen. Nicht zuletzt in der Absicht, dieser Überzeugung entgegenzutreten, schuf die *Democrazia Christiana* in der Nachkriegszeit ihren „Transformismus" – den man als einen Versuch der herrschenden politischen Klasse verstehen kann, im eben erst neu geeinten und demokratisierten Italien den Kreis der Interessenten an der Tätigkeit des Staates zu erweitern, kontrolliert von einer christlichen Übereinkunft. Diese Erweiterung betraf aber letztlich wieder nur einzelne politische Gruppen und Interessengemeinschaften, nicht die Allgemeinheit oder die Öffentlichkeit.

Das Missverständnis vom „schwachen Staat" wurde zusätzlich von der neueren liberalen Theorie genährt, deren Schwachpunkt genau darin liegt, Öffentlichkeit als Summe aller Einzelnen und Privaten zu verstehen. Auch *Hans Kelsens* Idee einer liberalen Demokratie krankt an diesem Fehler. In Italien, so behaupte ich, konnte sie nichts anderes als den „Transformismus" bestärken und fortsetzen, bestenfalls in neuen Formen hervorbringen.

XXI

Der einzig mögliche Ausweg hätte darin bestehen können, öffentliche Autorität und Solidarität zu vereinigen. In der Tat gab es bereits im 19. Jahrhundert vereinzelte Vorstöße in diese Richtung. Es mangelte ihnen aber an Ausgewogenheit zwischen Autorität und Freiheit: das Vorbild konnten nicht Bismarck oder Deutschland sein. Außerdem scheiterte die solidarisch-soziale Ausrichtung mit den *Fasci Siciliani* (einer süditalienischen Separatistenbewegung 1891-1894, Anmerkung des Herausgebers). Auch die darauf folgende Kolonialpolitik erwies sich für die tatsächliche Stärkung der öffentlichen Macht in Italien als unnütz. Der eingeschlagene Weg der Autorität drohte schon damals in den Autoritarismus und in den Verlust liberaler Freiheiten zu münden. Bereits die autoritären und illiberalen Versuchungen des ausgehenden 19. Jahrhunderts können als Prolog zum italienischen Faschismus angesehen werden. Eine konservative Politik, die *sowohl* die Verteidigung der liberalen Prinzipien *als auch* einen sozialen Solidarismus gewährleisten könnte, fasste in Italien letztlich nicht Fuß. Am Ende schien die in Gestalt des katholischen „Transformismus" angebotene Lösung, auch wenn sie ihre Gefahren barg, wie *Mani Pulite* zeigte, die faktisch bestmögliche für das Land zu sein.

XXII

Man darf bei alledem nicht übersehen, dass es bereits von einer sehr frühen Phase der italienischen Nationalstaats-Geschichte an die Kirche war, die entscheidend zur Delegitimierung des Staates in Italien beitrug. Da sie nämlich den soeben geeinten Staat 1861 anfänglich nicht anerkannt hatte, verbreitete sich unter der katholischen Mehrheitsbevölkerung des Landes die Überzeugung, dass die neue politische Realität des italienischen Nationalstaats lediglich den Zwecken einer Minderheit diene. Und dass jene liberale Elite, die den *Risorgimento* gewollt hatte, niemals im Stande sein würde, das zutiefst *katholische* Gefühl der italienischen Nation aufzufangen – ein Gefühl, dem der entchristlichende Horizont des importierten, *auf* einem und *für* einen *protestantischen* Boden geschaffenen liberalen politischen Systems fremd erschien. Gerade im angelsächsisch begründeten Liberalismus mit seinen protestantischen Wurzeln sah die katholische Kirche Italiens die Rechtfertigung für ihren Widerstand gegen lutherische und calvinistische „Häresien", die in ihren Augen als Keimzellen der verschiedenen agnostischen, atheistischen und unreligiösen Phänomene der modernen Zeit – also der Zeit des Nationalstaats – zu werten waren. Auch das Motto eines der Staatsgründer, Graf *Camillo Benso von Cavours*: „Eine freie Kirche in einem freien Staat" bedeutete für die katholische

Kirche letztlich nur eine unannehmbare Relativierung. Denn gerade diese Freiheit lieferte nichts anderes als den Beweis ihrer eigenen Bedeutungslosigkeit, oder zumindest ihrer künftigen Sekundarstellung. Der liberale Staat sei also, so die sich früh herausbildende Überzeugung, *gegen* die katholische Kirche geboren, und seine Sichtweise stehe daher im Prinzip gegen die Sicht der Kirche.

XXIII

In Italien konnte ein solcher Staat daher keinesfalls die Gesamtheit der Italiener vertreten. Die fehlende Anerkennung des Staates von Seiten der Kirche verstärkte die Abwendung der Massen von ihm, die schon aus geschichtlichen, geographischen und sprachlichen Gründen sowie wegen der unterschiedlichen Bräuche und Sitten auf dem neuen nationalen Territorium zwischen Nord und Süd vom Gefühl einer gemeinsamen nationalen Zugehörigkeit weit entfernt waren. Als Antwort wurde eine „Nationalisierungspolitik der Massen" spät und stümperhaft eingeleitet, insofern man die Abhängigkeit der breiten politischen Massen von wirtschaftlichem Aufschwung, sozialem Schutz und sozialer Sicherheit lange Zeit vernachlässigt hatte. Wundern muss man sich wenig darüber, dass so keine Ergebnisse in der Aufwertung des Staates erzielt werden konnten, sondern eher darüber, dass sich so ein Staat überhaupt aufrecht erhalten konnte.

XXIV

Als die Kirche dann am 11. Februar 1929 die Lateranverträge unterschrieb, die eine Art säkulare Aufgabenteilung zwischen Staat und Kirche in Italien festlegen, handelte es sich vermutlich weniger um eine Anerkennung des Staates, als eher um eine Anerkennung des Faschismus als der damals herrschenden Staats-Ideologie, die aus der Sicht damaliger kirchlicher Kreise zu einem Widerstand gegen das Abgleiten in die Modernität des Liberalismus und des Sozialismus fähig war. Die katholische Kirche anerkannte die Legitimität der faschistischen Revolution, wobei allerdings der Preis dafür hoch war: Nach der totalitären Auffassung des Faschismus war es nicht der Staat, der sich als Totalität verstehen musste, sondern der Staat hatte „total" dem Faschismus zu dienen. *Diese* Totalität bedeutete, dass es nun keine Staatspolitik mehr außer der faschistischen gab.

Wieder einmal, und allem Anschein zum Trotz, erwies sich der Staat in Italien als Funktion eines Teiles der Gesellschaft. Es war der Staat, der bestimmte Gesetze erließ, der bestimmte Maßnahmen ergriff, aber es war nicht der *Staat als Staat*. In einem Wortspiel ausgedrückt: Da der Staat selbst keine Totalität war, konnte sich die Totalität der Italiener nicht mit dem Faschismus identifizieren. Es gab einen mehr oder minder großen Teil der Bevölkerung, der im Faschismus *nicht* den eigenen Staat sehen konnte. Und es gab auch diejenigen Bürger, die keineswegs das Bedürfnis hatten, an den Aufmärschen teilzunehmen, um sich als Staatsangehörige zu fühlen. In Wahrheit kann ja kein Staat, der wirklich ein Staat ist, dies von seinen Bürgern fordern: Woraus folgt, dass der faschistische Staat kein Staat war, und schon gar keiner, in dem man sich als Bürger wiedererkennen konnte.

Und so kam es, dass die Identifikation der Bevölkerung mit dem Staat in Italien durch den faschistischen Charakter des Staates umso unmöglicher gemacht wurde, je mehr *Benito Mussolini* diese Identifikation wollte. *Mussolini* dachte, dass der Faschismus Teil und Totalität zugleich sein könnte; aber das ist bei keiner Ideologie möglich. Es gibt nur *eine* mögliche Totalität, nämlich die des Staates, die aber, wenn sie den Zwecken einer Ideologie untergeordnet wird – selbst wenn es eine Staatsideologie ist, und die faschistische war das ihrem Selbstverständnis nach –, aufhört, eine Totalität zu sein, und sogleich in partikularisierende Teile zerfällt.

XXV

Die Lehre? Der Staat muss sich im Prinzip aus dem politischen Tages-Kampf heraushalten, wenn er ein Ausdruck oder eine Vertretung der Totalität der Bürger sein will – wenn er sich also als Instanz der Totalität legitimieren will. Denn jeder *politische* Kampf wird im Namen einer Partei geführt. Die Fähigkeit einer politischen Gruppierung, staatliche Funktionen zu übernehmen, weil sie entweder einen Wahlsieg errungen hat oder an die Macht gekommen ist, besteht darin, die eigenen partikularen Sichtweisen zu universalisieren, das heißt das eigene Interesse an das nationale zu binden. Das kennzeichnet eine politische Führungsschicht, wenn sie wirklich eine solche ist: Ihr Schicksal mit dem des Staates gleichzusetzen. Das genaue Gegenteil dessen also, was der Faschismus getan hat, der bei seinem Schiffbruch auch den von ihm nur benutzten Staat mit ins Verderben gerissen hat – während eine echte und zum Staatssinn erzogene Führungsschicht den eigenen Untergang vorgezogen hätte, um dadurch den Untergang des Staates zu vermeiden.

XXVI

Auch was die Ära des demokratischen Italiens der Nachkriegszeit bis herauf zu den Anfängen der Medien-Demokratie *Silvio Berlusconis* in den 1980er Jahren betrifft, sprach man zu Recht von einer „christdemokratischen Besetzung" des Staates. Nach dem Faschismus gab es nun die *Democrazia Cristiana* (DC), die, wenn auch in anderer Weise, den Staat besetzte. Erneut war es daher für mindestens ein Drittel der Italiener unmöglich, sich mit dem Staat zu identifizieren – mit einem Staat nämlich, der von einer politischen Formation besetzt war, die ihre Macht dazu nutzte, um sich hinter Privilegien zu verschanzen, Spekulation zu fördern ebenso wie eine unübersehbar zunehmende kapitalistische Ausbeutung des Landes. All diese Färbungen waren mit dem Ausdruck „Christdemokratischer Staat" in der Nachkriegszeit *auch* verbunden, mit dem man seitens linker und rechter Kreise nicht nur den politischen Gegner in der Mitte, die *DC*, attackierte, sondern die gesamte führende Klasse des Staates zu diskreditieren versuchte.

Der Vorwurf lautete: 1. Der „christdemokratische Staat" manövriere insgeheim die Staatsapparate, er bediene sich sogar der Mafia – siehe den bis heute undurchsichtigen Fall des christdemokratischen Langzeit-Ministerpräsidenten *Giulio Andreotti*, zwischen 1945 und 1999 sieben Mal Ministerpräsident und Minister in 33 italienischen Regierungen, der in seiner Zeit angeblich einen Waffenstillstandspakt mit der Mafia schloss. Und der „christdemokratische Staat" sei 2., so die Propaganda der Opposition, beherrscht von im Prinzip dunklen Mächten, die mit illegalen und gewaltsamen Methoden einen Aufstieg der linken oder rechten Kräfte zu verhindern versuchen würden. Zusätzlich sei 3. ein Staat „im Dienst der Amerikaner", so hieß es vonseiten der Opposition, der sich ohne wirkliche nationale Unabhängigkeit seine Politik von einer proto-imperialen Macht aufdiktieren lasse und dieser unterwürfig gehorche.

Diese dreifache Anschuldigung erzeugte geradezu eine „*Mythologie gegen den Staat*" im Italien der Ersten Republik (1946-1995), die bis heute in den Tiefenschichten des kollektiven Unbewussten nachwirkt.

XXVII

Ob diese (im Prinzip trinitarische) Negativ-Mythologie für das Nachkriegs-Italien nun in der Realität zutrifft oder nicht: Was für eine Glaubwürdigkeit konnte ein derart permanent sowohl medial wie am Stammtisch kritisierter Staat beanspruchen? Faktum ist, dass, während sich das amerikanische Lebensmodell nach der

1968er-Revolte mehr und mehr in Italien ausbreitete, sich eine breite Schicht der italienischen Bevölkerung zu einem ausgeprägten Antiamerikanismus bekannte. Das Kapitel *Silvio Berlusconi* zwischen Anfang der 1990er Jahre und 2011 war in dieser größeren Entwicklungslinie nur das letzte einer langen Serie von Delegitimierungen und Fehleinschätzungen, mit denen man auch in der neueren Geschichte Italiens von allen Seiten die Glaubwürdigkeit des Staates in Frage gestellt hat. Wie in der Analyse des Aufstiegs *Berlusconis* deutlich wird, führten nach dem Zusammenbruch der Ersten Republik 1992-1995 nun allerdings sogar die staatlichen Einrichtungen selbst gegeneinander einen Delegitimierungs-Kampf: das Parlament gegen die Regierung, die Regierung gegen die Richterschaft, das Staatsoberhaupt gegen das Regierungsoberhaupt und umgekehrt. Und die Medien gegen alle. Berlusconi nützte das geschickt aus.

XXVIII

Widersinnigerweise erfolgte in Italien auch der Übergang zur sogenannten „Zweiten Republik" 1992-1995 mit Hilfe des traditionellen italienischen Arsenals der Delegitimierung der gerade regierenden politischen Klasse – zumindest in dem Maß, in dem die friedliche, von der Richterschaft gegen die den Staat besetzt haltenden Parteien vorangetragene Anti-Korruptions-Initiative *Mani Pulite* zu diesem Übergang beigetragen hat. Was die Richter in dieser Zeit aufgedeckt haben, war nur das, was alle ohnehin schon vom Staat und seinen Vertretern dachten, nämlich: dass der Staat seinen Dienst am Bürger nicht erfüllt, sondern von Kräften, vor allem von wirtschaftlichen und sozialen Gruppierungen, besetzt sei, die seine Macht und Autorität zu ihrem eigenen Vorteil nutzten.

Die Richterschaft als Staatseinrichtung hat sich im Rahmen von *Mani Pulite* denn auch erst dann eine breite Unterstützung und Akzeptanz unter der Bevölkerung für ihre Ermittlungen gegen die grassierende Parteienkorruption sichern können, als sie mit ihrer Dekonstruktion praktisch aller bestehenden Parteien das institutionelle Gefüge des Staates selbst ins Wanken gebracht hatte, indem sie in beispielloser Weise eine ganze politische Klasse unter Anklage stellte. Mit ihren Säuberungsaktionen innerhalb der Regierungsparteien ermöglichte die Richterschaft eine Erneuerung der politischen Parteien- und Gruppenlandschaft Italiens gerade zu einem Zeitpunkt, in dem institutionelle Reformen und der Übergang vom proportionalen zum Mehrheitssystem im Gang waren. Durch ihr Eingreifen hat sie dem, was eine nüchterne Anpassung der institutionellen Mechanismen an die zunehmende Notwendigkeit politischer Stabilität zu sein schien, Pathos verliehen.

XXIX

Während der Ermittlungen zu *Mani pulite* waren die Richter zutiefst davon überzeugt, zwar *im Innern* des Staates, aber zugleich *gegen* seine parteipolitischen Äußerungen, dem Sinn für staatliche Gerechtigkeit Ausdruck zu verleihen. Aber sie waren im Grunde auch der weit verbreiteten Meinung, dass Justiz und Staat in Italien völlig voneinander getrennt seien und sein müssten, *wenn nicht gar prinzipiell, das heißt ihrer Natur und Aufgabe nach gegeneinander stehen.* Auch in Folge dieser Ereignisse herrscht im öffentlichen Geist Italiens – als weiterer Delegitimierungsfaktor – bis heute allgemein die Überzeugung vor, dass zwischen der *formalen* (theoretischen) und der *praktischen* (materiellen) Justiz ein Konflikt bestehe; und dass, während der Bürger hinsichtlich der materiellen Justiz völlig auf sich alleine gestellt ist und für sich selbst sorgen muss, die formale Justiz, die ihm vom Staat zuteil wird, immer zu seinem Nachteil geübt werde.

Mit anderen Worten: Der Bürger hat bis heute in Italien meist das Gefühl, er müsse selbst als Einzelner für die Schäden des Staates aufkommen. Und genau das bringt ihn dazu, selbst Justiz zu üben, zwar weniger im strafrechtlichen Sinn (ein Bereich, den nicht zuletzt die Mafia fleißig ausfüllt), sondern auf der Ebene des Zivilrechts. Die Steuerhinterziehung zum Beispiel wird kaum als Vergehen empfunden, weil man dem Staat eine effektive redistributive Gerechtigkeit abspricht – und ihm stattdessen eine parteiische Verwendung öffentlicher Mittel vorwirft, weshalb der Bürger, der seine Steuern nicht bezahlt, lediglich gegen einen mit den öffentlichen Mitteln ungerecht wirtschaftenden Staat Widerstand leistet.

Auf diese Weise stehen die Ansprüche auf Gerechtigkeit in Italien bis heute den öffentlichen Normen entgegen. Und es öffnet sich eine Kluft zwischen dem, was als gerecht empfunden wird, und dem, was vom Staat festgelegt wird. Es ist verständlich, dass es *genau an dieser Bruchstelle zwischen Justiz und Macht* in den 1990er Jahren zur Revolution von *Mani Pulite* gekommen ist, bei der es sich eine *Justiz ohne Macht* zur Aufgabe gemacht hat, eine *Macht ohne Justiz* zu stürzen.

XXX

Die Hauptaufgabe einer auf diesen Überlegungen aufbauenden, in den kommenden Jahren umfassender auszuarbeitenden „Philosophie des öffentlichen Geistes" in Italien und darüber hinaus in Europa, besteht meines Erachtens darin, zu untersuchen, warum es in Italien zu keiner *öffentlich anerkannten* Macht gekommen ist, die aus dem tagespolitischen Konfliktfeld heraustreten könnte, *ohne* dass sich die Konfliktparteien gegenseitig delegitimieren müssen, um nach möglichen Lösungen zu suchen. Das genau ist heute das entscheidende Problem nicht nur Italiens, auch des sich einigenden Europa und seiner Öffentlichkeit.

Was das italienische Beispiel lehrt, ist: Die politischen Konfliktparteien sollen die staatliche Autorität, auf denen ihre Macht gegründet sein muss, unangetastet lassen; und der politische Kampf soll die Institutionen, also das Gefüge, innerhalb dessen er sich abspielt, unversehrt lassen. Das ist die große Doppel-Aufgabe, die Italien heute zu bewältigen hat, wenn es seine staatliche Souveränität nicht dadurch weiter delegitimieren will, dass es die wichtigsten Autoritätsfunktionen – also auch die innovativen Entscheidungen, die ihren Preis haben und deshalb sozial zunächst schmerzhaft sind – an Einrichtungen delegiert, deren Rolle kein Ersatz für das sein kann, was staatliche Einrichtungen zu leisten imstande sein sollten. Ähnliches gilt für das europäische Einigungsprojekt.

XXXI

Das heutige, unfertige europäische Staatsprojekt ist in mancherlei Hinsicht so, wie es das klassische moderne Staatsprojekt Italiens quer durch seine Geschichte hindurch war. Umgekehrt scheint das europäische für das italienische Projekt eine Perspektive aufzuzeigen. In Zeiten einer scheinbar unüberwindbaren Delegitimation des italienischen Nationalstaates, in denen sich am Ende alle des Staates bedienen, aber niemand an ihn glaubt und niemand ihn unterstützt – das heißt in einer Situation, in welcher der Staat nicht der Staat aller sein kann, weil ihn jeder für seine Zwecke nutzt –, scheinen die europäischen Institutionen in mancherlei Hinsicht der letzte Rettungsanker zu sein. Das, woran es Italien bisher mangelte, nämlich ein überparteilicher institutioneller Rahmen, mit dem sich alle identifizieren können, muss nun allem Anschein nach durch die Beteiligung an europäischen Organismen leihweise beschafft werden. Nach der tragischen Erfahrung des Faschismus konnte Italien – ähnlich wie Deutschland und Österreich – nicht mehr *die Nation* zum Fundament des Staates machen; es schämte sich, den Ausdruck „nationales Interesse" zu verwenden, um die Staatspolitik zu rechtfertigen. Der Staat konnte sich nur mehr dadurch legitimieren, dass sein Interesse auch mit inter- und übernationalen Sichtweisen übereinstimmte – eine Notwendigkeit, die Italien mit den deutschsprachigen Ländern teilt. Europa wurde daher in den vergangenen Jahren für viele Italiener jener Horizont des Politischen, den der eigene Nationalstaat nicht (oder vielmehr noch nie) zu bieten vermochte.

XXXII

Ohne Zweifel entspricht die Bildung eines geeinten Europas tatsächlich einer geschichtlichen Dynamik, welche die Zeit der Staatlichkeit und die Konflikthaftigkeit zwischen den einzelnen europäischen Staaten beenden könnte, wie *Massimo Cacciari* in seinem vorangehenden Beitrag schreibt. Aber es wäre ein Irrtum, Europa als – noch dazu „schwachen" – Ersatz für das zu betrachten, was der einzelne Staat innerhalb der eigenen Grenzen nicht zustande bringt, weil er dazu zu schwach ist. Eine europäische Politik, die diesen Namen verdient, erfordert vielmehr eine „starke" Führung von europäischem Format, die jedoch weiterhin auch auf dem Schauplatz der nationalstaatlichen Politik aktiv ist und Innovationen vornimmt. Wenn aber die nationalstaatliche Politik es nicht zulässt, ein angemessenes übernationales Grund-Ethos des Politischen sichtbar zu machen, das auf der Loyalität gegenüber den Einrichtungen und nicht zuletzt auf dem so genannten „Sinn für den Staat" beruht – der, und da gebe ich *Cacciari* Recht, nicht gleichzusetzen ist mit rein „technischer" Staatsräson –, dann ist das Heranwachsen eines zur Führung übernationaler europäischer Institutionen geeigneten politischen Personals kaum möglich. Denn es ist und bleibt die „Staatskultur" im weitesten Sinn, die es erlaubt, sich darin zu üben, Egoismen und eingeschränkte Sichtweisen zu überwinden und den Weg zu einem *gemeinsamen* öffentlichen Geist Europas zu bahnen.

XXXIII

Im Heute angekommen, zeichnet sich vor dem Hintergrund der dargestellten Probleme und Konstellationen *auch* ab, worin die theoretischen und praktischen Herausforderungen an eine künftige *politische Philosophie Europas* bestehen werden.

- Die *erste* Herausforderung besteht in der *praxisorientierten* Herausbildung einer geeigneten Führungsschicht von europäischem Blick und europäischer Karatur, die wir noch kaum oder gar nicht haben. Es geht zu diesem Zweck darum, das Kapitel der gegenseitigen Delegitimierung der sozialen Kräfte, politischen Vertretungen, staatlichen Gewalten und Institutionen zu beenden und an die Schaffung einer führenden politischen Klasse zu denken, die mit jeweils verschiedenen Gesichtspunkten an sehr unterschiedliche Programme herangeht, aber dennoch innerhalb eines gemeinsamen Horizontes institutioneller Werte verbleibt und Einigkeit beweist, wenn es um das Gemeinwohl geht. Das muss gemeint sein, wenn von „Staatskultur" gesprochen wird, die dann sowohl nationalen wie übernationalen Einrichtungen verfügbar gemacht werden kann – oder die vielmehr von diesen vorausgesetzt werden muss, damit sie überhaupt funktionieren können.

- *Zweitens*: Auf der *theoretischen* Ebene ist die Loslösung beziehungsweise konzeptuelle Entkoppelung von „Staat" und „Nation" anzupeilen. Das mag ein bislang noch immer ungewohnter Vorgang sein, den Italien aber historisch am eigenen Leib latent und über lange Zeit stets unter dem Signum der „Schwäche" des Staates vollzogen hat. *Was anders als „Schwäche" dem Staat als Fundament für „ganzheitliche" Verankerung dienen kann*: das ist die politisch-philosophische Frage, die Italien seit jeher beschäftigt, und deren Beantwortung in diesem Jahrhundert für ganz Europa ansteht. Europa ist schon jetzt damit beschäftigt, einerseits seine politische Autorität als organisierte Antwort auf die wirtschaftliche Globalisierung zu festigen, gegenüber der heute nationale Kräfte im Alleingang chancenlos wären. Andererseits will sich die bisherige Eurozone künftig verstärkt als Europa der fortschrittlichen bürgerlichen und demokratischen Rechte und Werte konstituieren – das heißt, ihren Charakter als *moralische* Autorität unterstreichen. Wie die Mission der USA in ihrer Identitätskonstruktion offenbar darin besteht, Demokratie und Freiheit für die Welt zu gewährleisten, so will sich Europa durch seinen juridischen Humanitarismus, durch seinen Sinn für soziale Gerechtigkeit, durch seine Werte der Solidarität, des Gemeinwohls und der Koexistenz verschiedener Kulturen und Völker behaupten. Dies womöglich in einem relativen (und hoffentlich kooperativen) Konflikt mit den USA, die nicht selten ihre Verteidigung der freien Welt der Sprache der Waffen anvertrauen – und die, angesichts ihrer Macht zuweilen auch durchaus bereit sind, im Namen nationaler Sicherheit Grundsätze des internationalen Rechts außer Kraft zu setzen. Europa aber, das im 20. Jahrhundert der Kontinent der Kriege, der Zerstörung, der Intoleranz und der Rassenverfolgung gewesen ist, will im 21. Jahrhundert zum Kontinent des Friedens, des internationalen Rechts, des Respekts zwischen Kulturen und der transnationalen humanitären Solidarität werden. Europa sieht damit, komplementär zu Amerika und an der Seite Amerikas, die eigene Mission darin, *der Globalisierung eine Seele zu geben*: nämlich dafür zu sorgen, dass die Globalisierung nicht nur in einer wirtschaftlichen und kulturellen Angleichung besteht, sondern im Dienst des Fortschritts einer entstehenden Weltzivilisation erfolgen soll. Europa will also in gewisser Weise die Patenschaft für die Grundsätze und Fundamente globalisierten bürgerlichen Lebens übernehmen. *Das kann es aber nicht als „schwaches". Die neuen Blockbildungen des 21. Jahrhunderts zwischen Osten und Westen sowie zwischen Norden und Süden können nur mit Hilfe der Kraft einer „starken" übernationalen europäischen Einrichtung integriert werden.*

XXXIV

Aber während Europa sich heute – nicht zuletzt im Rahmen der Flüchtlings- und Migrantenkrise – in begrüßenswerter Weise für neue Völker und Kulturen öffnet, wachsen damit unvermeidlich auch die Elemente der Dishomogenität. Es wird daher notwendiger werden, eine Vielfalt nicht nur von Interessen, sondern auch von Religionen, Sitten und Gebräuchen, von Völkern, Wertehorizonten und Untergruppen zusammenzuhalten – nicht weniger als bisher, sondern mehr denn je. *Dazu brauchen wir nicht ein „schwaches", sondern ein „starkes" Europa.* Was bedeutet das?

Die Krise Europas dieser Jahre ist eine Anregung, die Themen der Zugehörigkeit und der Identität und damit auch deren Kompatibilität mit einem pluralistischen, demokratischen Universum, innerhalb dessen sie angesiedelt werden wollen, neu zu denken. Die Zeiten der in sich geschlossenen und zur Wahrung ihrer Vormacht untereinander in Konflikt stehenden „Gemeinschaften in den Gemeinschaften" sind vorbei. Es ist nun geradezu Europas Aufgabe, sie aktiv zu beenden. Das aber kann nur die Aufgabe eines Europa sein, das *stark* ist im Hinblick auf ein gemeinsames System von Werten und Normen, aber zugleich anpassungsfähig und bunt in seinen Äußerungen.

XXXV

Fazit? Es ist der Wert der *Einheit in der Vielfalt*, durch den sich Europa auszeichnen wird müssen – ein Wert, der allerdings in sich ambivalent ist, wie das Beispiel Italiens innerhalb der Geschichte der Nationalstaaten vielleicht am deutlichsten gezeigt hat. Italien kann auf Grund seiner Geschichte als Lehrbeispiel zu den in den kommenden Jahren verstärkt zu erwartenden Ambivalenzen zwischen notwendiger „Stärke" und wünschenswerter „Schwäche" des Staates und des Politischen insgesamt sein. Es wäre zu bedauern, wenn Italien, entweder wegen der Ohnmacht seiner herrschenden Klasse, oder wegen gedanklicher Unfähigkeit aus seiner historischen Erfahrung des Politischen und des Staates heraus, diese seine Erfahrung nicht beitragen würde, um sich an der weiteren Gestaltung der europäischen Einheit zu beteiligen.

Im Spannungsfeld zwischen den Konzepten von „Schwäche" und „Stärke": Kollektive Identität zwischen Vergessen und Gedächtnis

Grundlagen für eine „vermittelnde" Erneuerung des Politischen in der Gegenwart

Remo Bodei

Die beiden vorangehenden Beiträge von *Massimo Cacciari* und *Antonio Giuseppe Balistreri* haben eine große Frage an das Politische der Gegenwart gestellt. Sie lautet: Wie ist das Politische zwischen den – ihrem Wesen nach anthropo-politischen – Zentralkategorien von „Schwäche" und „Stärke" konturiert? Und wie ist es in deren Spannungsfeld weiter entwickelbar?

Zur Beantwortung müssen wir, um die notwendige Vertiefung zu erreichen, einer vielleicht noch grundlegenderen Frage nachgehen: Wie sind „Schwäche" und „Stärke" mit der Psyche des heutigen europäischen Menschen verbunden? Und was folgt daraus für die – gegenwärtige und künftige – Tiefentransformation von Politik?

I

Das Politische der meisten Menschen ist zunächst „erinnerungspolitisch" strukturiert. Die Entscheidung für „Schwäche" oder „Stärke" eines Gemeinwesens wird davon beeinflusst. Denken wir zum Beispiel an den Fall der Berliner Mauer 1989 oder, bezogen auf Italien, an das Ende der „Ersten Republik" im Rahmen des bereits wiederholt erwähnten Korruptionsprozesses von *Mani Pulite* 1992-1995. Bei dramatischen Umwälzungen, aber auch beim Zusammenbruch politischer Systeme stellt man immer wieder fest, dass das innere Leben einer überraschend großen Zahl von Menschen derart eng mit politischen, sozialen oder kulturellen Umwälzungen verknüpft ist, dass diese Menschen unter dem Eindruck der Ereignisse entweder einen wesentlichen Teil ihrer Geschichte *vergessen*, *verdrängen* oder aber ihre Vergangenheit entscheidend *umdeuten*.

Dieser Mechanismus, der sich quer durch alle Felder der Polis zieht, hat eine gewisse Logik. Erinnerungen sind naturgemäß einem dauernden Prozess der

Zersetzung und Verstümmelung ausgesetzt. Keine Form von Identität kann sich ohne Veränderung über die Zeit bewahren.

Diese Gesetzmäßigkeit ist zu offensichtlich, um als bloßer Zufall, und zu weit verbreitet, um als bloßes Ergebnis der Absicht Einzelner abgetan werden zu können. Sie trägt nicht unwesentlich zu jener Melancholie bei, die entsteht, wenn man vor den Resten der Erinnerung an andere Menschen (aber auch der Gefühle für sie) steht oder längst überlebte Symbole betrachtet, die von vergangenen Leben, Überzeugungen und Erfahrungen zeugen. Wie viele Gedankenbilder – und dadurch hervorgerufene Ideen und Ideologien – mögen in der Geschichte des Menschen ausgelöscht worden sein? Wie viele Städte und Sprachen mögen verloren, wie viele Völker ausgerottet worden sein? Wie viele Existenzen sind verschwunden, die – wenn überhaupt – nur verblasste oder unentzifferbare Spuren zurückgelassen haben? Wenn Extremisten heute ganze Kulturstätten und historische Kulturzeugnisse systematisch zerstören wie etwa die IS-Fundamentalisten, gehen zwar unwiederbringliche Zeugnisse der Menschheit verloren. Aber das ist nur die Spitze des Eisbergs dessen, was auch die Zeit selbst in gewisser Weise ständig vollzieht.

II

Dadurch, dass im 21. Jahrhunderts das Vermächtnis vergangener Kulturen und alter Mentalitäten (vom letzten Mohikaner bis zu den zu spät gekommenen Vertretern des ptolemäischen Weltbildes) schon durch die technisch-kulturellen Umstände fortwährend zerstreut und aufgelöst wird, sind ganze Welten davon bedroht, ausgelöscht, unverständlich oder bloßes Fragment ohne Bedeutung zu werden. Durch den Verlust jenes Halts, der traditionell durch Gesetze und Traditionen gewährleistet wurde, und durch die Zerstörung von Orten und Gegenden, die für ihre Bewohner emotional besetzt sind, stellt sich gerade im Hinblick auf die Dimensionen von „Schwäche" und „Stärke" und ihre Ausbalancierung zu einer zeitgemässen politischen Kultur die Frage, wie und inwiefern gewisse politische Systeme ihre Bevölkerung dazu gebracht haben, bestimmte Anschauungen und Verhaltensweisen für überholt zu erklären, zu ignorieren, auszuschließen oder eben zu vergessen.

Das ist ein politisches Problem ersten Ranges. *Napoleon* etwa stellte fest: „Während einer Revolution vergessen wir alles." Und bei *Augustus Mignet*, einem Historiker des frühen neunzehnten Jahrhunderts, heißt es: „In Zeiten der Revolution ist alles Alte Feind". Diese Aussagen ließen sich freilich auf *jeden* Wandel beziehen, der diesen Begriff verdient. Vielleicht auch auf die Gegenwart und ihr Zaudern zwischen „Schwäche" und „Stärke" des Politischen und Staatlichen. Und das hat eine Reihe von Implikationen.

III

Lässt man die in der Geschichte immer wieder vorkommenden naturalistischen Interpretationen und die übliche mediale und literarische Sehnsucht nach Dramatik außer Acht, dann erweisen sich die heute gängigen Erklärungen für die allgemeine Revision von Erinnerung und Gedächtnis als unbefriedigend. Diese Revision lässt sich zwar als Manifestation eines mimetischen „Transformismus" (wie er für Italien typisch ist), das heißt einer ständig in Bewegung befindlichen Flexibilität, oder aber eines passiven Widerstandes oder einer psychologischen Neuorientierung unter sich verändernden Umständen beschreiben. Trotzdem sind damit die realen politischen Folgen des Spannngsfeldes zwischen Innen und Außen noch nicht erfasst. Der Zusammenbruch unserer Befähigung zur Voraussicht unter hyperkomplexen Bedingungen findet sein Echo heute darin, dass Millionen Menschen, deren Gesellschaften sich im Umbruch befinden, versuchen, der Vergangenheit (neue) Bedeutung zuzuschreiben. Doch warum leugnen oder vergessen Individuen heute unter dem Eindruck von Veränderungen ihre Vergangenheit? Warum sind sie umgekehrt so stark damit beschäftigt, ihr neue Bedeutungen zuzuschreiben? Und was bedeutet das für das Politische, das die kommenden Jahre kennzeichnen wird?

IV

Um eine Chance zu haben, diesen für die Gegenwart grundlegenden grundlegenden Mechanismus zu verstehen, sollten wir zunächst die Frage umkehren. Wir sollten uns nicht fragen, warum Individuen vergessen – sondern vielmehr, *warum sie sich überhaupt erinnern, auch wenn dass Politische dauernd immer alles umwälzt.*

Meine Hypothese lautet, dass – nach Veränderungen, die die übliche Toleranzschwelle einer Systemstabilität übersteigen – das Vergessen nicht allein der Heuchelei oder einem chamäleonhaften Opportunismus zugeschrieben werden kann, und auch nicht nur dem Bedürfnis, unangenehme Erfahrungen zu vergessen. Auch wenn damit weder geleugnet werden soll, dass es Opportunisten gibt, noch die Tatsache, dass Individuen mehr oder weniger bewusst dazu neigen, die Realität *ad hoc* ihren Bedürfnissen anzupassen. Doch eine derartige Sichtweise taugt nicht als umfassende Erklärung für die heute im Raum stehenden psychopolitisch-gesellschaftlichen Phänomene.

V

Vergessen gerät heute nicht nur zu einer Form der *damnatio memoriae* – und damit zu einer Art *Amnesie-Amnestie* der Vergangenheit. Damit ist nicht nur eine tatsächliche oder symbolische „Auslöschung" von Namen, Daten oder Details gemeint – eine Praxis, die zum Beispiel bereits antike römische Epigraphen nutzten. Vergessen ist auch keine einfache Deprivation der Erinnerung und des Gedächtnisses. Vergessen hängt – im positiven Sinn – vom Zusammenbruch jener Energien ab, die das historische Gedächtnis (aktiv) formen und voranbringen sowie es (passiv) aufrechterhalten und bewahren. Vergessen hängt zudem vom Zerfall des Zugehörigkeitsgefühls zu einer Gemeinschaft ab. Vergessen schließt drittens Wiederholungen und Schocks ein, ganz abgesehen von den haarfeinen, nahezu unsichtbaren Formen der Indoktrination und der unbewusst aufoktroyierten Wertmaßstäbe.

VI

Insbesondere innerhalb von Veränderungsprozessen wird individuelle Erfahrung daran gemessen, inwiefern sie mit den feierlichen Zeremonien gemeinschaftlicher *Erinnerung* und *Erinnerungsarbeit* übereinstimmt. Die Existenz moderner Individuen äußert sich im Takt historischer „Rhythmen" und in der Erinnerung an historisch-politische Ereignisse, die als sogenannte „Wendepunkte" von relativ großen Generationsgemeinschaften geteilt werden – zum Beispiel das Attentat auf *Kennedy*, der „schwarze September", der Fall des Eisernen Vorhangs. Das *Vergessen* dagegen kommt zustande durch das Verschwinden oder den Rückzug der Kräfte, die die gemeinsamen Erinnerungen und die damit verbundenen Erfahrungen und Überzeugungen am Leben erhalten, legitimieren und weitergeben. Daher erscheint das Vergessen auf den *ersten* Blick als Störung, Verwirrung oder Verlust des öffentlichen (und offiziellen) Gedächtnisses. Auf den *zweiten* Blick aber zeigt es sich heute neu als *Faktor der Erzeugung von Sinn*. Um einen Satz von *Michelangelo* abzuwandeln: *Das Vergessen formt und gestaltet die (politisch-gesellschaftlichen) Ereignisse durch Abtragung, Reduktion oder Dezimierung neu*. Was heißt das?

VII

Wenn Traditionen durchbrochen oder verändert werden, schwanken selbst deren festeste und konsistenteste Selektionskriterien, um schließlich zusammenzubrechen. Die Erinnerungen fließen dann wenigstens für einen Augenblick anscheinend befreiter, weniger geordnet und weniger legitimationsfixiert als zuvor. Es kommt vor, dass Ereignisse der jüngsten Vergangenheit durch die am weitesten zurückliegenden ersetzt werden. Mit unermesslicher Geschwindigkeit vergessen die Menschen und lernen (dadurch) das am weitesten Entfernte neu.

Im Allgemeinen entsteht zugleich dennoch das Bedürfnis, Veränderungen ihrerseits in neuen sozialen Gedächtnisstrukturen zu verankern und mit Erkennungszeichen zu verknüpfen, ohne die es auch kein „volles" privates Gedächtnis, keine individuellen Erinnerungen gäbe. Wie die Natur, so scheint auch die Identität keine Leere ertragen zu können. Wenn es zutrifft, dass niemand es aushält, in einer sinnlosen Realität zu leben, und wenn in der mediatisierten und beschleunigten Postmoderne von der Vergangenheit nur immer stärker verstreute Fragmente bleiben, dann neigt Identität dazu, sich selbst zu erneuern, indem sie diese Fragmente neu zusammensetzt und zu phantastischen Figuren oder Mythen umgestaltet.

VIII

Das dadurch hervorgerufene psychopolitische Delirium (begleitet von einem relativen Vergessen) ist von unterschiedlicher Dauer. In Perioden der Ruhe bricht es zuweilen von selbst zusammen. In anderen Phasen verbirgt es sich in den Falten gesellschaftlicher Phantasie.

Unglücklicherweise ist das Ziel, die Vergangenheit durch delirierende Produktion eines Neuen von ihren alten Geistern zu „desinfizieren", unerreichbar. Die Anwesenheit dieser alten Geister ist trotz ihrer verstörenden Wirkungen und trotz der Tabus, mit denen sie sich gesellschaftlich schützen, auch am Beginn des 21. Jahrhunderts erkennbar. Man könnte zum Beispiel die hegemoniale Stellung, die die historisch-politische Hermeneutik in bestimmten Bereichen unserer Kultur angestrebt hat, als Symptom des Versuches interpretieren, die Macht des Vergessens einzudämmen, ohne es dabei doch ganz zu zerstören – oder als Symptom des Unternehmens, die verstreuten Fragmente der durchbrochenen, flüchtigen, vermischten oder konfliktbehafteten Traditionen in dauerhaftere Sinnkonstruktionen zu integrieren.

IX

Das alles führt uns in ein bemerkenswertes, doppeltes Paradoxon der politischen Gegenwart hinein. Es ist die Einsicht, dass die Vergangenheit erstens nicht nur die Möglichkeit der Veränderung birgt, sondern dass sie zweitens selbst tatsächlich veränderlich und wandelbar ist, nämlich *a posteriori*, und zwar gerade insofern und insoweit, als eben eine Vergangenheit existiert, die *nicht* vergeht. Was meine ich damit?

Man muss bei Beobachtungen der Wirkungen des Politischen einsehen, dass alle Ereignisse mit „dichtem" Sinn (sei er nun traumatisch oder pro-positiv) ihre Bedeutung nicht vollkommen und unmittelbar und zudem nicht nur ein einziges Mal preisgeben, sondern vielmehr allmählich, über eine lange Zeit hinweg, oftmals in einem endlosen und in sich brüchigen Prozess. Es gibt psychopolitische Erfahrungen, die nicht auf ihre erste Interpretation reduziert werden können: auf die Bedeutung, die man ihnen „in der Erregung des Augenblicks" zuweist, und zwar weil sie einen *Überfluss*, nicht etwa weil sie einen *Mangel* an Sinn und Dichte enthalten.

Deshalb ist die erste Deutung eines Ereignisses nicht wahrer als die späteren Versuche, seinen prinzipiell unerschöpflichen Inhalt *zu umschreiben* – und damit bereits *umzuschreiben*. Da dieses Umschreiben jedes Mal eine neue Seite des Problems hervorbringt, besteht offenbar die einzige „Wahrheit" eines bedeutenden politisch-gesellschaftlichen Ereignisses darin, erst nach und nach seine vielen Facetten freizusetzen und die Tendenz der Linien weiterzuentwickeln, die in der dynamischen Ausrichtung seiner verschiedenen Bedeutungsebenen angelegt sind.

X

Der Impuls, der Vergangenheit eine andere Richtung zu geben, wird in dieser Lage beständig ausgelöst durch das „Magnetfeld" der *Ungeduld*. Denn offensichtlich hängt alle Erkenntnis einer politisch-sozialen *Wahrheit* davon ab, *auf welche Weise retrospektive Umwandlungen von Bedeutungsanlagen und Bedeutungsschichten sich vollziehen können*. Wir müssen uns ständig fragen, ob eine kollektive Vergangenheit, die im Dunkeln liegt (oder die früher vielleicht in einem ganz anderen Licht gesehen wurde) dadurch neue Bedeutung oder gar neuen Sinn erhalten kann, dass ihre Bestandteile neu zusammengesetzt, das *chiaroscuro* des Gemäldes neu komponiert, die Farben der interpretierten und selektierten Erfahrungen aufgefrischt und restauriert werden – oder aber ob in diesem oder jenem spezifischen Fall *die Ereignisse der Vergangenheit ungestaltbar erscheinen*. Und schließlich auch, ob *die Vergangenheit* „handwerklich" oder „industriell" auf der Basis von Machtkalkül und strukturellen Anforderungen bewusst hergestellt und also manipuliert worden ist, sodass man das, was auf der Grundlage von Erinnerung überhaupt „etwas" ist und sein kann, seinem Wesen nach grundsätzlich *nicht* mehr identifizierbar ist, weil es immer schon durch Interpretationsinteressen kontaminiert war, ja erst durch die erzeugt wurde. Dann aber würde der Sinn des Politischen zu einer reinen Interpretationsfrage werden. Damit würden auch seine mögliche „Schwäche" und „Stärke" letztlich zu Äquivalenten in einem Nullsummenspiel.

XI

Natürlich inszeniert *jede* erfolgreiche politische Macht, *jede* siegreiche Religion eine Art „vertikalen Vergessens", indem sie die alte Interpretation und den alten Glauben mehr oder weniger bewusst überdeckt, und zwar besonders an solchen Orten, an denen die traditionellen Zeremonien des alten Glaubens stattfanden. So bauten die ersten Christen ihre Kirchen systematisch auf den Überresten heidnischer Tempel; und die spanischen Missionare errichteten ihre Dome auf den Bauten der Azteken. In der Politik und ihrem historischen Maelstrom ist es, auf zum Teil brachiale und zum Teil subtile Weise, nicht anders.

So wurde die Fälschung der Vergangenheit in großem Stil von den totalitären Systemen des 20. Jahrhunderts praktiziert. Dies gemäß der Formel, die durch *George Orwells „1984"* berühmt wurde: „Wer die Vergangenheit beherrscht, der beherrscht auch die Gegenwart und die Zukunft". Zu den wichtigsten Aufgaben des „Wahrheitsministeriums" bei *Orwell* gehört folgerichtig die unablässige Auslöschung und Neuordnung der Vergangenheit zu propagandistischen Zwecken nach den Vorstellungen des „Big Brother". Unter Androhung schwerer, von der Mehrheit der Menschen verinnerlichter Sanktionen werden die Bürger dazu gebracht, die „Realität" eines Ereignisses zu vergessen und sich mit einer verkürzten und fremdgelenkten Erinnerung daran zufriedenzugeben. Schließlich sind sie davon überzeugt, dass die von den Behörden verkündete „letzte Wahrheit" identisch mit ihrem faktischen Gegenteil ist, das erinnerungspolitisch für nichtig erklärt wird.

XII

Solche Mechanismen wirken aus heutigen, „postmodern" aufgeklärter Sicht zweifellos pervers und anachronistisch. Sie scheinen Teil der „primitiven" Machtmethoden der Raubtier-Moderne des 20. Jahrhunderts zu sein. Können wir aber, auch wenn wir derzeit in demokratischen Gesellschaften leben, sicher sein, dass wir gegen vergleichbar organisierte Formen des Vergessens gefeit sind? Oder, um das Problem radikaler, also an der Wurzel zu fassen: Falls uns gerade in der Postmoderne keine bruchlosen Formen, Fakten und Inhalte zur Verfügung stehen, die es wert wären, gebündelt erinnert oder auch vereinzelt vergessen zu werden: existieren dann überhaupt irgendwelche persönlichen oder kollektiven Erfahrungen, die sich nach intelligiblen oder zumindest vernünftigen und plausiblen Ereignisfolgen sozial und politisch strukturieren ließen? Und wie könnten Entscheidungen sich dann auf Erfahrungen – und das Lernen aus Erfahrungen – gründen?

XIII

Das ist das politisch-soziale Hauptproblem der Postmoderne. Vor allem: es ist ihr politisches *Wirklichkeitsproblem* – ihr Problem mit *Politik als Wirklichkeit*, die nicht einfach außen, sondern zwischen Innen und Außen stattfindet.

Es ist nicht weiter schwierig, die verstörten Reaktionen des Lesers auf die Zweifel vorauszusagen, die sich aus diesen knappen Umrissen ergeben. Man könnte einwenden, dass ich indirekt jede Art von Manipulation als „natürlich" voraussetze, ja möglicherweise eben dadurch bereits billigend in Kauf nehme, wenn ich die Frage nach dem Politischen im 21. Jahrhunderts auf „erinnerungspolitische" Weise stelle und die Grenzlinie zwischen objektiver Rekonstruktion und subjektiv-interessensgeleiteter Umgestaltung der Vergangenheit verwische.

Das Umgekehrte ist aber der Fall. Der entscheidende *positive* Punkt der Feststellung psycho-kognitiver Grundlagen für das Politische heute besteht gerade darin, die Bildung eines „*starken*" Monopols oder gar Oligopols für Gedächtnis und Vergessen zu verhindern. Es geht heute stattdessen um eine weiche, vielleicht auch „schwache" Konzeption des Erinnerns und Vergessens, die nicht starr und fest, sondern permeabel und flüssig ist. Auf dem Weg zu diesem Ziel kann man von jenem kritischen Instrumentarium profitieren, das im Verlauf der letzten tausend Jahre als Gegengift zu den autoritativen Geschichtsdeutungen der offiziellen Verwalter politischer und religiöser Macht entwickelt worden ist – von der Geschichtsschreibung über die Philologie bis hin zur öffentlichen politischen Rede und ihren rhetorischen Mitteln.

Das Problem bleibt: Kann man die unvermeidliche politische Gewalt und Willkür *jeder* Interpretation der Vergangenheit durch irgendeine Art genaue oder „objektive" Untersuchung vermeiden? Gibt es einen Maßstab für die Feststellung der *eigentlichen*, „wahren" Qualität eines Ereignisses oder Seins zu irgendeinem Zeitpunkt?

XIV

Absolut gesehen, scheint die Antwort auf diese Frage aus der Sicht konstruktivistisch-„postmoderner" Gegenwart negativ zu sein. Doch das bedeutet nicht, dass der endlose Versuch der Korrektur und der Wiederherstellung der Vergangenheit nicht unternommen wird, oder werden kann. Doch wir wollen die Antwort für einen Moment zurückstellen, und zwar solange, bis wir nicht einen Schritt durchgeführt haben, der uns der tieferen Hintergrund-Problematik wieder ein Stück näher bringt. Dieser Schritt besteht in der für die Postmoderne früher oder später unvermeidlich auftauchenden Erkenntnis, dass im 21. Jahrhundert weniger der exakte Verlauf historischer Ereignisse in Frage steht, als vielmehr, weit radikaler und grundsätzlicher, der *Sinn* der Ereignisse und die *Möglichkeit* ihrer post-faktischen Umdeutung an sich. Inwiefern?

XV

Erinnern und Vergessen finden nicht auf neutralem Boden statt. Gedächtnis und Vergessen bilden regelrechte Schlachtfelder, auf denen die Identität, vor allem die kollektive sozio-politische Identität, geformt, entschieden und legitimiert wird. Durch eine Reihe von Kämpfen sichern sich die Gegner ihre Anteile an dem symbolischen Erbe des Vergangenen: des Erinnerns. Sie schließen bestimmte Eigenschaften gewesener Ereignisse und Verhältnisse auf Kosten anderer aus; oder sie heben andere hervor, indem sie ein Helldunkel für ein Gemälde zusammensetzen, das auf die mutmaßlich wichtigsten Bedürfnisse des eigenen Augenblicks zugeschnitten ist.

Betrachten wir dazu nur das vielleicht einfachste Beispiel: Nach jedem Krieg schreiben die Sieger die Geschichte um und verändern sie, sodass sie sich von der Geschichtsschreibung der Verlierer unterscheidet. Und dieser Fall kommt nicht ohne seine Komplizenschaften, wie etwa die Aufhebung von traumatischen Erinnerungen und Schuldgefühlen oder die Zuschreibung unterschiedlicher Kriterien für die Relevanz der Ereignisse aus. So begehen die Amerikaner den 7. Dezember 1941, das Datum des Angriffs auf Pearl Harbor, als den Tag, der als „Inbegriff der Infamie" fortleben wird, während sie den 6. August 1945, das Datum des ersten Atombombenabwurfs auf Hiroshima, weitgehend ignorieren oder sich seiner nur widerwillig erinnern. Im Gegensatz zu den Vorgängen in der Welt der Waren (in der Marx zufolge *le mort saisit le vif!*) ergreifen in den hier erörterten Fällen die Sieger Besitz auch von den Toten. Verleumdete werden plötzlich geehrt; Personen, die früher verehrt wurden, werden lange nach ihrem Abgang oder Tod demontiert.

Diese Vorgänge waren und sind wesentliche Teile der Konstruktion und Legitimation eines Politischen zu allen Zeiten.

XVI

In Bezug auf den *Schutz der Vergangenheit vor den Siegern* hatte *Walter Benjamin*
zum Teil Recht, als er feststellte: „Nur dem Geschichtsschreiber wohnt die Gabe bei,
im Vergangenen den Funken der Hoffnung anzufachen, der davon durchdrungen
ist: Auch die Toten werden vor dem Feind, wenn er siegt, nicht sicher sein. Und
dieser Feind hat zu siegen nicht aufgehört."[1]

Unglücklicherweise ist der „Funke der Hoffnung" aus heutiger Sicht nicht
notwendig ein „messianischer", der, wie zumindest Teile der Moderne noch er-
warteten, zuletzt unweigerlich „die Befreiung der ganzen Menschheit" auslöst.
Bei Völkern, deren Beziehung zu ihren Toten ungeklärt oder unabgeschlossen ist,
können aufgrund der Vielzahl rivalisierender politisch-kultureller Ziele Formen
von *„umstrittenem Gedächtnis"* entstehen. Es gibt allerdings auch andere Fälle, in
denen bestimmte konfliktbehaftete Bestandteile des historischen Gedächtnisses –
die eine eindeutigere und weniger fragliche Erinnerung umfassen – angestossen
von bestimmten Ereignissen aus dem Vergessen wieder auftauchen.

Dies alles ist möglich und geschieht aufgrund der *paradoxen Konstitution der
Vergangenheit,* von der vorher die Rede war: einer *Vergangenheit, die einerseits nicht
vergeht und die es andererseits einer beliebigen subjektiven Identität im Prozess der
Neuformulierung ermöglicht, sich immer wieder in eine latente Kontinuität der Erinnerung zu integrieren, wobei man unter gewissen Umständen einen Aspekt auf Kosten
eines anderen stärker hervorheben und einen anderen verschwimmen lassen kann.*

XVII

Eine *solche* Vergangenheit kann zwar auch verworfen oder vernebelt werden.
Dennoch kann es durch Neuverknüpfung vorhandener Überreste potentiell doch
immer wieder zu ihrer Regeneration kommen, indem die Relikte sozusagen che-
misch neu kombiniert werden. Dies etwa auf der Basis wiederentdeckter Wahl-

---

1   W. Benjamin: *Über den Begriff der Geschichte,* These VI. In: *Gesammelte Schriften,*
    Frankfurt am Main 1980, Band 1, S. 695. Rückübersetzung nach der vom Autor
    benutzten italienischen Fassung.

verwandtschaften zu neuen Figuren, die den verlorengegangenen Bildern ähneln (oder zu ähneln scheinen).

Nationen oder andere politisch-sozialen Gruppen scheinen so in der Lage zu sein, ihre eigene „Identität" zu bestimmten Zeitpunkten wiederzubeleben, sogar nach langen Phasen der Unterdrückung dieser Identität – oder auch nach Unterbrechungen, die von Gegnern dazu benutzt wurden, diese Identität zu manipulieren, zu verfälschen oder zu unterdrücken.

XVIII

Es scheint, dass *manche* Erinnerungen durch entschlossenen *Widerstand* gegen die Vereinnahmung durch andere Gesellschaftssysteme oder andere Politikkonzeptionen länger bewahrt werden. Daher ist *Widerstand* ein wichtiger politischer Faktor heute. Er ist nicht *passiv*, sondern ein Faktor *aktiver* Identitätskonstitution.

Der Widerstands-Faktor als produktiver Motor der Geschichte kann aber oft auch unterdrückt werden – bis zu einem gewissen Extrem- oder natürlichem Umschlagspunkt. Wenn dieser Punkt erreicht ist (wie etwa 1984 in Polen), kann es zu einer „Explosion" kommen. Umgekehrt wird es in anderen Fällen, wo die äußere politisch-ideologische Assimilation des Vergangenen erfolgreicher war, einfacher sein, „Identität" so zu verändern, dass ihre Träger und Erben sie praktisch nicht mehr wiedererkennen. Sobald eine Gruppe sich jedoch einmal das Recht auf Schutz, auf autonome Entwicklung beziehungsweise auf die Wiederherstellung ihrer eigenen temporär „unter Quarantäne gestellten" „Identität" erkämpft hat, bringt das dann eintretende Bedürfnis, „zu den eigenen Ursprüngen" zurückzugehen, beinahe unausweichlich eine Revision der letzten Relikte „konstruierter" Identität mit sich, die für die Mehrheit in dem meisten Fällen rückblickend faktisch nur mehr folkloristischen Wert besitzen.

Die Folge: Die verbleibenden Überreste von „Ursprung" werden von den jeweiligen Bevölkerungsgruppen künstlich wiederbelebt; und diese Bevölkerungsgruppen geraten so in die Falle der *Nostalgie*. Sie nehmen *deformierte Traditionen* auf und feiern sie als Zeichen politischer, sozialer und kultureller Authentizität. Doch diese Authentizität ist in Wahrheit meist durch jahrhundertelange äußerliche und innerliche Unterdrückung gezeichnet – und zuweilen bis zur Unkenntlichkeit „verzeichnet".

XIX

In Bezug auf *solche* Erfahrungen der Vergangenheit und ihre Wirkungen auf die Gegenwart des Politischen ist es vielleicht möglich – und im Fall einer Neuformulierung kollektiver „Identität" wäre es vermutlich sogar günstig –, die Gefahr zu umgehen, dass die Bedeutung des *Entwicklungsgangs* kollektiver Identität in Vergessenheit gerät, wenn man ihre polyseme Geschichte ignoriert. Wir dürfen nie vergessen: Kollektive Identität, auch sozio-politische Identität, entsteht niemals einfach und spontan. Sie stellt keine abstrakte Selbstreferenz dar, sondern eine nur im Idealfall bruchlose Konstruktion. Daher gibt es kein „reines Litauertum" oder „Mexikanertum". Daher gibt es niemals eine reine „Italianität" oder ein makelloses „Deutschtum", es sei denn als politisches Projekt. An sich sind diese Konzepte imaginäre Größen, die nach dem klassischen Identitätsprinzip der artistotelischen Logik (A = A) einzig sich selbst vergleichbar sein können.

XX

Aber was wäre dann das Wesen der Identität in politischer Hinsicht überhaupt – und sei es nur das „breite" und „unscharfe" Wesen einer „schwachen", flexiblen und bewusst weiter formbaren Identität? Gibt es eine solche aus heutiger Sicht überhaupt – kann es sie, soll es sie geben?

Das Wesen von „Identität" gleicht, nüchtern und empirisch betrachtet, weniger einem einzelnen Faden, als vielmehr einem aus vielen Fäden bestehenden Seil, das in mühevoller und langwieriger Arbeit gewoben wurde, und das sich im Lauf ausgedehnter, komplexer Konflikte auch wieder nach und nach auflösen kann. Identität setzt sich aus vielen miteinander verflochtenen Fäden zusammen, von denen jeder einzelne zu einer besonderen Geschichte gehört, die wiederum mehr oder weniger eng mit anderen Geschichten in Raum und Zeit verknüpft ist. Je deutlicher die einzelnen Fäden sichtbar werden und sich (auch dadurch) verbinden, desto stabiler wird das Seil. Die Fäden können ihrerseits die Ausgangspunkte neuer, partikularer Verknüpfungen und „Seilschaften" sein. In dem Maße aber, in dem das Seil als Ganzes schwächer wird, werden auch die Verbindungen der einzelnen Fäden auf lange Sicht eingeschränkt oder gekappt.

XXI

Wenden wir diese Einsichten nun auf den gegenwärtigen Weltaugenblick an. Wenn man die aktuelle Befruchtung der Kulturen untereinander – die sich nicht unbedingt auf gleicher oder ähnlicher Entwicklungs- oder Identitätsebene zueinander befinden müssen – durch die aktuelle Phase der Globalisierung einbedenkt, sind wir heute bereits alle *psychopolitische oder politisch-kulturelle Mestizen.* Die Alternative sowohl zum Nativismus als auch zur Erhaltung künstlich interpretierter oder veränderter Identität besteht weder in der „ersten Natur" als der angenommenen *Essenz* einer Kultur, noch in der „zweiten Natur" als den historisch erworbenen *Eigenschaften* einer Kultur, sondern eher in einer „dritten Natur", die heute erst neu aufgebaut werden muss und die wir dazu erst noch neu denken müssen. Diese dritte Natur kann nicht einfach aus dem Gedächtnis „wiedergewonnen" werden. Es wäre aus heutiger Sicht naiv, anzunehmen, man würde eine intakte „Identität" wiederfinden, sobald erst einmal der Mantel des Vergessens gelüftet worden ist und gewisse Komplexitäten der Unsicherheit und Unwägbarkeiten aufhören.

XXII

Die Gegenkräfte sind aktiv. Es gibt heute zweifelsfrei weitverbreitete und inhomogene Prozesse der „Globalisierung" – von den Fast-Food-Ketten und den Übertragungen des Satellitensenders CNN über die gesellschaftlichen Folgen der Umweltverschmutzung bis hin zur weltweiten Verbreitung der Jeans –, die in den Vorstellungen, Gefühlen und Gewohnheiten fast aller Völker der Erde *zugleich* und *ähnlich* ihre Spuren hinterlassen. Daher muss man sich fragen, ob die derzeit allenthalben konstatierbare *Wiedergeburt der Regionalismen* nicht zum Teil ein folgerichtiger Gegenentwurf – eine gesellschaftliche Gegenreaktion ebenso wie ein lokaler Protest – gegen das Ausmaß der zunehmenden globalen Einwirkungen auf die individuelle Existenz ist, die in diesem Prozess unweigerlich bis zu einem gewissen Grad in ihren herkömmlichen Formen aufgerieben und durch allgemeinere zersetzt wird.

XXIII

In diesem Zusammenhang klingt die Feststellung, dass es keine kulturelle Vielfalt mehr gibt, dass alle Länder und Kulturen „gleich" geworden sind, dass Reisen heutzutage nur noch daraus bestehen, einen Flughafen gegen einen anderen und ein Hotel gegen ein anderes, identisches, einzutauschen, zunächst überzeugend, wenn auch vielleicht etwas übertrieben. Wenn man diese weitverbreitete Sichtweise jedoch einmal probeweise aufgibt und stattdessen mit konkreten Menschen spricht, sich ihre sehr konkreten persönlichen Geschichten anhört, ihre Art zu denken und zu fühlen beobachtet, ihre Interessen und Leidenschaften, ihre Gesten und ihren Lebensstil anerkennt und anteilnehmend untersucht, dann erweist sich, dass es unter der unleugbar dicken Schicht von Uniformität selbst heute noch gewaltige Unterschiede zwischen den Kulturen gibt – auch zwischen den politischen Kulturen. Und diese Unterschiede werden tendenziell eher noch stärker werden; denn die Menschen tendieren unter Globalisierungsbedingungen und ihren Homogenisierungsleistungen unbewusst dazu, lokale Eigenheiten zu betonen.

XXIV

Die zunehmende Standardisierung psychopolitischer Identitäten erstreckt sich eben nicht mehr nur auf die *tiefsten* Schichten gewachsener politisch-sozialer „Identitäten", obwohl sie diese beeinflusst. Für viele dieser Schichten haben sich die Prozesse der Modernisierung und der Globalisierung insofern als schädlich erwiesen, als sie lokale soziale Gewebe zerreißen und meist in langen Zeiträumen hergestellte politische Gleichgewichte stören. Ein Beispiel?

Sowohl Kapitalismus wie Kommunismus haben bei der Übertragung von ihren Ursprungsgebieten auf andere Länder notwendigerweise den ethischen „Humus" eingebüßt, der die Ideologien in ihren Herkunftsländern am Leben erhielt und sie relativ praktisch und handhabbar machte. Die Fangarme des Fortschritts, die in der Kolonialzeit und in der postkolonialen Zeit von den Metropolen und den „Beschützer-Staaten" der sogenannten „Ersten Welt" aus den Rest der Welt in ihren Griff nahmen, waren größtenteils *nicht* erfolgreich darin, die „anderen" Länder zugleich auch mit einer geeigneten, ihnen entsprechenden sozio-politischen Kultur auszustatten. Umgekehrt gelang es aber auch den kolonialisierten oder auf andere Art dem Einfluss nicht-regionaler und nicht-lokaler Rationalisierungssysteme des Fortschritts ausgesetzten Völkern nicht, „Antikörper" zu entwickeln, um „Infektionen" durch die von außen kommenden „Viren" zu verhüten. Diese Völker waren auch nicht erfolgreich darin, wirksame *Dämpfer* zu schaffen, um den voraussehbaren Schock der Neuheit wenigstens angemessen abzumildern – abgesehen vielleicht von bemerkenswerten Ausnahmefällen wie Japan, wo der intensive Modernisierungsprozess durch ostentativ eingesetzte Traditionen ausgeglichen wird, die den moralischen Zusammenhalt der Gemeinschaft bis zu einem gewissen Grad aufrechterhalten.

XXV

Insgesamt haben die vielfältigen Arten des Aufeinandertreffens – oder eher: des Aufeinanderprallens – der Kulturen in der aktuellen Globalisierungsphase die Entstehung spezifischer, regional bedingter Verflechtungen zwischen Erinnern und Vergessen auf dem Gebiet kollektiver Identität begünstigt.

Diese Themen würden sich unserem Verständnis zweifellos noch stärker öffnen, wenn wir uns von der Vorstellung lösen könnten, dass politisch-gesellschaftliche Vergangenheit stets auf „nach hinten" ins Undeutliche verfließende Ströme zurückgeht und dabei doch ganz und gar in die Gegenwart einfließt wie in das Bett eines Flusses auf dem Weg zu seiner Mündung. *Wir sollten die Vorstellung von einer Vergangenheit aufgeben, die linear in einem Stück und als Ganze in die Gegenwart herüberfließt. Dann würden wir das Politische besser verstehen.*

Mit anderen Worten: Es wäre sinnvoller, die Gegenwart als *einen* Fluss mit *gleichzeitigen* Nebenflüssen zu betrachten, die sich *nur gemeinsam* zur verschlungenen, verworrenen und erst undeutlich auszumachenden Mündung eines Deltas hinbewegen, wobei einige Nebenarme bereits versandet sind oder im weiteren Verlauf versanden mögen.

So komplex und fremdartig dieses hydrographische System aus der Sicht des Beobachters auch wirken mag – *man darf sich seine Anordnung nicht als zufällig denken.* Seine Ordnung ist nicht das Ergebnis einer einzigen, linear wirkenden Ursache, deren Folgen sich unmittelbar zeigen, sondern das Ergebnis einer vielschichtigen, umständlichen, diskontinuierlichen Reihe paralleler, dabei aber im Prinzip rekonstruierbarer und verständlicher Identitäten, die alle ihr Ursachen und Folgen haben.

XXVI

Aus dieser Überlegung kann man abschließend eine Reihe von Folgerungen ziehen, die meines Erachtens ein neues Feld zwischen „Stärke"„ und „Schwäche" des in den kommenden Jahren wünschenswerten Politischen mit eröffnen helfen – freilich, ohne es zu prädeterminieren. Darunter sind die folgenden *drei*, ihrem Wesen nach eher grundsätzlichen Schlussfolgerungen:

1. *Nicht die gesamte sinntragende Vergangenheit ist in der Gegenwart enthalten – und zwar nie.* Mit anderen Worten: Die Gegenwart kann nicht auf Anwesenheit, Realität und Aktualität eines angeblich von der Vergangenheit bis in das Jetzt hinein „Gewesenen" beschränkt werden. Gegenwart besteht vielmehr zum gro-

ßen Teil aus latenter oder verlorengegangener Materie, die erst in der Zukunft ausgewählt und geborgen werden kann, um dann in einer bereits vergangenen Gegenwart zu sein. Das Vergangene wird erst in der Zukunft zu dem, was es (gewesen) sein wird.

2. *Die Formen und Inhalte, die in die Vergangenheit hinein verstreut und aufgelöst worden sind, können sich aus winzigen Keimen neu bilden.* Diese fallen, um es mit der Bibel zu sagen, ebenso wenig ins Auge „wie ein Senfkorn".

3. *Die Wahrnehmung neuer Aufgaben sozio-politischer Reflexion zwischen „starkem" und „schwachem" Politischem eröffnet eine Kluft zwischen Vergangenheit und Gegenwart.* So kommt es dazu, dass unter „starken" Gesichtspunkten zerrissene Fäden – oftmals viel zu schnell – wieder zusammengeknüpft werden. Doch gerade die tiefsten Risse sollten nicht zu eilig ausgebessert werden. Jede übereilte Harmonisierung zwischen Vergangenheit und Gegenwart birgt das Risiko, sich auf Dauer als falsch, ja schädlich zu erweisen – selbst für diejenigen, die zunächst von ihr profitieren. *Hegel* bemerkte dazu in seinen *Jenaer Aphorismen* treffend:

„Ein geflickter Strumpf (ist) besser als ein zerrissener, nicht so (aber) das Selbstbewusstsein."[2]

XXVII

Zusammenfassend gilt: Die Notwendigkeit, die Vergangenheit zu verändern, wird uns vor allem in jenen Momenten bewusst, in denen die Eindeutigkeit eines Zustands fragwürdig wird oder gar in sich zusammenfällt. So zum Beispiel an dem Punkt, an dem wir heute europäisch, und vielleicht bis zu einem gewissen Grad auch international stehen.

An diesem Punkt sind wir gezwungen, neue Landkarten unserer psychopolitischen Verfassung, einschließlich unserer Emotionen anzulegen, um uns auf neue, unbekannte Wege wagen zu können. Wichtig ist dabei: *Die Umgestaltung der Vergangenheit wird auch im heutigen Zeitalter „postmoderner" Rationalität und Virtualisierung nicht nur mit den Mitteln des Intellekts geleistet, sondern auch mittels der Emotionen.* Mittels des Mörtels des Imaginären und des Begehrens werden Realitätsmuster und Begriffskristalle zu historisch-politischen Collagen geformt und zusammengefügt. Der Verfestigungsprozess der – sowohl „starken" wie „schwachen" – Gestalten und Orte des Erinnerns und Vergessens *ist von Lei-*

---

2   *Aphorismen aus Hegels Wastebook.* In: *Werke in zwanzig Bänden,* hrsg. von E. Moldenhauer und K. M. Michel, Frankfurt a. M. 1970, Bd. 2, S. 558.

denschaften geprägt: wie ja gleichermaßen Gefühle und Leidenschaften ihrerseits zum, je nachdem, zähen oder flüchtigen Gegenstand des Erinnerns oder Vergessens werden können.

XXVIII

Die Lehre? Sobald man einmal erkennt, dass *symbolische Bestandteile und affektive Spannungen des Politischen untrennbar miteinander verknüpft sind,* wird deutlich, warum wir heute so rasend schnell vergessen und erinnern. Zum einen werden wir von einer ikonoklastischen „Zerstreuungswut" getrieben: Vom Drang, die eigenen und fremden Bilder zu zerstören, in denen wir uns nicht mehr wiedererkennen. Zugleich aber auch von einem Erinnerungswahn: Von einem kaum je in dieser Form dagewesenen Bedürfnis, Erinnerungen und Geschichten anzuhäufen, gerade weil wir alle Bestehende zerstören.

Die gesteigerte *wechselseitige Abhängigkeit von Erkenntnis und Gefühl* in der Gegenwart ist aufgrund dieser Zusammenhänge eine Erklärung dafür, warum die Formationen des Erinnerns und Vergessens gerade in kulturellen Krisenzeiten wie der unseren besonders gefährdet und zerbrechlich wirken – und am Horizont der kollektiven Wahrnehmung mit beängstigender Geschwindigkeit auf- und abtauchen. Es gilt in dieser Lage, die historisch-politischen Tatsachen und Vorgänge gewissenhaft zu filtern, die Distanz zu unmittelbaren Tatsachen und Ereignissen wiederherzustellen und ein scharfes moralisches Bewusstsein aufrechtzuerhalten, um zu vermeiden, *dass Wahrheit und Mystifikation demselben Prozess verfallen,* in dessen Verlauf die Vergangenheit unter der Herrschaft einer kurzsichtigen, tyrannischen Gegenwart zersetzt und umgedeutet wird.

XXIX

Schließlich gilt es, die konfliktbehaftete Komplizenschaft zwischen der „schwachen" *Logik des Vergessens* und der „starken" *Logik des Erinnerns* zu begreifen. Sie funktioniert wechselseitig gemäß der Formel: „Nicht mit dir und nicht ohne dich". *Das Vergessen ist für das Erinnern im politischen Kontinuum ebenso unentbehrlich wie das Erinnern für das Vergessen, obwohl sie einander ihrem Wesen nach feindlich gegenüberstehen.* Das Vergessen ist kein Zustand der Leere, in dem etwa – in einem rein geistigen Universum nach dem Modell des *Lukrez* – vollkommene Bewegungsfreiheit und freie Aggregation der Gedächtnismoleküle herrschte. Im

Gegenteil: Auf bestimmte Weise ist selbst das Vergessen gleichsam „erfüllt", hat es Substanz und Dichte. Inwiefern?

Das Vergessen hat nicht unbedingt dramatische Folgen; und es ist nicht zwangsläufig durch melancholische oder sehnsüchtige Gefühle bedingt. Es führt an sich nicht notwendigerweise zu verheerenden oder unwiederbringlichen Verlusten. In diesem Sinn kann man Nietzsche verstehen, der (in *Vom Nutzen und Nachteil der Historie für das Leben*) sowohl gegen die Platonische Theorie der Anamnesis mit ihrer Formel „Erkennen heißt Erinnern", als auch gegen den in Entstehung begriffenen modernen Historismus argumentierte. Nietzsche sagt: „Es ist... ganz und gar unmöglich, ohne Vergessen überhaupt zu leben."[3]

Nietzsche beschwört hier allerdings nicht eine Übermacht des Vergessens. Die Herstellung eines idealen Gleichgewichts hängt seines Erachtens vielmehr davon ab, „dass man ebensogut zur rechten Zeit zu vergessen weiß, als man sich zur rechten Zeit erinnert, davon dass man mit kräftigem Instincte herausfühlt, wann es nöthig ist, historisch, wann unhistorisch zu empfinden."[4]

XXX

Nichtsdestoweniger müssen wir uns davor hüten, die Bedeutung des Vergessens zu überschätzen und den legitimen Schutz der „flüssig" werdenden Gegenwart gegen Gedächtnisextremisten mittels Vergessen zu übertreiben. Der Wunsch danach, in Nietzsches Worten „wie das Tier dem Moment verhaftet" zu leben, oder die Behauptung (wie sie *Fernando Pessoa* in einem der ersten Verse seines *Fausto* aufstellt), das „Vergessen (sei) alles, was wir besitzen"[5], scheinen mir Beispiele polemischer Übertreibung oder dichterischer Freiheit zu sein. Wenn das Feld von Gedächtnis und Vergessen *de facto* das politische Feld für eine unendliche Schlacht zwischen „stark" und „schwach" darstellt, dann wird die Erinnerung, auch wenn sie niemals ungefährdet ist, hartnäckig kämpfen, um nicht zu unterliegen.

---

3   F. Nietzsche, *Sämtliche Werke. Kritische Studienausga*be, hrsg. von G. Colli, Mazzino Montinari, München 1980, Band 1, S. 250, S. 252.

4   Siehe dazu u. a. Z. Bauman, *Die Wirtschaftskultur der flüssigen Moderne*, in: R. Benedikter (Hg.), Postmaterialismus, Band 1, Einführung in das postmaterialistische Denken, Wien 2001, S. 91-115.

5   Fernando Pessoa: *Fausto. Tragedia subjectiva*, Lissabon 1988, S. 5.

XXXI

Nachdem ich nun mehrere Schritte der Annäherung an das Problem der psycho-historischen und psycho-anthropologischen Konstitution des Politischen in der Gegenwart zwischen „schwach" und „stark" vollzogen habe, bleibt mir noch übrig, die im Verlauf dieser Reflexionen formulierte Fragen so knapp und prägnant wie möglich zu beantworten.

Die postmoderne Vergessenssucht wie auch ihre Manie der Umformung der politisch-sozialen Vergangenheit resultieren meiner Ansicht nach

1. aus dem Versagen der Vergangenheits-stützenden institutionellen Klammern, also der „gesellschaftlichen Gedächtnisstrukturen" in einer immer „flüssiger" und ephemerer werdenden Gegenwartskultur;
2. aus der Anwesenheit einer unendlich formbaren, unendlich reichen und unendlich gestaltungsfähigen Vergangenheit, die sich deshalb nie endgültig verfestigt;
3. aus jener Auswahl aus der Vergangenheit, die zu jedem Zeitpunkt vorgenommen wird, um eine Gegenwart zu integrieren, die sie jedoch niemals ganz aufnehmen kann;
4. daraus, dass unaufhörlich Gefühle (nicht nur Erkenntnisse) in diese psychopolitische Präsenz-Arbeit investiert werden;
5. aus der Tatsache, dass die Vergangenheit ihrer Natur nach ein umkämpftes Terrain ist;
6. daraus, dass sie trotz allem gleichzeitig auch einen Ort der paradoxalen Bündnisse zwischen Erinnern und Vergessen darstellt.

Nach jedem Bruch in der Erfahrung beginnt man von neuem – je nach den Mitteln, die zur Verfügung stehen – damit, nach einem Übergang zu suchen, der – sei er ein provisorischer Steg oder eine dauerhafte Brücke – eine schnelle, sichere Verbindung zwischen den Ufern des Alten und den Gestaden des Neuen herstellen soll. Und genau auf diesem Steg konstituiert sich das Politische als gelebte Realität zwischen „Stärke" und „Schwäche".

XXXII

Besonders gut lässt sich dieses Phänomen der ambivalenten Konstituierung des Politischen bei Siedlern und Auswanderern beobachten. Sie taufen unbekannte Landstriche und ganze Länder auf die tröstlichen Namen ihrer Heimatländer: Nouvelle France, Nueva España, New York, Rome in Australien, Toledo in Lateinamerika

und Paris, Texas in den USA, aber auch Florence, Alabama; Venice, Kalifornien;
Naples, Florida; Moscow, Idaho; und sogar Cambridge, Massachussetts. Dabei
waren sich die Siedler der Unterschiede zwischen dem Alten und dem Neuen sehr
wohl bewusst. Sie ahnten, dass es zu unberechenbaren Kreuzungen führt, wenn
man eine Kultur von einem Ort an einen anderen verschiebt. Sie ahnten, dass dabei
Konstitution und Ausrichtung von Identität verändert und verschoben werden.
Schwere politische Traumata zersetzen nicht nur auf gleichsam „molekulare"
Weise individuelle Erinnerungen, sondern sie greifen die Erinnerungen und das
Gedächtnis auch der Familie, der Gemeinschaft und des Staates an.

XXXIII

Ähnlich scheint es für die Protagonisten politischer Ereignisse heute – in der Epoche der Fragmentierung und Vervielfältigung – äußerst schwierig zu sein, sich den
tatsächlichen Ablauf eines Geschehens im Vergleich zwischen Altem und Neuem
bewusst zu machen. Das hat seine Gründe. „Verständnis" besteht – anders, als die
Vertreter des Historizismus meinen – nicht so sehr in der Integration verschiedener
äußerlicher Faktoren in den eigenen, gegenwärtigen Verständnishorizont, als vielmehr in deren mehrheitlichem Ausschluss. In anderen Worten: *Verständnis basiert
eher auf Subtraktion als auf Addition, eher auf Abgrenzung von der Vergangenheit
als auf Vertiefung in die Vergangenheit.*

XXXIV

Will man beispielsweise die Mentalität eines kultivierten Florentiners des 14. Jahrhunderts verstehen, so wäre es nicht damit getan, das Gewebe von Gedanken und
Empfindungen seiner Zeit und seiner Umwelt zu rekonstruieren. Es wäre wichtiger
herauszufinden, was seine Zeitgenossen *nicht* wussten, und zumindest den Versuch
zu unternehmen, alle späteren Fortschritte auf den Gebieten der Wissenschaft, der
Technik, der Moral und des Glaubens zu vergessen. Man kann dieses Kriterium
auch auf die jüngste Vergangenheit übertragen. Es gilt auch dann, wenn man die
Veränderungen begreifen will, denen Individuen und Gemeinschaften in politischen
Systemen des 20. Jahrhunderts oder etwa nach 1989 und seit dem 11. September
2001 ausgesetzt waren.

XXXV

Fazit? Wo liegt die Perspektive?

Der Kern der Problematik des Politischen heute liegt im widersprüchlichen, uneinheitlichen, aber gleichzeitigen Verlangen nach „starker", bruchloser Erinnerung der verlorenen Vergangenheit einerseits und nach „weichem", „schwachem" Vergessen andererseits – das heißt in der fortwährend reproduzierten Spannung zwischen Kontinuität und Diskontinuität, die das psychopolitische, wenn nicht gar kulturelle Kennzeichen der Postmoderne ist. Das wirkt sich als strukturelle Paradoxie des Politischen aus.

Bis zu einer konkreten und angemessenen „Befahrbarkeit" dieser Problematik in angewandter Absicht ist es noch ein weiter Weg. Es gilt zunächst, eine schlüssige Phänomenologie und eine systematische Morphologie der Prozesse der Konstitution von kollektiven politischen Identitäten zu entwerfen. Darauf aufbauend sollte man versuchen, jeden einzelnen dieser Prozesse seinem spezifischen Kontext zuzuordnen, um den Abstand zwischen der Allgemeinheit der angewandten Kategorien und der Besonderheit der untersuchten Phänomene zu verringern. Und in diesem komparativen Gesamtprozess wird dann – vielleicht – das gegenwärtige Politische erscheinen.

Die zwei Konzepte von „Utopie" in der Moderne – und die Idee einer Gerechtigkeitskonzeption für die globalisierte Postmoderne

Salvatore Veca

Welche gemeinsame Grundcharakteristik zeigen aktuelle – „schwache" oder „starke" – Vorstellungen von Politik? Worin definiert sich ihre zum Teil einander entgegengesetzte, zum Teil konvergierende Bedeutung innerhalb unserer Leben, die sich zwischen Moderne und Postmoderne möglicherweise auf dem Weg in eine globalisierte „Post-Postmoderne" befinden? Und was ist, vielleicht die grundlegendste Frage, heute der verbleibende *übergeordnete* Sinn des Politischen – also der Sinn dessen, was es „eigentlich" sein soll?

Im Folgenden versuche ich einige Antworten auf diese Fragen. Dazu stelle ich *zwei* Reflexionen an. In der *ersten* beschäftige ich mich mit der Bilanz und dem Erbe jener Denkweisen, die für die meisten politischen Akteure und Beobachter des 20. Jahrhunderts bindend waren. An diese Bestandsaufnahme knüpft eine *zweite* Reflexion an, in der ich aufzuzeigen versuche, worin nach meinem Ermessen für uns als Zeitgenossen und als Zeitzeugen des 21. Jahrhunderts die Herausforderung an eine tatsächlich gegenwartsfähige Politikphilosophie besteht. *Sie besteht kurz gesagt darin, der Idee transnationaler, ja künftig globaler Gerechtigkeit eine praktische Form und einen rationalen diskursiven Körper zu verleihen.*

Als Ergebnis dieser beiden Reflexionen stelle ich die *Idee einer vernünftigen Utopie für die Post-Postmoderne* vor. Sie ist meines Erachtens das unverzichtbare Kernstück der Prolegomena zu einer künftigen Theorie globaler Gerechtigkeit.

I

Unsere Haltung „der Politik" gegenüber ist das Erbe einer Zeit, für die „die Politik" einen Eigenwert besaß, der höher anzusetzen war als alle anderen Werte: nämlich das Erbe der *Moderne*. Der politische Konstruktivismus des 20. Jahrhunderts stand ganz im Zeichen einer Priorität der Politik über die Gesellschaft. Diese Überzeugung wurde bei allen Unterschieden übereinstimmend von allen politischen Parteien,

Strömungen und Tendenzen geteilt. Aus dieser Auffassung vom *absoluten Selbstwert* der Politik ergaben sich die Muster für jegliches politische Denken des Jahrhunderts. Das 20. Jahrhundert war deshalb eine Epoche der politischen Hoffnung und der politischen Devotion, getragen von der Idee, dass politisches Tun und Handeln das gesellschaftliche Zusammenleben nach der Vorstellung einer – nach verschiedenen Kriterien – wünschenswerten, guten, gerechten Gesellschaft nachhaltig und umfassend zu formen und zu prägen habe.

II

Man beachte, dass die verschiedenen Verfechter dieser Grundidee des politischen Konstruktivismus völlig verschiedenen Lagern angehörten, völlig verschiedene und teilweise sogar gegensätzliche Ziele und Wege verfolgten. Von der gemeinsamen Idee der Überlegenheit des Politischen hat sich jedoch, unabhängig vom jeweiligen politischen oder religiösen Credo, die strukturale politische Unterwürfigkeit eines großen Abschnitts des 20. Jahrhunderts genährt. In ihrer reinsten Ausprägung verkörpert die Idee des politischen Konstruktivismus die Grundlage für die moderne Utopie der vollkommenen Gesellschaft. Und diese wiederum unterliegt *zwei Klauseln*: die *eine* betrifft die kollektiven Einrichtungen, die *andere* die individuellen Ansprüche und Motive.

III

Die *erste* Klausel besagt, dass *jeder* Entwurf von Institution, wenn er für würdig befundene allgemeine Zwecke verfolgt, *politisch möglich* ist. Daraus ergibt sich eine politische Perspektive, für die im Prinzip *alles* möglich ist.

Die *zweite* Klausel beruht auf der Annahme, dass es politisch möglich und sinnvoll ist, auf eine für würdig befundene Art und Weise die Motive des Einzelnen, also individuelle Neigungen und Wertestrukturen, politisch in das kollektive Projekt zu integrieren, zu formen und zu modellieren.

Die Verbindung *beider* Klauseln ergibt die moderne Utopie der vollkommenen Gesellschaft – und das in der reinsten Ausprägung. Das ist eine *erste* von zwei möglichen Definitionen von Utopie.

IV

Die „absoluten" Politiken des 20. Jahrhunderts beziehen ihren Wert aus dem Glauben an *diese* kollektiv-individuelle Utopie der vollkommenen Gesellschaft, da für sie allein *politische* Entscheidungen und Taten – zusammen mit dem Einsatz von Autoritätsressourcen – Zusammenleben dauerhaft strukturieren können und dürfen. „Die Politik" erzeugt aus ihrer Sicht „die" gute soziale Ordnung. Nicht immer, aber häufig wurde dieser Standpunkt unter Berufung auf seine immanente Logizität, Praktikabilität und Rationalität vertreten und verteidigt. Der politische Konstruktivismus gründet, so seine Selbstlegitimation, auf einer rationalen Wahl der Ziele – beziehungsweise auf der rationalen Erkenntnis der historischen Gesetzmäßigkeiten. Deshalb kann er notwendigerweise keine anderen als eben die genannten Ziele verfolgen, die das Individuum in das Kollektiv eingliedert. Umgekehrt ergibt sich für ihn daraus: Den politischen Konstruktivismus nicht zu akzeptieren, wäre der Beweis von Irrationalität.

V

Dieses kreislaufartige Gefüge unabdingbarer Logizität und Notwendigkeit einerseits und geradezu *prometheischer* „absoluter Möglichkeit" andererseits hat den unterwürfigen Glauben an den Vorrang der Politik vor der Gesellschaft und die übersteigerte politische Zuversicht der Moderne über weite Strecken des 20. Jahrhunderts zementiert – vor allem in der Entstehungszeit der faschistischen und kommunistischen Regimes und der damit einhergehenden großen Krise der globalen Demokratien.

Wir sind die Erben dieser Zeit – und zwar die direkten Erben, auch noch im zweiten Jahrzehnt des 21. Jahrhunderts. Als solche wissen wir um die Tatsachen und die Folgen dieser modernen Utopie: die Konzentrationslager und die Gulags; und wir erkennen in der *Shoa* die Verkörperung „absoluten" Übels. Als europäische Frauen und Männer wissen wir um den Unwert und den Antiwert der „absoluten" Politiken der Moderne, und um den Allmachtswahn *jedes* politischen Konstruktivismus.

VI

Zugleich müssen wir jene, denen die Last der Massaker und Grausamkeiten unerträglich erscheint, und in deren Augen nach Auschwitz keine Philosophie und kein Denken mehr möglich ist, immer wieder standhaft daran erinnern, dass ein wesentlicher Teil unseres europäischen Erbes darin besteht, Kriterien zu erstellen, nach denen Barbarei und Massaker als das definiert werden, was sie sind: Barbarei und Massaker. Damit an deren Stelle „das Andere": das Bessere Stand gewinnt und immer wieder von neuem möglich wird.

VII

Laut *Claus Offe* kann das spezifisch europäische Erbe, falls es so etwas gibt, als ein Zusammenfallen der schrecklichsten Grausamkeiten mit den ausgereiftesten Kriterien für deren Verdammung und Verunmöglichung beschrieben werden. Europa war im Lauf seiner Geschichte immer wieder Ort grausamer Verbrechen wie Gegenstand gründlicher Eigenkritik. Diese *coincidentia oppositorum* ist Grund genug zu behaupten, dass Kritik an der eigenen Geschichte – und ganz besonders an den politischen Ereignissen des 20. Jahrhunderts – eine typisch europäische Eigenart ist.

Aus diesem doppelköpfigen Erbe ergibt sich heute als Bilanz ein Zweifaches:

1. Die Feststellung: Die europäische Tradition umfasst sowohl den gesamten historischen Anti-Wert von Politik als absolutes Übel, als auch dessen Kritik und moralische Verurteilung, wodurch ein positiver Akt gesetzt wird.
2. Die Frage: Was bleibt von der politischen Hoffnung der Moderne, wenn die postmoderne Kritik den fatalen Irrtum der Utopie einer vollkommenen Gesellschaft ans Licht gebracht hat? Und was bedeutet das für die aktuellen und künftigen Formen, Politik zu machen – und, vor allem, Politik zu denken?

VIII

Zunächst gilt es zu klären, worin der fatale Irrtum der modernen Utopie einer vollkommenen Gesellschaft besteht. Er besteht in der unrechtmäßigen Verbindung der zwei genannten Klauseln. Demokratisch (und postmodern) gedacht, muss der Entwurf von kollektiven Einrichtungen dem Respekt vor den individuellen Werten der Person verpflichtet bleiben. Das bedeutet, dass Institutionen, die so sind, wie sie sein sollen, ihrerseits den einzelnen, konkreten Menschen als das, was er ist, ernst nehmen. Das allerdings setzt dem Raum des politisch Möglichen notwendigerweise Grenzen.

Die *erste* Maxime gegenwartsfähiger politischer Klugheit müsste demnach im Gegensatz zur modernen Utopie lauten: *Nicht alles ist möglich.*

IX

Die *zweite* Maxime hört sich ungefähr so an: Wenn man akzeptiert, dass nicht alles möglich ist, muss man daraus folgern, *dass keiner Form des Zusammenlebens Dauer beschieden ist, ohne dass es zu einem Wert-Verlust kommt.* Inwiefern?

Insofern, als es nicht der Wahrheit entspricht, wie die Moderne glaubte, dass alles Gute im Leben, alle Ideale und alle möglichen kollektiven Ziele prinzipiell miteinander vereinbar sind und sich harmonisch zu einem *Tempel Platons* fügen können, wo es – wie etwa *Isaiah Berlin* nachzuweisen versucht hat – auf alle Fragen nur eine Antwort gibt, und alle Werte prinzipiell miteinander in Einklang kommen. Im Glauben daran besteht das Wesen moderner Utopie. Aber es entspricht im Erfahrungs-Rückblick nicht der Wahrheit, dass es irgendwo *die* einzige und alleinige Lösung des kosmischen Rätsels des Menschen mittels Politik gibt. Die Endlösung, um einen der fruchtbarsten und gewiss furchtbarsten Begriffe des 20. Jahrhunderts zu gebrauchen, gibt es nicht – und das ist gut so.

X

Die *dritte* Maxime heutiger politischer Klugheit könnte besagen, *dass alles (oder fast alles) auch ganz anders hätte laufen können.* Aber dadurch den Spielraum prometheischer Möglichkeiten einzuschränken, beschneidet wiederum das, was das menschlich Wünschenswerte ausmacht – also das, was die „politische Notwendigkeit" genannt wird von denen, die glauben, nicht anders zu können, oder nicht anders zu wollen.

XI

Es bleibt aber auch angesichts dieser drei postmodernen Maximen die Frage: Was wird aus der politischen Hoffnung, aus dem Wert, aus den Zielen von Politik, wenn wir diese drei sich aus der Erfahrung der politischen Geschichte des 20. Jahrhunderts ergebenden Maximen annehmen – und für das 21. Jahrhundert anwenden?

Meine Antwort lautet: Unsere Vorstellungen von Institutionen und von dauerhaften Formen des Zusammenlebens müssen dem konkreten Raum hier und jetzt angepasst werden, den die Welt ihnen zugesteht. Der Raum des politisch Möglichen ist heute – und voraussichtlich auch in den kommenden Jahrzehnten – trotz der entgrenzenden Wirkung der „Postmoderne" paradoxerweise mehr denn je ein Raum, dem Grenzen gesetzt sind. Denn er endet als Raum des politisch

Möglichen sowohl dort, wo die Entscheidungsfreiheit und die Wertmaßstäbe der Einzelperson beginnen, wie auch an der axiomatischen Wahrheit, dass nicht alles möglich ist, und dass es ohne permanenten Wert-Verlust und Werte-Wandel keine soziale Welt geben kann.

XII

Genau das ist nun meines Erachtens die Definition einer vernünftigen, oder wenn man so will, einer für die Gegenwart angemessenen Utopie. Es besteht nämlich kein Grund, die philosophische Frage der „Postmoderne" nach dem politisch Möglichen bei Beachtung eines – wie auch immer gearteten – Gerechtigkeitskriteriums fallen zu lassen. Einverstanden: Der Spielraum ist begrenzt, nicht alles ist möglich. Aber die dritte Maxime zeitgenössischer Klugheit, wonach fast alles auch ganz anders hätte kommen können, sorgt dafür, dass die philosophische Freiheit trotzdem über den notwendigen Bewegungsraum: über sichtbare und unsichtbare Alternativen verfügt. Warum ist das so?

XIII

Der Hauptgrund ist klar. *Der (moderne) Vorrang der Politik vor der Gesellschaft ist heute dem (postmodernen) Vorrang der Gesellschaft vor der Politik gewichen* – und das ist gut so. Diese These ist sowohl positiv als auch normativ zu verstehen. Sie meint das, was ist, aber auch das, was (heute) sein sollte.

In Übereinstimmung mit *Robert Nozick* behaupte ich, dass letztlich allein eine zeitgemäße Moralphilosophie den Hintergrund und die Konturen für eine angemessene politische Philosophie liefert. Und ich schließe die bisherigen Überlegungen vorerst mit der Feststellung ab, dass eine bewusst, kritisch und aktiv (das heißt ständig, und *in actu*) (selbst-)„eingeschränkte" Politik des 21. Jahrhunderts der Ethik einen hohen Stellenwert zugestehen muss. Wenn man den Glauben an die „absolute" Politik und an die von ihr auferlegten Werte-Skalen aufgibt, dann rückt die Verantwortung des individuellen und kollektiven moralischen Urteils hinsichtlich der Institutionen und der politisch-sozialen Praktiken in den Vordergrund – und nimmt unabwendbar den ersten Rang ein.

Daraus hervorgehend stellt sich nun aber zwingend eine weitere Frage: Worin besteht dann das Hauptproblem der Politikphilosophie des 21. Jahrhunderts auf ihrer Suche nach schlüssigen und zugleich pragmatisch brauchbaren Kriterien zur Bewertung von politischen Institutionen und Prozessen? Was sind in dieser

Hinsicht die entscheidenden Herausforderungen für uns als Erben, Beobachter und Zeitgenossen des beginnenden 21. Jahrhunderts? In anderen Worten: Was wäre eine *vernünftige Utopie* für unsere Zeit?

XIV

In meinen Augen besteht das politikphilosophische Hauptproblem heute darin, der Idee einer globalen Gerechtigkeit Gestalt zu geben. Das heißt: Die politischen Gemeinschaften immanenten Kriterien für politische Gerechtigkeit auf ein internationales Areal, oder, um es mit *Jürgen Habermas* zu sagen, auf die „postnationale" Konstellation des 21. Jahrhunderts zu übertragen. Diese Übertragbarkeit stellt das Kernstück der Prolegomena einer Theorie der globalen Gerechtigkeit dar. Dabei ergibt sich ein für unsere Zeit zentrales, produktives Paradoxon: *Eine Theorie grenzenloser Gerechtigkeit muss die Menschenrechte als Grundrechte der Person betrachten – und zugleich einen universalistischen Standpunkt einnehmen.* Bevor ich die zwei gedanklichen Hauptwege zu einer solchen Theorie einer globalen Gerechtigkeit beschreite, die auch Vorbehalten und Einwänden standhalten kann, möchte ich zunächst das Thema der heute notwendigen: nämlich einer im Kern *zeitgemäß vernünftigen* Utopie klären.

XV

Wie bereits *John Rawls* festgestellt hat, besteht das Wesen einer vernünftigen oder realistischen Utopie darin, dass sie nach dem forscht, was in unserer Welt praktisch möglich ist. Wer also den wertenden Standpunkt der „realistischen Utopie" wählt, der untersucht, inwieweit politisch Machbares ausgedehnt werden kann auf bislang als „unmöglich" Gebrandmarktes. Die Welt setzt dem politisch Möglichen Grenzen: Die Menschen, wie sie sind, und die Institutionen, wie sie sein können, schränken die Bandbreite der vertretbaren Alternativen ein. Sie bedingen die Machbarkeit, aber auch den Preis und die Grenze der politisch möglichen Welten.

XVI

Claudio Magris verwirklicht in seiner erzählerischen Verbindung von *Utopie und Ernüchterung* diejenige Haltung, die ich als *vernünftige Utopie* für das 21. Jahrhundert bezeichnen würde. Utopie bedeutet – so Magris –, sich nicht dem zu beugen, was ist, sondern für das zu kämpfen, was sein könnte. Utopie bedeutet, die namenlosen Opfer nicht zu vergessen, die unzähligen Toten von Jahrhunderten unsagbarer Gewalt, die in keinen Annalen verzeichnet sind. Allerdings – so fügt Magris hinzu –, ist zugleich ständig auch Ernüchterung nötig. „Ernüchterung" bedeutet zu wissen, dass es keine Parusie, keinen Messias geben wird, und dass die Götter bis auf weiteres im Exil sind.

Der Geist der Utopie lehrt uns überdies laut *Ernst Bloch*, dass sich hinter jeder Wirklichkeit *andere Möglichkeiten* als die möglichen verbergen, die es aus den Fesseln des Existierenden zu befreien gilt.

XVII

Utopie und Ernüchterung sind, wie *Magris* konstatiert, also in ihrer Kombination eine ironische, schwermütige oder verbissene Form zeitgemässer Hoffnung. Diese dämpft jenes prophetische und optimistische Pathos der Moderne, das leichtfertig die Gefahr von Rückschritten, Brüchen, im Hinterhalt lauernden Barbareien unterschätzte. Doch ungeachtet all dessen steht hinter dem, was ist, immer auch das Versprechen dessen, was sein sollte – drängt eine andere Wirklichkeit wie der Schmetterling aus der Puppe ans Licht. *Magris* bemerkt auch, dass der Glaube an Wunder allzu leicht in Zynismus umschlagen kann, wenn das Wunder *nicht* eintritt. Die Ernüchterung hingegen lässt auch das Wissen um die Erbsünde und um die verlorene Unschuld des Menschen zu.

XVIII

Aus diesen Gründen behält für das 21. Jahrhundert aller Voraussicht nach nicht der Träumer *Don Quichotte*, sondern der Realist *Sancho Pansa* Recht. Denn *Magris* schließt: Die Ernüchterung sagt uns, dass es kein Wunder gibt. Aber sie sagt es so, dass die *Möglichkeit* des Wunders offen bleibt – und dass es dann geschehen kann, wenn man es am wenigsten erwartet. Eine Stimme sagt uns, dass das Leben keinen Sinn hat. Aber der Klang dieser Stimme ist der Widerhall eben jenes geleugneten Sinns.

XIX

Ich füge dem hinzu: Wer aus welchen Gründen auch immer überzeugt ist, es sei vor dem heutigen Zeithintergrund falsch, die Grenzen des für die Zukunft politisch Möglichen auszuloten, vergisst, dass diese Grenzen in der Vergangenheit bei vielen – und wichtigen – Anlässen sehr wohl ausgelotet und auch überschritten worden sind. Bei einigen wenigen Gelegenheiten – und das ist für uns Erben exemplarisch – blieb der Weg zurück denn auch für immer verschlossen. Wir sollten Wege bahnen, die offen bleiben.

XX

Wer sich *heute* für eine vernünftige Utopie engagiert, erteilt insgesamt der bisherigen janusköpfigen Symmetrie der Moderne zwischen Blick in die Zukunft und „Vergangenheit ohne Rückkehr" eine Absage. Er weiß, dass der Rückweg letztlich eher selten abgeschnitten wird, in jedem Fall aber seltener, als man annimmt oder hofft. *Edoardo Galeano* schreibt dazu dem Sinn nach: Die Utopie ist wie ein Horizont: Ich bewege mich zwei Schritte auf ihn zu, und er weicht zwei Schritte zurück. Ich gehe zehn Schritte, der Horizont entfernt sich um zehn Schritte. Er ist unerreichbar. Wozu also gibt es die Utopie? Hierzu gibt es sie: *Damit wir immerfort weitergehen.* Das gilt gerade politisch.

XXI

Zusammenfassend geht es also um eine „vernünftige Utopie" für die Gegenwart – und um ihren Gegensatz zum herkömmlichen politischen Realismus.

Doch um den Begriff der *vernünftigen Utopie* im heutigen Kontext noch etwas genauer zu klären, sollten wir uns fragen, was eine politische Theorie eigentlich zur Utopie im negativen Sinn: Zur modernen Utopie einer „vollkommenen" Gesellschaft macht. Und was ihr positiv entgegengesetzt werden kann.

Beginnen wir dazu noch einmal bei unserer Formel, die das Bisherige zusammenfasst: *Die Menschen, wie sie sind, und die Institutionen, wie sie sein können.* Und wenden wir darauf einen ethischen Standpunkt an, der sowohl die doppelte Ordnung der persönlichen und der allgemeinen Ansprüche der Person, als auch den doppelten Rechtfertigungsprozess innerhalb der politischen Theorie(n) der Moderne berücksichtigt. Es handelt sich um einen komplexen Gesamt-Prozess: *Einmal* betrifft er die Personen im Besonderen; *zum anderen* betrifft er sie in ihrer allgemeinen Rolle innerhalb des Systems von Institutionen und sozialen Praktiken, eines Systems also, das seinerseits wiederum allgemein akzeptabel sein muss – was seine nicht geringste Schwierigkeiten ausmacht.

XXII

Die Konstitution des politisch-sozialen Gesamt-Systems als Spiegel- oder Doppelsystem ambivalenter und wechselnder Anforderungen sowohl der Ansprüche als auch der Rechtfertigung bedeutet aus zeitgemässer Sicht nicht etwa eine grundsätzliche Kapitulation der Politik vor menschlicher Schwäche und Lasterhaftigkeit. Es bedeutet auch nicht die Preisgabe der politischen Philosophie an die menschliche Natur. Sondern es handelt sich um die Herausforderung einer Antwort auf die Notwendigkeit, *der komplexen Motivationsstruktur konkreter politischer Personen Rechnung zu tragen*. Dabei den Rechtfertigungskreis zu vernachlässigen, würde nur wieder die übelste Form von Utopie heraufbeschwören, nämlich jene der „vollkommenen Gesellschaft" der Moderne.

XXIII

Wir können also zusammenfassend behaupten, dass – vor dem Hintergrund des im Prinzip legitimen Anspruchs auf eine vernünftige Utopie – der Versuch einer formalen Rechtfertigung keine Absage an das Primat der moralischen Rechtfertigung in der politischen Theorie darstellt. Es geht darum, sowohl den persönlichen als auch den allgemeinen Rechtfertigungsanforderungen innerhalb aufgeklärt-moderner Gesellschaften die ihnen zustehende Rolle innerhalb der je geltenden öffentlichen Moralität zuzuweisen. Die Forderung nach *komplexer Legitimation* ist also unter den Bedingungen des 21. Jahrhunderts ihrem Wesen nach nichts anderes als eine – im strengen Sinn des Wortes – *ethische* Forderung.

XXIV

Man bedenke bei alledem, dass es *keinen Sinn* macht, zu diesem Zweck von folgenden zwei Prämissen auszugehen, die manche heutige Denkerinnen und Denker immer wieder neu zu verlocken scheinen:

1. Das Individuum ist böse, wenn sein Verhalten nicht zu einem politisch-allgemein erwünschten – oder „sozial korrekten" – Ergebnis führt (Moderne).
2. Da es unter postmodernen Bedingungen nicht mehr legitim ist, von Menschen ein bestimmtes, allgemeingültiges Verhalten zu fordern, muss das – im Kern seiner Natur nach stets „utopische" – Verstehens- und Legitimationsziel der politischen Theorie ganz über Bord geworfen werden (Postmoderne).

Beide Prämissen waren vielleicht gestern richtig, sind heute aber falsch. Wir müssen vielmehr *beiden* Elementen, die zum ständigen Dilemma der Gegenwart zwischen Politik und Individuum führen: Person und Institution, Besonderem und Allgemeinem, im Prinzip gleichermaßen moralische Gültigkeit zugestehen. Die Herausforderung besteht darin, politische, soziale und psychologische Vorstellungskraft oder *moralische Phantasie* walten zu lassen, um Institutionen zu entwerfen, in denen Individuen zu Formen des individuellen *und* kollektiven Lebens im Sinn der Ideale einer vernünftigen Utopie befähigt werden.

XXV

Das alles scheint überaus schwierig – und das ist es zweifellos auch. Der moderne Utopismus, der zur Utopie der vollkommenen Gesellschaft verführt, geht stets von der altbekannten und beunruhigenden politischen Tendenz aus, individuelle Motive zu Gunsten eines allgemeingültigen Ideals zu unterdrücken – oder aber das soziale Einzelwesen, unter Missachtung seiner Individualität, der Allgemeinheit zu opfern. Daraus ergibt sich, dass das Ziel einer vernünftigen Utopie des 21. Jahrhunderts im schwierigen, möglicherweise auch instabilen *Gleichgewicht zwischen den Elementen allgemeiner Gleichheit und den Elementen individueller, persönlicher Ungleichheit* liegt.

XXVI

Wohlgemerkt: Wenn wir uns diese Perspektive zu eigen machen, erkennen wir zugleich auch an, dass das, *was gerecht ist, auch möglich sein muss*, wenngleich dem eine entscheidende Klausel hinzuzufügen ist: Der Nachweis bezüglich dessen, was gerecht ist, kann unter Umständen Korrekturen und Veränderungen unseres Verständnisses von dem, was möglich ist, erforderlich machen.

Diese Klausel enthält den wesentlichen Gegensatz zwischen der heute notwendigen vernünftigen Utopie und den reduktionistischen Positionen des alten und neuen „politischen Realismus". Zugleich ergibt sich daraus der Unterschied zwischen dem Standpunkt der vernünftigen Utopie in Bezug auf eine Gerechtigkeit ohne Grenzen und den Positionen der sich nun allmählich globalisierenden politischen Philosophie, die man, mit einigen Abstrichen, auch eine „globalistische" Philosophie nennen könnte.

XXVII

So glauben *Otfried Hoeffe* und andere Globalisten offenbar, es sei eine Tatsache, dass wir uns glorreich einer Kant'schen Weltrepublik entgegenentwickeln. Und sie suchen diesen ihren Glauben auf eine *Theorie des Faktischen* zu gründen: Auf die Beobachtung nämlich, dass bestimmte allgemeinmenschliche Werte auch unter transkulturellen Bedingungen unverändert bleiben. Andere wiederum scheinen überzeugt zu sein, dass die Politikphilosophie sogar den Bauplan einer kommenden Weltrepublik des 21. Jahrhunderts entwerfen könne. Etwas anders verhält es sich bei *Jürgen Habermas*, der *Immanuel Kants „Zum ewigen Frieden"* im Licht einer „unverdienten Bewusstheit der Nachfahren" neu auslegt. Habermas spricht für unsere Zeit von einem Übergang vom bisherigen „Völkerrecht" zu einem kosmopolitischen Recht. Er vertritt den Standpunkt, dass die Globalisierung angesichts der künftig in wachsendem Maß gemeinsamen Gefahren die Welt zwar zum gemeinschaftlichen Handeln zwinge, sie aber zugleich auch spalte. Wer dem politischen System nicht *a priori* jegliche Lernfähigkeit absprechen will, wird demnach zwangsläufig seine Hoffnungen in die objektive Gegebenheit der globalisierten Gefahren setzen, unter der die Welt zu einer unfreiwilligen Risikogemeinschaft zusammengewachsen ist, so *Habermas*. Zugleich gibt er sich Mühe, mehrere gleichzeitig verlaufende Prozesse zugleich zu beschreiben. Er ist der Überzeugung, dass heute so etwas wie eine *komplexe kosmopolitische Ordnung* zur Welt kommt. Deshalb fordert er auch für die Vereinten Nationen und andere transnationale Einrichtungen eine Reform, die der Metamorphose zu einer neuen „Weltinnenpolitik" gerecht wird.

XXVIII

Mir scheint diese Sicht allerdings stark von einer Geschichtsphilosophie geprägt zu sein, die sich der *Notwendigkeit* unterwirft. Es ist nur eine logische Folge, dass sie kosmopolitisches Recht als Entwicklung oder als Verwirklichung der traditionellen Rechtsstaats-Idee betrachtet, und zwar ganz im Sinne von *Kants* These: Wir müssen den zwischen den Staaten noch herrschenden „Urzustand" nun kosmopolitisch in einen *Rechtszustand* umwandeln.

Das sind, wie auch Habermas bemerkt, Grundideen der politisch-sozialen *Moderne* – immer noch und weiterhin. Die vernünftige Utopie der *Postmoderne* dagegen beruht auf einem Musil'schen Sinn für Möglichkeiten eher als für Faktisches. Sie verwahrt sich gegen jegliches Zugeständnis an die Notwendigkeit. Ihre Absicht ist es, den labyrinthischen – und gewiss schwer fassbaren – Bereich der Möglichkeiten oder *machbaren Alternativen* zu erforschen, um die Bedingungen zu erkunden, unter denen eine Welt gerechter beziehungsweise weniger ungerecht sein könnte. Es gibt für sie nicht eine ideell-logische und also notwendige Entwicklung, sondern im Prinzip unendlich viele mögliche Entwicklungen, die in Prämissen und Wirkungen verglichen werden sollten. Der Verzicht auf die *eine beste* aller Welten ist und bleibt für sie nicht zugleich der Verzicht auf eine *bessere Welt.*

XXIX

Unsere Idee der *realistischen Utopie* gelangt in Vereinigung dieser Denkstränge zur Feststellung, dass eine sozial gerechte Welt, in der sich das traditionelle Völkerrecht auf neue Weise verwirklicht, zu irgendeiner Zeit an irgendeinem Ort existieren kann, es aber nicht notwendigerweise tut oder tun muss. Das ist im Grunde jene Idee, die das, was wir hier und jetzt tun *können*, mit *Sinn* erfüllt. Erneut: Diese Idee stützt sich nicht mehr auf eine rein ideelle oder logische Möglichkeit. Sondern sie verknüpft sich direkt mit dem praktischen Geist der Zeitläufe, Neigungen und Veränderungen der gesellschaftlichen Welt. Freilich ist es dabei nicht die gesellschaftliche Welt, die Zeitläufe, Neigungen, Veränderungen klassifiziert. Es sind wir selbst, denen es obliegt, die sich ständig verändernde Welt zu deuten und zu verstehen. Es sind wir selbst, denen es gegeben ist, die Dinge auf „bestimmte", also wissenschaftlich und erfahrungsgestützt abgesicherte Weise zu betrachten.

XXX

Nach meinem Dafürhalten besitzt heute gerade die Philosophie – und insbesondere die politische Philosophie – das begrenzte Vermögen, uns *genau auf diese Weise* zu einer „bestimmten" Sicht der Dinge zu verhelfen. Innerhalb eines selbstbewusst begrenzten Vermögens erkennen wir bezeichnenderweise sowohl die Reichweite wie die Grenzen des Handelns. Aber wir erfahren zugleich auch den gesamten Vorzug politischer und philosophischer Freiheit.

Genau hier konkretisiert sich der wesentliche Gegensatz zum traditionellen politischen Realismus der Moderne. Der Realismus schließt auf Grund seiner *Prima-facie*-Verfahren den Blick auf das Mögliche aus. Er verkörpert in diesem Sinn einen Reduktionismus. Wie wir gesehen haben, postulieren die drei Maximen postmoderner politischer Klugheit ebenfalls die Vernünftigkeit von Grenzen: nicht alles ist möglich, es gibt keine gesellschaftlichen Welten ohne Wert-Verluste, alles oder fast alles hätte auch ganz anders kommen können.

Die Sichtweise der vernünftigen Utopie steht in diesem Sinn nicht im Gegensatz zum politischen Realismus. Ihr sind die strengen Einschränkungen, die unserem Bewegungsraum seitens der Welt auferlegt sind, voll bewusst, und die sich daraus ergebenden Probleme ein ernstes Anliegen. Der wesentliche Gegensatz besteht nicht im Akzeptieren von Einschränkungen, sondern im prinzipiellen Widerstand, den die vernünftige Utopie dem reduktionistischen Verbot gegenüber leistet, gemäß dem die Erkundung des Möglichen, eingeschränkt vom Motto „Nicht alles ist möglich", verhindert werden soll. Genau dieses Verbot aber ist uns Ansporn. Denn es fordert, im 21. Jahrhundert mehr denn je, unseren Widerspruch heraus. Wir wollen die Dinge weiterhin unter einem alternativen Gesichtspunkt betrachten, der für uns einen Bezug zum Wert ermöglicht; und das Verständnis der Dinge, wie sie faktisch sind, ist nicht losgelöst von der Vorstellung davon, wie sie möglicherweise sein können. *Das Gerechte muss möglich sein – aber das Verständnis von Möglichkeit ist nicht losgelöst vom Nachweis dessen zu erbringen, was gerecht ist.* Das nenne ich moralische Phantasie auf dem konkreten Feld zeitgenössischer Politik.

XXXI

Was sind aber nun abschließend diejenigen Dinge, auf die wir unser Augenmerk richten sollten, wenn nicht eine notwendige oder logische Entwicklung, sondern *Möglichkeiten* und *Alternativen* das Ziel sind?

Die Antwort kann nur lauten: Es ist ein Zustand der Welt, eine Landschaft, in der sich Vertrautes mit weniger Vertrautem mengt. Es ist eine Welt im unaufhaltsamen Fluss, in der die Konturen von Sicherem und Unsicherem für Beobachter und Akteure verschwimmen. Die Unsicherheit bedarf der Theorie; und die Globalisierung bringt alle wohlgeordneten Argumente der bisherigen politischen Theorie, sei es nun der positiven oder der normativen, ins Wanken.

Eine Analyse des gegenwärtigen Weltzustandes vor dem Hintergrund einer normativen Theorie verleitet daher dazu, Prozesse und Gegebenheiten, die für uns die Züge provisorischer *signa prognostici* tragen, als *exempla* einzustufen. Dort, wo euphorische Globalisten die Notwendigkeit von Übergängen, und dort, wo reduktionistische Realisten mit derselben Unterwürfigkeit unter die Notwendigkeit unerbittliche Gesetzmäßigkeiten auszumachen meinen – wobei sich letztere häufig zu Urteilen der Unmöglichkeit und zu Verboten für alternative Gedankengänge versteigen –, dort spüren diejenigen, die dem Musil'schen Wort vom *Sinn der Möglichkeit* folgen, jenseits der nur angeblichen Notwendigkeiten die zufälligen und unsicheren Zeichen einer Welt auf, die *potentiell* Gerechtigkeit ohne Grenzen verspricht. Es geht um das Prinzip: *Menschliche Entwicklung als Freiheit* – immer noch, weiterhin.

XXXII

Welches sind, wenn man diese Überlegungen zusammenfasst, die *beiden Hauptgedanken*, die – zusammen mit der Idee der vernünftigen Utopie – ein Grundgerüst für die Prolegomena zu einer *Theorie der Gerechtigkeit ohne Grenzen* bilden könnten?

Vergessen wir nicht, dass dieses Gerüst ein hohes Maß an Stabilität aufweisen muss, um den Kritiken aus den verschiedenen (traditionalistischen, modernen und postmodernen) Lagern Stand halten zu können. Ein Punkt, an dem Kritik ansetzen könnte, ist dabei der Gegenstand der Theorie selbst: Der Raum der Erde, die „Arena" *Hobbes'*, in der faktisch oft genug das Prinzip der Anarchie über die internationale Gemeinschaft bestimmt. Die Programme des traditionellen politischen Realismus stehen daher allesamt im Zeichen eines strengen Verbots-Prinzips, und zwar im Sinn eines *Thukydides*. Unsere Idee der vernünftigen Utopie aber unterscheidet sich, wie wir gesehen haben, wesentlich vom Verbots-Reduktionismus der angeblichen Realisten. Inwiefern?

XXXIII

Der *erste* Hauptgedanke betrifft das ethische Kriterium der Theorie. Dieses Kriterium muss übergeordnet und unabhängig von verschiedenen Gegebenheiten Gültigkeit haben. Es handelt sich um das *Prinzip menschlicher Entwicklung als Freiheit*. Dabei gilt es eine Unterscheidung zwischen moralischem Handeln und moralischem Dulden (*agens* und *patiens*) zu treffen, die beide der Freiheitssphäre zugehören, auch wenn dies auf den ersten Blick nicht so scheinen mag.

Es geht in diesem Zusammenhang grundsätzlich darum, dass wir überall auf der Welt Einrichtungen und soziale Praktiken, Unterschiede und Ungleichheiten, die Koexistenz von Armut und Reichtum, aber auch die vielen Gesichter von Unterdrückung bewerten, indem wir die konkreten praktischen Leistungen und

Fähigkeiten der Menschen prüfen. Dort, wo Menschen nur mehr Duldende sind, weil sie ohne eigenes Zutun einen Mangel *aus nicht erbringbarer Leistung* erleiden, ist es Aufgabe der Institutionen, diesen Mangel auszugleichen oder zu beheben. Jenseits dieser Schwelle rücken dann die *Fähigkeiten* der Menschen ins Bild, zwischen verschiedenen Aspekten zu *wählen*. Der Mensch in seiner Dimension als im Prinzip frei Handelnder rückt ins Zentrum. Das Bewertungskriterium muss dabei unabhängig von Kontext, Kulturen und einzelnen Gesellschaften sein, weil es auf das hin geeicht sein soll, was je für die Menschen in verschiedenen Kulturen und Umgebungen der Idealvorstellung von einem guten, oder, wenn man so will, von einem lebenswerten Leben entspricht. *Beurteilt wird die kontextimmanente Übereinstimmung von Anspruch und Wirklichkeit.* Das alte aristotelische Ideal der *Eudaimonia* wird somit als formales Schema definiert und reaktiviert. Die Entscheidung über den Lebenswert des Lebens fällt aus einer Vielfalt von Gründen; und diese Vielfalt ist wesentlich. Die Vielfalt der Gründe wurzelt ihrerseits in der Vielfalt der Identitäten, im *Herder*'schen Raum der Unterschiede. Auf diese Weise erklärt sich auch der Reichtum der Vernunft. Aus diesem Reichtum der Vernunft können wir schöpfen, um der Kritik materialistischer oder nihilistischer Ansätze die Stirn zu bieten.

XXXIV

Unabhängig von der Beschaffenheit der Kontexte aber sind wir wie gesagt verpflichtet, die Rechtfertigung der Institutionen und politisch-sozialen Praktiken zu überprüfen hinsichtlich ihrer Wirkung

1. auf den Ausgleich von Leistungsmängeln,
2. auf die Fähigkeit der Menschen, zwischen verschiedenen Bezugs- und Leistungsräumen zu wählen.

Damit wären dann die Grundrechte der Personen, also das, was Menschen unabhängig von bestehenden Grenzen und der Zugehörigkeit zu einer Gemeinschaft zusteht, auf jeden Einzelnen festlegbar. Denn jeder Einzelne hat dasselbe Recht, sein Schicksal zu formen und frei zu sein von Unterdrückung, unglücklichen Umständen, unmenschlichen Einrichtungen und Tyrannei. Die Menschenrechte sind in dieser Hinsicht als Rechte zur Entwicklung im Sinn von Freiheit zu verstehen. Wir müssen sie in diese Richtung weiterentwickeln.

XXXV

Fazit?
Die Idee menschlicher Entwicklung als Freiheit bindet uns an keine einzelne, besondere Idee guten Lebens. Entwicklung *als Freiheit ist eine Idee, die mit einer Vielfalt von Vorstellungen und Möglichkeiten eines lebenswerten Lebens Hand in Hand geht.* Die Idee menschlicher Entwicklung als Freiheit nimmt also ihren Platz in den Prolegomena zu einer Theorie der globalen Gerechtigkeit ein, weil sie der modernen Falle entgeht, unterschwellig stets der *Identität* den Vorrang vor der *Entscheidung* einräumen zu wollen.

Im Gegensatz dazu besteht die *zweite* Grundidee für unsere Prolegomena in der Maxime einer *minimalen prozeduralen Gerechtigkeit.* Minimale prozedurale Gerechtigkeit ist, so möchte ich es definieren, eine Wirkung von Schiedssprüchen, Unterhandlungen, Beschlüssen und Urteilen. Sie ist eine Wirkung von sozialen und politischen Praktiken. *Stuart Hampshire* hat zu Recht betont, dass es zu verschiedenen Zeiten, an verschiedenen Orten, unter verschiedenen Umständen ganze Klassen von verschiedenartigen, heterogenen Schiedsspruch- und Beschlusspraktiken gibt, die wir deshalb als gerecht anerkennen, weil der öffentliche Charakter bestimmter Prozeduren als Garant für die Gerechtigkeit des Ausgangspunktes – oder konstitutiven gesellschaftlichen Ursprungs – angesehen wird.

Der Spielraum der minimalen prozeduralen Gerechtigkeit ist daher, entsprechend dem faktischen Pluralismus der Identitäten und der Kulturen in einer globalisierten Welt, von Unterschieden und Vielfalt geprägt. Er deckt sich nicht mehr mit dem Spielraum der „substantiellen", oder besser: der im modernen Sinn substantialistischen Gerechtigkeit, deren Grundsätze stets der Meinung verpflichtet sind, dass es an verschiedenen Orten und in verschiedenen Kontexten im Prinzip gleiche – universale – Auffassungen von Gerechtigkeit und Gerechtigkeitssinn gibt.

XXXVI

Es wird in diesem Zusammenhang insgesamt unumgänglich sein, den Glauben der Postmoderne an soziale und politische Praktiken weiterzuentwickeln. Denn die Ebene der Meinungen erweist sich als Domäne der Interpretationskonflikte hinsichtlich des Gerechtigkeitssinns, und bietet damit der Kritik der auf allgemeine Wahrheiten und Konzepte bedachten Moderne eine breite Angriffsfläche.

Die Axiome einer substantiellen Gerechtigkeitstheorie für die Gegenwart beruhen in der Tat auf einer bestimmten, von der Theorie angebotenen Auslegung des Gerechtigkeitssinnes *innerhalb einer bestimmten Gemeinschaft und Situation.*

John Rawls hat dies pionierhaft aufgezeigt. Seine These über das „reflexive Gleich-gewicht" bestätigt, dass die Annahmen jeder Gerechtigkeitstheorie, die – wie die der Postmoderne – rein prozedural sein möchte, weiterhin in jene Meinungen eingebunden sind und bleiben, welche die öffentliche Kultur einer Gesellschaft prägen. Wenn wir aber *nur* bei diesen Meinungen *bleiben*, werden wir schwerlich einer globalen Theorie der Gerechtigkeit den Weg zu einem neuen, nicht-usurpa-torischen Universalismus bahnen können.

XXXVII

Meine These von der *minimalen prozeduralen Gerechtigkeit* setzt genau hier an. Sie konzentriert sich auf die Eigenschaften sozio-politischer Praktiken, nicht von Meinungen. Dies mit dem Ziel, mögliche, aber nicht notwendige Konvergenzkri-terien für Gerechtigkeit im Bereich der praktischen sozialen Einrichtungen und der Politik aufzuspüren – und das in einer Welt des postmodernen *Heraklitischen* Flusses, das heißt in einer Welt der ständigen, unaufhebbaren Konflikte zwischen Interessen und Idealen sowie zwischen verschiedenen Gründen, aus denen Leben lebenswert ist.

Freilich: Auch die These von der minimalen prozeduralen Gerechtigkeit ist nicht frei von erkenntnisleitenden Vorannahmen. Aber diese Annahmen sind nüchtern und karg. Sie beschränken sich auf ein einziges Axiom: *Audi (et) alteram partem. Höre auch den anderen. Sieh auch die andere Seite.*

XXXVIII

Die Folgerung, die wir aus diesem Überlegungen ziehen können, ist: Gerechtigkeit und Ungerechtigkeit, Gleichheit und Ungleichheit im globalen Raum werden künftig keinesfalls mehr mit den Urteilskanonen und -kriterien einer traditionellen oder allgemeinen (modernen) Auffassung von Recht und Unrecht übereinstimmen. Sondern sie werden im 21. Jahrhundert viel eher mit der grundlegenden Forderung übereinstimmen, dass die Betroffenen in die Beschluss- und Urteilsprozeduren konstitutiv mit einbezogen werden. Im Unterschied etwa zu *Jürgen Habermas* glaube ich nicht daran, dass die Miteinbeziehung der Betroffenen irgendeiner transzendentalen Bedingung entsprechen muss, welche darüber bestimmt, wie die Menschen miteinander kommunizieren sollen, sofern sie an der Übereinkunft über die Kriterien von Recht und Unrecht interessiert sind.

Das Axiom der minimalen prozeduralen Gerechtigkeit als mögliches Zentrum künftigen Denkens des Politischen verlangt meines Erachtens lediglich, dass die sozialen Praktiken, deren Ziel ein gerechtes Urteil ist, *alle Parteien in ihrer eigenen Sprache zu Wort kommen lassen*. Niemand soll den Vorwurf erheben können, dass er ausgeschlossen worden sei, dass er nicht uneingeschränkt am Prozess der Entscheidungsfindungen und Urteile über Institutionen und soziale Praktiken, innerhalb derer sich das Leben abspielt, habe teilnehmen dürfen, und dass er es nicht in seiner Sprache hätte tun dürfen. In diesem Vorwurf kommt nämlich zum Ausdruck, dass nicht allen sowohl eine Stimme als auch Gehör geschenkt wurde. Und genau darin sollte aus der Sicht der Gegenwart Unrecht bestehen – nicht mehr in der Verletzung allgemeiner Verfahrensregeln oder institutioneller Meta-Diskurse.

XXXIX

Wir können daraus den Schluss ziehen, dass die Idee der *minimalen prozeduralen Gerechtigkeit*, kombiniert mit dem Kriterium *menschlicher Entwicklung als Freiheit*, einen wesentlichen Bestandteil der Prolegomena für eine grenzenlose Gerechtigkeit in der globalisierten Welt darstellen muss. Diese Idee gilt es vor dem Hintergrund *vernünftiger Utopie* zu erforschen, weil unter immer mehr Menschen die Überzeugung reift, dass es Sinn macht, weiterhin das Mögliche innerhalb des zwar begrenzten, aber deshalb nicht minder wichtigen Bereichs der Politik auszumachen: das heißt innerhalb des konkreten sozialen Spielraums, den uns die Welt gewährt.

Die Idee der minimalen prozeduralen Gerechtigkeit nimmt die realistische Kritik der Globalisierung und des politischen Globalismus ernst. Sie deckt sich schlussendlich mit dem Gedanken einer Grundbedingung minimaler Gerechtigkeit, die wie ein Filtermechanismus für die Entstehungs- und Planungsprozesse künftiger Gerechtigkeitsdimensionen gelten soll. Diese Idee kann zumindest all diejenigen überzeugen, die unter einer politischen und moralischen Utopie für das 21. Jahrhundert nicht nur eine wie auch immer geartete Variation der Utopie der vollkommenen Gesellschaft der Moderne mit all ihren grausamen Konsequenzen verstehen, sondern die auch die Idee vernünftiger Utopie anerkennen, die sowohl den Respekt vor dem Menschen, wie er ist, als auch eine Erforschung der Institutionen und politisch-sozialen Praktiken für ein dauerhaftes Zusammenleben beinhaltet, wie sie innerhalb des ihnen in der Welt zustehenden kontextuellen Raumes sein könnten.

Auf diese Weise verzichten wir nicht auf die Beständigkeit, den Wert und die Schönheit einer möglichen humanen Welt. Und wir lassen dennoch nicht zu, dass Unterdrückung, in welchem Gewand auch immer, und sei es im Gewand einer

fortschrittlichen unitarischen Moderne, das Versprechen einer grenzenlosen Gerechtigkeit aus unseren Zukunftsentwürfen löscht. Und obwohl es so schwierig
ist, wollen wir, in diesem Sinn, der Schönheit *und* den Unterdrückten treu bleiben.

Biopolitik, Immunisierung, Kommunität
Drei Kernbegriffe für ein zeitgemäßes politisches Denken

Roberto Esposito

Die Kategorie „Biopolitik" ist auf den zeitgenössischen Theorie-Schauplätzen in den Mittelpunkt der Aufmerksamkeit gerückt. Für die kommenden Jahre zeichnet sich aufgrund der technischen und sozialen Entwicklungen ein potentiell herausragender Rang für diesen Begriff ab. Für die tatsächliche Einnahme dieses Rangs scheint aber die nötige politikphilosophische Klarheit noch nicht gegeben zu sein. Warum? Und was zeigt uns das diesbezügliche Manko in Bezug auf die künftigen Anforderungen an die Politik – und an das Politische insgesamt – unter den heraufdämmernden Bedingungen von „Transhumanismus" und neuen Technologien? Lassen sich aus avantgardistischen Entwicklungen auf den so verschiedenen Feldern der Gegenwart, die im Hinblick auf das Politische nur schwer getrennt voneinander zu betrachten sind, heute neue, sie verbindende und wirklich brauchbare Politik-Begriffe gewinnen?

I

Der Begriff „Biopolitik" wirkt – trotz seiner zunehmend „erotischen" Signalwirkung und seiner Ausstrahlung in breitere Gesellschaftskreise – noch immer eher schwebend. Und er ist noch immer weit von stabilen Konnotationen entfernt.

Beides ist kein Zufall. Biopolitik schillert zwischen *zwei* möglichen Auslegungen, oder besser gesagt: zwischen zwei für unsere Zeit charakteristischen Färbungen. Die eine ist grundsätzlich negativ befrachtet: Biopolitik wird als Begriff wahrgenommen, der eine apokalyptische Entwicklung bezeichnet, aber sie gleichzeitig nicht vollends abdecken oder gar umfassen kann. In Italien denke ich für diesen Unterton zum Beispiel an die Schriften von *Giorgio Agamben*.

Die andere Richtung dagegen gibt sich eindeutig zustimmend, schon fast euphorisch. Biopolitik wird als positiver kritischer Politikbegriff der Zukunft propagiert – so zum Beispiel von der politisch-kulturellen Linkssphäre rund um die Thesen von *Toni Negri*.

Mein Eindruck ist ein dritter, dazwischenliegender: Dass der Hauptgrund für das Schillern des Begriffs bereits von der Grundstruktur der Begriffs-Kategorie „Biopolitik" selbst vorgegeben ist. Denn diese Kategorie wirkt von Anfang an in sich gespalten, so als ob es in ihr einen inneren semantischen Bruch gäbe, der prinzipiell nicht zu kitten ist – es sei denn, man fügte die beiden Komponenten mit Gewalt zu einem Ganzen zusammen, wobei dann allerdings notwendigerweise ein Teil gewaltsam dem anderen untergeordnet und vom anderen beherrscht würde – was eine folgenreiche Asymmetrie auslösen kann. Was meine ich damit?

II

Offenbar ist für die beiden Begriffs-Komponenten *Leben, bios,* einerseits und *Politik, politeia,* andererseits nur dann eine gemeinsame Wortform möglich, wenn diese Form ihre Teile sowohl *verbindet* – als auch einen *offenen Kontrast* zwischen ihnen zulässt. Das Fehlen einer gemeinsamen Bedeutungsebene bedingt faktisch stets einen Widerstreit zwischen den Begriffs-Teilen, der erst dann endet, wenn ein Teil die Überhand gewonnen und sich den anderen einverleibt hat.

Für den Begriff Biopolitik scheint derzeit – und dies ist unsere erste und grundlegende Beobachtung – keine Befreiung aus dieser Zerrissenheit in Sicht. Dies deshalb, weil der Begriff selbst als ganzer eine Art implizites Entweder-Oder verkörpert.

III

Die Lösung ist deshalb immer schon eine schlechte. Entweder begibt sich das Leben in die Fänge der Politik und wird dort seines Potentials beraubt. Oder aber die Politik ordnet sich dem Leben unter und löst sich darin auf, da Leben seinem Wesen nach alle Räume für sich besetzt. Das, was zwischen diesen beiden konträren Optionen liegt, verweigert sich wie ein Vakuum, wie ein blinder Fleck dem Zugriff von Analyse und Deutung – so als ob es der Analyse und der Deutung genau an dem fehlen würde, was diese Polarisierung aufheben könnte: nicht etwa eines Mittelwegs oder einer dialektischen Versöhnung, sondern eines *organischeren Paradigmas*, das, ohne die Teilbegriffe je für sich auszuhöhlen, ihrer inneren Beziehung zueinander nachspürt, oder anders gesagt: ihren möglichen gemeinsamen Horizont erkundet, auch wenn dieser ein produktiv ambivalenter sein mag.

Der Versuch einer zeitgemäßen Definition von „Biopolitik" für das Politische der Gegenwart und der kommenden Jahre kann deshalb nur dort ansetzen, wo die beschriebene Pattsituation zwischen den beiden Wort-Teilen ihren Ursprung hat. Folglich muss dieser Versuch der Neudefinition – über die sorgfältige Rekonstruktion der einzelnen Entwicklungsschritte der im Spiel befindlichen Teilbegriffe hinaus – einen gangbaren Weg der Gemeinsamkeit und, soweit möglich, der Integration bahnen.

Welcher solche Weg wäre denkbar?

IV

Michel Foucaults Gedankengerüst blieb unvollendet, da der Autor, wie man weiß, früh verstorben ist. Dass sich *Foucault* in seiner letzten Schaffensphase nicht gänzlich auf die Entwicklung des Leitbegriffs Biopolitik konzentriert hat, ja sogar anderen Fragen den Vorzug gegeben hat – wie im besonderen der „Sorge um sich" im Spannungsfeld zwischen Antike und Moderne – weist auf eine tiefer wurzelnde Problematik hin: nämlich auf eine, die letztlich mit den Ursprüngen des Begriffs Biopolitik selbst ins Leben gerufen worden ist. Worin gründet diese Problematik? Und welche Ebenen des philosophisch-politischen Diskurses sind davon betroffen?

Wenn man die Schriften einsieht, die *Foucault* zwischen 1975 und 1980 dem Thema Biopolitik widmet, stößt man auf innere Webfehler: auf unscheinbare, zugleich aber symptomatische Ungereimtheiten – und bei genauerer Betrachtung auch auf geradezu offenkundige Widersprüche. Ihre nähere Beleuchtung würde den hier gegebenen Rahmen sprengen. Aber in ihrer Gesamtheit beweisen sie die Existenz einer Hürde, die nicht zu überwinden war, oder vielleicht ein an die Grundfesten rührendes Dilemma des Autors – und die daraus resultierende Unmöglichkeit, sich für eine Alternative zu einem der beiden Teile des Wortes Biopolitik zu entscheiden, weil das den Verlust des anderen, ebenso reizvollen und „wesentlichen", bedeutet hätte. Von daher rührt die unerhörte Eindringlichkeit, die seine diesbezüglichen Texte vermitteln, aber auch der Eindruck eines unlösbaren Spannungsfeldes, das sich zwischen zwei gegenläufigen Kräften aufbaut, die sich nicht zusammenfinden.

V

Genau in der Mitte dieses Spannungsfeldes liegt meines Erachtens die allgemeinste Definition von Biopolitik begründet, verstanden als unmittelbare (und zum Teil gewaltsame) *Einbeziehung des biologischen Lebens in die Kalküle und in die*

Dispositive der politischen Macht. Von Biopolitik kann und muss man – gerade im zweiten Jahrzehnt des 21. Jahrhunderts – insofern dann sprechen, wenn der materielle Anteil des Lebens zum bevorzugten, wenn nicht gar ausschließlichen Beschäftigungs-Gegenstand politischer Führung wird. Das Paradigma *Biopolitik* setzt sich dergestalt an die Stelle des Paradigmas *politischer Souveränität.* Was meine ich damit?

VI

Während die traditionelle souveräne politische Macht von ihren Untertanen etwas nimmt, ihnen etwas abfordert wie zum Beispiel Güter, Dienste oder „Blut, Schweiß und Tränen", versteht die biopolitische Macht Untertanen als Schützlinge, denen sie sich zuwendet mit dem Ziel, deren Leben zu entwickeln und zu potenzieren. Die erstere Macht steht von außen gegenüber; die zweite dringt ein. In Foucaults Worten: „Man könnte sagen, dass an die Stelle des alten Rechts, Tod zu *machen* und Leben zu *lassen,* eine Macht getreten ist, die Leben *macht* und in den Tod zurücklässt."[1]

Das heißt: Wenn in einem souveränen politischen *Herrschaftssystem traditioneller Kontur* das Leben nur ein Rest ist, den das Recht der politischen Macht, über Leben und Tod zu entscheiden, übriggelassen hat, dann ist in einem *biopolitischen Regime* das Leben das aktive Herzstück einer Architektonik, in welcher dem Tod nur mehr die Funktion einer – notwendigen – Begrenzungslinie für die eigene Expansion bleibt.

VII

Dennoch: trotz, oder besser *gerade wegen* dieser Gegensätzlichkeit zwischen souveräner politischer Macht und biopolitischer Macht ist, unter Gesichtspunkten des Ganzen betrachtet, die eine Herrschaftsform nichts als die Spiegelung der anderen. Dies nicht nur deshalb, weil die Definition jeder der beiden ohne Bezug auf die andere heute nicht mehr möglich ist. Sondern auch deshalb, weil der Sinn *beider* politischen Formen über ihr *Verhältnis zum Tod* zustande kommt.

Freilich, in dem ersten Fall (der politischen souveränen Macht) ist der Tod der Ausgangspunkt. Im zweiten Fall (der biopolitischen Macht) ist es das Leben. Aber in

---

1   M. Foucault, *La volontà di sapere,* Milano 1978, S. 122. Übersetzt aus der italienischen Fassung vom Herausgeber.

beiden politischen Machtformen geht es ganz zentral um die Verlaufslinie, die Leben und Tod verbindet. Das Politische ist letztlich die Verkörperung ihres Prozesses.

VIII

Man kann dies untermauern, indem man die direkte Proportionalität zwischen der Entwicklung der Biopolitik und der Zunahme von Massenvernichtungsmöglichkeiten hervorhebt. Keine Zeit kannte je so blutige Kriege und so flächendeckende Völkermorde, wie sie im 20. Jahrhundert stattgefunden haben, also auf dem Weg von der traditionellen souveränen Politik hin zur Biopolitik. Heute, im Zeitalter der größten Abnahme traditioneller souveräner politischer Macht und der Eröffnung der bisher größten Spielräume und Einflussmöglichkeiten für biopolitische Macht, sind die Zerstörungspotentiale größer denn je.

Wie das? Wie kann es sein, dass eine politische Macht, die, wie die Biopolitik, in Begriff und Prinzip auf Sicherung, Schutz, Stärkung des Lebens ausgerichtet ist, ein erhöhtes, außergewöhnliches Todespotential erzeugt hat? Woher stammt diese explodierende Tötungs- und Selbst-Tötungsenergie einer im Dienste des Lebens stehenden Macht: Der hyper-modernen Biomacht? Mit anderen Worten: Warum droht *Biopolitik* immerzu, wie es scheint, in unerbittliche *Thanatopolitik* umzuschlagen? Und was hat das mit dem 21. Jahrhundert zu tun?

IX

Foucault zögerte am Ende seines Lebens, das dem 20. Jahrhundert angehörte, mit einer Antwort auf diese Frage, die er selbst durch seine Analyse in die Welt gesetzt hatte. Er war in dem Maße unschlüssig, als er zwei Antworten, die einander in ihrer Logik und ihrer Bedeutungsreichweite entgegengesetzt sind, als gleichwertig und in gleichem Maße möglich anbieten musste.

Die *eine* Antwort kommt der Annahme nahe, dass sich souveräne politische Herrschaft immer wieder *ihrer Natur nach* einem biopolitischen Horizont unterordnet. Das ist eine gespenstische Vision, in welcher der tote Herrscher – einst abgesetzt oder von der Revolution enthauptet – die Lebensbühne immer wieder auf andere Weise betritt.

Zugleich mit diesem Bild entwirft Foucault aber auch die Gegenvorstellung. Der Überschuss an Lebenskraft der souveränen politischen Herrschaft, die sich in Biopolitik verwandelt und damit „feiner", ja kapillarer wird, sei gerade durch das Verschwinden der Herrscher und das dadurch zerbrochene alte Gleichgewicht möglich geworden. Denn die vormaligen Herrscher hätten durch ihre offenbare, absolute Macht und durch ihr personalisiertes politisches Recht das Leben davor bewahrt, zum Spielball einer anderen, ebenso ausufernden, neutralen politischen Macht – der Technik – zu werden. Diese Zeit sei nun vorbei.

X

Um diesen Punkt kristallisiert sich nun der gesamte Konflikt, und an diesem Punkt tritt die gesamte innere Zerrissenheit der Gegenwart zutage. Die ungelöste Frage, an der sich das theoretische Dispositiv unserer Zeit in zwei Kräfte spaltet, ist diese: *In welche geschichtliche, begriffliche, theoretische Beziehung zueinander treten Souveränität und Biopolitik postmodern?* Und, noch weiter und historischer gefragt: *Was wäre das Paradigma der Souveränität vor dem Horizont der Biopolitik? Und wozu kann, wozu wird es werden?* Zu einem hartnäckigen Bodensatz einer längst überholten Geschichte, einem auch am Beginn des 21. Jahrhunderts noch glimmenden Funken? Oder bleibt Souveränität des Politischen, mithin des Staates einfach der Weisheit letzter Schluss, da sie zugleich Anfang und Ursprung aller Politik an sich ist?

XI

Zwischen diesen gegensätzlichen Deutungsmöglichkeiten bleibt nicht nur die Beziehung zwischen Postmoderne, der ihr vorausgehenden Moderne und deren historisch-„vertikaler" Vergangenheit in der Schwebe, sondern auch das Verhältnis zwischen der (Post-)Moderne und ihrer Zukunft. Was war der Totalitarismus des 20. Jahrhunderts im Verhältnis zur vorherigen Gesellschaft, und was wird er im Verhältnis zur kommenden Gesellschaft gewesen sein? War er ein Grenzwert, ein Exzess der traditionellen äußeren souveränen politischen Macht, an dem die damals erst implizit operierende Biomacht zunächst noch zerbrach – oder war er vielmehr ihr eigentlicher Beginn und ihre eigentliche Wahrheit, die sich durch sie und in ihr erst noch entfalten wird?

Warum *Foucault* sich hierauf selbst eine endgültige Antwort verweigerte, ist offenkundig. Würde es keinen Unterschied zwischen souveräner politischer Macht, Totalitarismus und Biopolitik geben, dann wäre man gezwungen, den totalitären Völkermord des 20. Jahrhunderts als bestimmendes Paradigma oder zumindest als unabwendbaren Ausgang der Moderne hinzunehmen. Das aber wäre mit dem Sinn für Unterscheidungen in der Geschichte unvereinbar.

XII

Die Schwierigkeiten, die Unschlüssigkeiten, die hier hemmen, gehen weit über die einfache Frage historischer Periodisierung der Formen des Politischen hinaus. Sie erfassen den Begriff Biopolitik zumindest negativ in seinem gesamten logischen und semantischen Umfang. Nach meinem Empfinden ist dieser hermeneutische Stillstand letztlich wie gesagt eben dadurch bedingt, dass die beiden Wort-Teile der Kategorie „Biopolitik", obwohl sie sich auf der theoretischen Ebene gegenseitig implizieren, auch historisch nur äußerlich verbunden sind, in Wahrheit aber doch getrennte Kreisbahnen beschreiben.

Und nicht nur das: die Wort-Teile selbst bleiben letztlich weiterhin auf seltsame Weise in sich undefiniert und ohne Zuordnung genauer Qualitäten. Denn was genau versteht man unter „Leben", was unter „Politik"?

XIII

Wie häufig angemerkt, hat die Frage nach dem Wesen der *Macht Foucault* zumindest für eine lange Phase seines Denk-Lebens in ihren Bann geschlagen. Zu einer eindeutigen Begriffsklärung von *Politik* ist er jedoch nie vorgestoßen. Denselben Vorwurf fehlender oder zumindest unzulänglicher Bedeutungs-Festlegung kann man auch hinsichtlich seines Gebrauchs des zweiten Terminus, *Bios*, erheben. „Leben" wird bei *Foucault* zwar in seinen geschichtlich-institutionellen und sozial-wirtschaftlich bedeutsamen Verästelungen beschrieben, entbehrt aber einer überzeugenden epistemologischen Absicherung und Verankerung. Eben deshalb bleibt die Kategorie Biopolitik bei ihm letztlich als positives politisches Unterfangen unartikuliert, festgefahren in ihren inneren Grenzen und Polarisierungen, zwischen denen offenbar keine Annäherung möglich ist. Foucault scheint der Überzeugung gewesen zu sein: *Entweder ist das Leben schon immer in der Macht gefangen, die es von sich selbst trennt und damit entfremdet. Oder die Politik bleibt Teilmenge einer Lebensebene, die sie völlig in sich aufsaugt und damit ihres eigentlichen Wesens entblößt.*

XIV

Was sich also an der Leitkategorie „Biopolitik" noch nicht eingestellt hat, ist eine Linie, ein Bogen, eine Wegbeschreibung hin zu einer organischeren und komplexeren Verknüpfung ihrer beiden Teilbegriffe, die für unsere Zeit aufschlussreich sein könnte, weil sie ihrem Potential nach wesentliche Aspekte ihres Politischen aufschließen kann. Diese Verknüpfung der Teilbegriffe wird das 21. Jahrhundert leisten müssen, um die Verbindung von Leben und Politik nicht nur neu zu denken, sondern sie im Zuge der neuen – und nun sehr real werdenden – Biopolitiken zu untersuchen. Ohne diese Verknüpfung ist jede künftige Philosophie meines Erachtens sogar weitgehend zum Scheitern verurteilt, weil sie an das nicht mehr herankommen wird, was sich, wie das künftige Politische, genau am *Schnittpunkt zwischen Politik, Leben und Technik* ereignen wird.

XV

Ich persönlich bin der Überzeugung, das fehlende Bindeglied zwischen den Polen „Politik" und „Leben" im Paradigma der *Immunisierung* gefunden zu haben.

Warum kann ich das behaupten? In welchem Sinn kann „Immunisierung" das semantische Vakuum *Foucaults* füllen, eine Brücke zwischen den beiden Pfeilern des Begriffs Biopolitik schlagen – und damit vielleicht sogar eine neue kritische Kategorie des Politischen eröffnen?

Zunächst ist anzumerken, dass der Grundbegriff „Immunität" im täglichen Sprachgebrauch genau auf den Berührungspunkt der beiden gegebenen Wort-Teile zielt: nämlich auf die Schnittmenge der beiden Kreise „Politik" (einschließlich „Recht") und „Leben". *Juridisch-politisch* bedeutet der Ausdruck „Immunität" die befristete oder immerwährende, auf ein Individuum beschränkte Entbindung von bestimmten Pflichten oder auch von strafrechtlicher Verfolgbarkeit. Der *medizinische* Fachausdruck „Immunität" meint die natürliche oder künstlich erworbene Unempfänglichkeit eines lebenden Organismus gegenüber einer bestimmten Krankheit.

XVI

Das darauf aufbauende Paradigma der *Immunisierung* erlaubt eine erste Annäherung der beiden im Prinzip auseinanderstrebenden Tendenzen von Biopolitik: der bejahenden, produktiven und der verneinenden, todbringenden Tendenz. Biopolitik verneint entweder das Leben – oder aber sie beschleunigt seine Entwicklung. Entweder vergewaltigt sie es – oder sie schützt und vermehrt es. Und zwar beides von innen heraus, nicht mehr äußerlich-disziplinierend.

Der Vorzug des Immunisierungsparadigmas besteht nun genau darin, dass diese entgegengesetzten Kraftrichtungen – positiv und negativ, bewahrend und zerstörend – einer gemeinsamen Form eingegliedert werden können. Dies deshalb, *weil die Immunisierung eine Form von negativem Schutz ist.* Damit ist gemeint, dass Immunität, so notwendig sie für den Schutz unseres Lebens ist, genau dieses verneint, wenn sie ein bestimmtes Maß überschreitet. Die Aussage, mit der man den Doppelcharakter der Immunität bezeichnen könnte, lautet: „Schutz durch Negation des Lebens". Aber sie könnte genauso lauten: „Schutz *ist* (im Fall der Immunität) Negation des Lebens".

XVII

Das ist so zu verstehen, dass ein immunisierend beschaffener Schutz, wenn er ausufert, das Leben in einen Käfig, in eine Rüstung zwängt. Wer etwas zu viel schützt, vernichtet es. Denn mit zuviel Immunisierung beraubt er es sowohl seiner Freiheit als auch seines eigentlichen existentiellen Sinns – also all dessen, was überindividuelle und kollektive Existenz ausmacht: nämlich soziale Bewegungsfreiheit, das Hinauslehnen der Existenz aus sich selbst, die Ausgesetztheit als bestimmenden Anteil der Existenz. Ich nenne das zusammenfassend *communitas*, was man mit *Gemeinschaft*, aber auch mit *Kommunion* (mit der Realität) übersetzen könnte.

Ohne Zweifel: wenn wir uns in unsere Räume einschließen, schließen wir jegliche Ansteckungsgefahr aus. Aber ist das dann noch wahres Leben: ein Leben, das zu leben sich lohnt?

Es ist dies der furchtbare Widerspruch am Beginn des 21. Jahrhunderts: Das, was die Sicherheit des individuellen und politischen Körpers gewährleistet, ist zugleich das, was ihn an seiner Entwicklung hindert und sogar droht, ihn letztendlich zu vernichten. Unter diesem „das" sind zum Beispiel Freiheit und Pluralität. Und das Bedrohliche der Sicherheit gilt nicht nur dann, wenn sie bestimmte Ausmaße überschreitet. *Walter Benjamin* würde es so ausdrücken: Immunisierung ist das Opfer, welches das Lebende, nämlich jede qualifizierte Lebens-Form, auf dem Altar des Überlebens darbringt – also eine Reduzierung des Lebens auf seine nackte biologische Seinsschicht, um weiter zu sein.

XVIII

Das ist die *politische* Dimension. Andererseits findet sich die paradoxale Verquickung zwischen Schutz und Verneinung des Lebens auch im Vorgang *medizinischer* Immunisierung. Es ist bekannt, dass die Impfung gegen eine Krankheit dadurch erfolgt, dass dem Organismus kontrollierte und vertretbare Mengen von Erregern verabreicht werden. Das bedeutet, dass das Heilmittel aus demselben Gift besteht,

vor dem es den Empfangenden schützen soll – gleichsam als ob jemand nur dadurch
am Leben erhalten werden könnte, dass man ihn am Tod nippen lässt: indem man
ihm dasselbe Leiden einimpft, vor dem er bewahrt werden soll. Das griechische
Wort *pharmakon* hat von Anfang an diese Doppelbedeutung von „Heilmittel" und
„Gift" – das Gift als Heilmittel, die Heilung durch das Gift.

XIX

Übertragen wir diese immunologische Praxis auf den politisch-gesellschaftlichen
Organismus, dann stehen wir vor derselben Antinomie, demselben paradoxalen
Kunstgriff: Die mittlerweile zur Gewohnheit gewordene, kontinuierliche Erhöhung
der politisch-institutionellen Alarmbereitschaft gegenüber dem Risiko in Zeiten
des Terrors hemmt das Wachstum der Gesellschaft. Ja es führt sogar in manchen
Strängen zur ihrer Rückentwicklung in ein primitiveres Stadium sowohl der individuellen Freiheit als auch der Grund- und Gemeininteressen.

Mehr noch – es gibt einen Punkt, jenseits dessen die engmaschig programmierte
Vorbeugung gegen Gefahren selbst zur Gefahr wird. Ganz so, als ob sich die Wahrnehmung der Gefahr dem steigenden Bedürfnis nach Sicherheit anpassen würde,
anstatt die Schutzmechanismen dem effektiven Risiko anzugleichen. Es ist derzeit
in manchen politischen Sektoren und im Hinblick auf manche Strategien so, wie
wenn man eine Gefahr künstlich erzeugte, um sie dann kontrollieren zu können.
Macht funktioniert umso besser, je steiler die Gefahrenkurve ansteigt.

XX

Das meiste dieser Mechanismen gehört bereits zum *modernen* Erfahrungsschatz.
Mein Eindruck ist aber, dass wir uns *postmodern* nun einer Grenze nähern – ja
dass wir sogar im Begriff sind, diese Grenze zu überschreiten, jenseits derer der
Mechanismus der gegenseitigen „immunologischen" Aufladung zwischen Sicherheit und Risiko, zwischen Schutz und Verneinung des Lebens aus den Fugen zu
geraten droht.

Vor Augen führen können wir uns das, was dann geschehen könnte, wenn wir
bedenken, was sich bei einer sogenannten *Auto-Immunerkrankung* abspielt. Diese
Krankheit besteht darin, *dass das körpereigene Abwehrsystem in einer derartig
übersteigerten Agenz arbeitet, dass es den eigenen Organismus angreift – also genau
dasjenige System bis zur Lebensgefahr bedroht, dessen Schutz seine eigentliche Aufgabe wäre.* Natürlich ist das Immunsystem notwendig, und zwar jederzeit. Kein

physischer oder gesellschaftlich-politischer Organismus könnte ohne es überleben. Aber in dem Augenblick, in dem es übermächtig wird, steuert es unaufhaltsam der Auto-Immunerkrankung: der *Implosion* der Abwehrkräfte durch ihre Übersteigerung entgegen.

XXI

Das genau ist es, was seit dem globalen Krieg gegen den Terror, seit den zunehmenden Anschlägen in Europa und seit der Mediatisierung der Massaker von IS verstärkt weltweit auf politischer Ebene einzutreffen droht. Ich behaupte, dass zwischen dem Immunitätsparadigma und dem drohenden Welt-Bürger-Krieg eine doppelte Koppelung besteht. Diesen Krieg gibt es (zumindest in Anfängen und Vorzeichen), weil das Immunitätsparadigma gewisser politischer und religiöser Sphären einen übersteigerten Punkt erreicht – und sich damit, außer Kontrolle geraten, zu einer Wahnsinns-Spirale entwickelt hat.

Die manifesten Kriege des 21. Jahrhunderts haben demnach eine andere Qualität als die vorherigen. Sie sind zugleich Ursache und Wirkung der genannten Spirale. Wirkung deshalb, weil sich der Krieg als die höchste Anspannung der Immunitätskräfte rechtfertigt. Es ist – um nur ein Beispiel zu nennen – bekannt, dass der Globalisierungsprozess gerade dadurch, dass er Grenzen öffnet und die Berührung zwischen verschiedenen Kulturen, Gefügen, Sprachen in Gang setzt und vervielfältigt, im Gegenzug auch vermehrt politische und soziale Abwehrhaltungen erzeugt: Eine krampfhafte Suche nach örtlicher Identität und völkischer Zuordnung, damit kulturelle Abschottung heraufbeschwörend. Dem Fall der großen Mauern steht zeitgleich und in ein und derselben Bewegung die Errichtung unendlich vieler kleiner Mauern gegenüber, seien sie nun wirklich oder nur symbolisch – auch wenn das oft unterschätzt wurde und wird.

XXII

Der Krieg als Bewältigungs-Paradigma ist der tragische Endpunkt dieser Entwicklung. Er ist der Höhepunkt einer ausgeprägten „Immunitätskrise", von der nunmehr die gesamte Welt gezeichnet ist. Ich verwende den Ausdruck „Immunitätskrise" hier in demselben Sinn wie *René Girard*, wenn er von „Opferkrise" spricht – und damit den Extremfall meint, in dem die Opferlogik aus dem symbolisch-rituellen Bereich ausbricht, konkret politisch wird und eine ganze Gesellschaft in den Strudel der Gewalt und der Selbstopferung mit hinunterreißt.

Ein Beispiel dafür ist die tödliche Besessenheit, mit welcher der islamistische (nicht islamische) Integralismus und Fundamentalismus die eigene religiöse, ethnische, kulturelle Reinheit vor jedweder „Verunreinigung" durch westliche Säkularisierung zu schützen entschlossen ist. Der Augenblick, in dem die kapitalistische Selbstimmunisierung des Westens gegen die Nöte der restlichen Welt und der islamische Fundamentalismus mit seiner religiösen Selbstimmunisierung miteinander kollidieren, hat die Welt in einem Krampfanfall erzucken lassen, der dem Krankheitsbild der Auto-Immunerkrankung entspricht: Der Überschuss an Abwehr gegen körperfremde Elemente hat sich – in gewisser, wenn auch sehr unterschiedlicher Weise bei beiden – gegen den Körper selbst gerichtet. Mit potenziell fatalem Ausgang.

XXIII

Wie ist das sich daraus ergebende größere Bild beschaffen?

Auf der einen Seite steht die „volle" Wahrheit des islamistischen Fundamentalismus. Ihr gegenüber steht die „leere" Wahrheit des westlichen Nihilismus, eines nunmehr weitgehend „total" säkularisierten Christentums. Das ist die immanente, die eigentliche „biopolitische" Kriegsfront: Auf der einen Seite die radikal-islamistische Position, laut der die Wahrheit mit sich selbst identisch und absolut sein muss. Die Wahrheit besteht darin, dass es eine Wahrheit gibt, und diese Wahrheit steht in einem Buch. Auf der gegenüberliegende Seite geht der Westen in Stellung, für den die Wahrheit die ist, dass es keine Wahrheit gibt, da nur mehr das Prinzip technischer Leistungsfähigkeit und die Logik des Gewinns Gültigkeit haben. Diese beiden Wahrheiten sind es, die eine voll, die andere leer, die eine anwesend, die andere abwesend, vielleicht auch die eine „stark", die andere „schwach", aber beide ausschließlich und ausschließend, die innerhalb desselben globalisierten Immunitätssystems gegeneinander Krieg führen.

XXIV

Die Zusammenhänge zwischen diesem „post-traditionellen" (und als solchem höchst komplexen) Krieg und der Leitkategorie der Immunisierung reichen aber noch weiter. Denn der Krieg, selbst im Kern ein Kind von Immunisierung, ist seinerseits der Vater neuer Forderungen nach noch mehr Immunität gegen die alarmierenden Ansteckungsgefahren, die von „Terroristen" und anderen „Anderen" medial und faktisch heraufbeschworen werden. Das, was sich in den Wochen unmittelbar nach dem 11. September abgespielt hat, spricht Bände auch noch für das, was sich nach den Anschlägen von Paris 2015 vollzogen hat: Ein politisch-soziales Immunisierungsfieber, das scheinbar die ganze Welt erfasst hat.

XXV

Dass aber im Gegensatz zu den im Mittelpunkt stehenden Bedrohungsszenarien heute die größte Bedrohung von *biologischen* Waffen ausgeht, ist in dieser Gesamtkonstellation zutiefst bedeutsam. *In unserer Zeit ist es nicht mehr allein der Tod, der dem Leben nach dem Leben trachtet, sondern es ist das Leben selbst, das zum zielsichersten Tötungsinstrument wird.* Was ist ein Selbstmordattentäter, wenn nicht ein Fragment Leben, das sich auf das Leben anderer stürzt, um es auszulöschen? Und schließlich, als Spiegelung dazu: Während der Luftangriffe der NATO auf Afghanistan haben die angreifenden Flugzeuge jeweils sowohl Bomben als auch Lebensmittel abgeworfen – der äußerste Nachweis, dass die gegenwärtige Biopolitik mittlerweile nicht mehr in der Lage ist, zwischen ihrem Sinn und seiner Umkehrung zu unterscheiden, also zwischen sich und einer wörtlich zu verstehenden Todespolitik.

XXVI

Ohne an dieser Stelle näher darauf einzugehen, wo im einzelnen die politischen, sozialen und kulturellen Ursachen für diesen Stand der Dinge zu suchen sind, möchte ich abschließend eine meines Erachtens grundlegende Tatsache für die Zukunft des Politischen festhalten. Legen Sie die Geschicke der Welt, also des menschlichen Lebens in seiner Gesamtheit, in die Hände einer *autoimmunitären Herrschaft*, welche die politisch-sozialen Krankheitsbilder nicht überwinden, sondern auf den gesamten Globus übertragen wird – und die Menschheit wird kaum Aussicht auf Gedeihen haben.

Zugleich aber ist nach gegenwärtigem Stand *nicht* zu erwarten, dass die heutige, bis zu einem gewissen Maß auch aus den unterirdischen Nachwehen der Totalitarismen des 20. Jahrhunderts hervorgegangene Weltkrise mit dem begrifflichen Werkzeug und den selbsterhaltenden Strategien des modernen politisch-immunitaristischen Wortschatzes gelöst werden könnte. Zu meinen, man könne über die mittlerweile verengten Kapillargefäße souveräner politischer Körper oder des internationalen Rechts das Leben retten oder gar vermehren: Das ist ein Gedanke, der keine neuen Perspektiven eröffnet. Denn daraus würden mehrheitlich ein weiteres Mal Maßnahmen und Entscheidungen erwachsen, die außerhalb der im engeren Sinne weltlichen Dimension von Leben angesiedelt sind, weil sie sich auf einer abstrakteren Ebene konstituieren.

XXVII

Ich würde sogar sagen, dass Politik im herkömmlichen Sinn das Leben *nicht* retten kann. Vielmehr ist es die Politik, die vom Leben *neu gedacht* werden kann und muss, von dem sie immer abhängig war, auch in den modernen Zeiten, in denen sie es sich einverleiben und den eigenen Zwecken unterordnen wollte. Damit aber das Leben seinerseits der Politik einen neuen Sinnhorizont eröffnen kann – die Politik also *wiederbeleben* kann – muss auch der Begriff *Leben* genauer neu gedacht werden. Vor allem muss er befreit werden aus seiner Reduktion auf die biologische Ebene, aus diesem in tragische Erfüllung gegangenen Traum der Biopolitiken des 20. Jahrhunderts.

Wenn Leben, wie heute vielfach angenommen, eine „senkrecht normierte" Verbindung zwischen Geburt und Tod ist, deren Verlauf inhaltlich und zeitlich von vornherein determiniert ist – dann freilich hat es der Politik nichts zu sagen und auch nichts zu bieten. Es kann ihr keine Orientierungshilfe sein, weder für das praktische Handeln noch für die Reflexion. Sondern es wird sich, undifferenziert und blind, immer wieder seiner selbst entäußern, sozusagen seiner Natur nach stets einer für es blinden Macht und ihren zerstörerischen Mitteln zum Opfer fallen: dem Tod. Wenn Leben aber in seiner Vielfältigkeit verstanden wird, in seiner unreduzierbaren Komplexität, als Erscheinung also, die wegen ihrer Mehrdimensionalität immer über sich selbst hinausweist und immer schon über sich hinaus ist, also niemals „nur Leben allein" ist, wenn Leben in seiner Tiefe und in seiner prinzipiellen Wandelbarkeit gedacht wird, dann ändert sich das Bild. Dann kann Lebendes neue Fragen an die politische Reflexion stellen – und darüber hinaus zum Angelpunkt werden, mittels dessen eine Umkehrung der Perspektive möglich ist.

Was wäre eine Politik, die im Leben nicht ein *Objekt*, sondern ein *Subjekt* sieht? Wie könnte eine Politik nicht mehr *über* das Leben, sondern *des* Lebens gedacht werden?

XXVIII

Von diesem Gesichtspunkt ausgehend, der der Politik und dem Leben interagierende Rollen zuweist und sich dadurch selbst anreichert, ist es möglich, einen Ausblick auf jenes noch fehlende Bindeglied zu gewinnen, das zur Differenzierung der Herrschaftsform Biopolitik führen kann. Wird es dem 21. Jahrhundert möglich sein, *Subjekt* statt *Objekt* von Biopolitik zu sein? Ist eine affirmative statt destruktive Biopolitik vorstellbar?

Um diese Möglichkeiten zu erkunden, ist es nötig, den modernen (und modernistischen) theoretischen Horizont zu verlassen, der die Biopolitik bisher eingegrenzt hat – oder zumindest den entsprechenden Wortschatz einer epistemologischen und theoretischen Überprüfung zu unterziehen. Die Kategorie der *Immunisierung* versteht sich als ein erster Schritt in diese Richtung. Immunität ist das, was Gemeinschaft und Leben hinsichtlich ihres *negativen Schutzes* oder der *schützenden Negation* verbindet.

Die Politik war immer der Nährboden, die Form für eine solch zerstörerische Verbindung zugunsten einer Schutzeinrichtung. Sie war der Inbegriff der Immunität. Nun aber, am Beginn des 21. Jahrhunderts mit seinen neuartigen Problemen und Fragestellungen, drängt sich eine grundsätzliche Frage im Hinblick auf das Politische auf – und auf sie gibt es keine vorgefertigte Antwort: *Ist eine politische Praxis denkbar, in deren Reichweite es liegt, das Leben der Gemeinschaft zu bewahren und zu mehren, das gemeinsame und gemeinschaftliche Leben, ohne unter die negative Klausel der Immunitätsdialektik zu fallen, das heißt: Ohne ihrem aus Übertreibung hervorgehenden Opferdispositiv zu erliegen?*

XXIX

Ich denke, dass die Antwort auf diese Frage nicht außerhalb des Immunisierungsparadigmas selbst zu suchen ist – es ist schließlich die unabdingbare Voraussetzung für die Erhaltung des Lebens –, aber auch nicht in seinem Inneren. Sondern sie ist vielmehr genau an der Schwelle anzusiedeln: An jenem Rand, der den Immunitätsbegriff einerseits abgrenzt und ihm zugleich den Austausch mit seiner eigenen Kehrseite ermöglicht. Genau dort, in den noch unbekannten Ressourcen unseres Immunsystems, sind die Antworten auf eine Frage zu suchen, die vorläufig noch nicht einmal exakt formulierbar ist, an die aber unser Schicksal gebunden scheint.

XXX

Was bleibt?

Ich denke zusammenfassend, es ist an der Zeit, mittels einer neuen Semantik unter dem Gesichtspunkt des Lebens und seiner Mechanismen neue Denkwege für das Politische, die Politik und das Gemeinwesen zu eröffnen. Das ist aber nur unter der Voraussetzung möglich, dass die gebräuchliche Identifikation von Immunsystem mit einem Schutzwall oder gar einem reinen Verteidigungsmechanismus in Frage gestellt wird. Es bedarf auch anderer Gedankenschemata dafür, was die Identität des Individuums ausmacht, so dass diese nicht weiter als gegebene Tatsache, sondern als jeweiliges Ereignis und Ergebnis eines permanenten Austausches mit der Umgebung angesehen wird.

XXXI

Ich möchte mich in dieser Blickrichtung hier darauf beschränken, eine – letzte – Kategorie wiederzubeleben, in der Absicht, die Analyse weiter zu entwickeln und zu ergänzen. Es geht um den Begriff *Geburt*. Dieser Begriff im besonderen verdeutlicht, wie unzulänglich oder sogar unbefriedigend die Idee eines lediglich der Selbsterhaltung dienenden Immunsystems ist. Dass das Immunsystem in der Schwangerschaft nicht nur das Heranwachsen einer anderen Identität, ausgestattet mit einem anderen Immunsystem, im Mutterleib duldet, sondern diesen anderen Organismus in direkt proportionalem Maß zu seiner Verschiedenheit vor der Vernichtung schützt, zeugt davon, dass die biologische Abwehr nicht so sehr ein Schutzwall oder gar eine Waffe gegen Fremdes, sondern vielmehr ein Filter, eine Membran ist, welche Schallwellen zwischen einander fremden Medien überträgt.

Dieser Mechanismus dient – wie könnte es anders sein – hier als Metapher *für eine mögliche Seinsart des künftigen politischen Körpers*: Für eine *neue politische Weltordnung*, die auf der Verschiedenheit ihrer Anteile beruht. Während der Schwangerschaft ist es gerade der Unterschied zwischen den zwei sich miteinander verbindenden Organismen, der Sorge für das Ergebnis dieser Verbindung trägt. Die *Mutter* ist verschieden vom Kind; das Kind ist verschieden von der Mutter. Und dennoch: Eben in dieser Verschiedenheit liegt der Ursprung des Lebens, der in der Geburt seine Vollendung erfährt. Das Neugeborene kommt als Eindringling zur Welt: als Fremder, fremd nicht nur für diejenigen, denen es zum ersten Male begegnet, sondern fremd sogar für die Mutter, die es im Spannungsfeld zweier verschiedener und an sich gegnerischer Immunsysteme ausgetragen hat.

XXXII

Dieser Blick auf den Ursprung des menschlichen Seins schärft die Wahrnehmung – und erschließt uns zugleich auch ein ethymologisches Geheimnis im Kern westlichen Denkens. Und zwar jenes der Beziehung zwischen *hospes* und *hostis*, also zwischen Feind und Gast. Das Neugeborene, das zum ersten Mal die Welt betritt, ist die seit Anbeginn der Menschheit sich wiederholende Wirklichkeit, dass nicht nur der Fremdling oder der Eindringling, sondern sogar der potenzielle Feind – mindestens dieses eine erste Mal, jedenfalls unter dem Gesichtspunkt des Immunsystems – beherbergt worden ist. Und das nicht *trotz*, sondern *gerade wegen* seines Andersseins.

Dass gerade eine Denkerin wie *Hannah Arendt*, die wie kaum eine andere auf dem Kontrast zwischen Politik und (biologischem) Leben bestanden hat, die *Kategorie der Natalität* zum essentiellen Kriterium für die Definition und Bewertung politischen Handelns erhoben hat, ist damit zu erklären, dass Geburt in einem gewissen Sinn dasjenige biologische Ereignis ist, das sich am wenigsten biologischen Mechanismen unterordnet – und dadurch weit mehr als anderes den komplexen und keineswegs durch ihre schieren Mechanismen beschreibbaren Charakter der Biologie verdeutlicht. Wenn nämlich die Bedeutung von „Mechanismus" eine Verknüpfung von Ursache und Wirkung impliziert, in der keine Abweichungen oder unvorhersehbaren Ergebnisse möglich sind, dann entzieht sich das Phänomen der Geburt schon allein durch seine Unberechenbarkeit und Veränderlichkeit einer etwaigen Unterordnung unter die Kategorie der Mechanisierung. „Das Wunder, das die Welt, nämlich den Spielraum des Menschlichen, vor seinem natürlichen Untergang bewahrt", schreibt Arendt, „ist letztlich die Natalität, in der ontologisch die Möglichkeit zu handeln verankert ist. Mit anderen Worten, zur Geburt neuer Menschen, zu einem neuen Anfang, sind Menschen deshalb fähig, weil sie selbst geboren worden sind."[2]

Geburt ist also demnach keine *Funktion*. Sie ist vielmehr eine *Erfahrung* sowohl für den Menschen, der geboren wird, als auch für die Mutter, die ihn zur Welt bringt.

XXXIII

Schließen wir damit ab. In einem noch direkteren Zusammenhang mit dem bisher Gesagten steht der Umstand, dass die Erfahrung des Geboren-Werdens – oder, von der Mutter aus gesehen, des In-die-Welt-Setzens – *innerhalb* des Immungeschehens, von dem sie letztlich abhängig ist, die Rückkoppelung zwischen Schutz und Negation des Lebens durchbricht. Bei der Geburt besteht nämlich der Schutz des Fötus in einer absoluten Bejahung: das Leben behauptet sich selbst, in seiner Einmaligkeit und zugleich Wiederholbarkeit. Es behauptet sich *als solches*. Es

---

2 H. Arendt, *Vita activa*, Bompiani, Milano 1965 (1988), S. 182. Übersetzt aus der italienischen Fassung durch den Herausgeber.

entledigt sich der umgebenden Schutzhülle – und ist durch eben diesen Akt der Selbstbehauptung geschützt. In diesem Fall werden Erhaltung und Erneuerung eins. Erhalten bleibt beides, das Potential, Leben zu erneuern, und das Leben selbst als Erneuerungspotential.

Vor dem Hintergrund der beschriebenen Antinomie – der Aufnahme des „inneren Feindes" einerseits (Schwangerschaft) und dessen erneuernder Freisetzung (Geburt) andererseits – wird klar, dass die Verknüpfung zwischen der Immunfunktion und ihrer eigenen Umkehrung geradezu ein essentieller Bestandteil jeder wahren Immunität ist. Die Geburt ist der Ursprung, in dem *immunitas* und *communitas* eins werden und eins sind – wobei erstere die Wirkung der zweiten nicht aufhebt, sondern potenziert und erweitert. Das Neugeborene ist Träger – als Einzelwesen, aber auch als unendlich Vielfaches – eines *munus*, in seiner ursprünglichen Bedeutung von *Gabe*, und genau damit verbunden gleichermaßen mit Wagnis und Verpflichtung.

XXXIV

Die „Gabe" ist das Leben, das sich von anderen, von einer Anderen und einem Anderen, geschenkt bekommen hat. Im Unterschied zu jedem Aneignungsvorgang ist es jedoch nicht so, dass hier aus zwei Teilen ein Ganzes wird; sondern es ist das Ganze – der Mutterleib –, der sich zweiteilt und einen seiner Teile, einen Teil des eigenen Lebens, an ein anderes Leben weitergibt. Darin verbirgt sich das Wagnis – als Bürde an den *munus* gebunden – sei es für die Gebende, sei es für das Beschenkte (das eigentlich selbst im wörtlichsten Sinne eine Gabe ist, ein „Geschenktes").

XXXV

Genau an diesem Punkt nun berührt *Immunitas* ihre eigene *natürliche Umkehrung* nicht wie im Welt-Bürger-Krieg in paradoxalem und wahnsinnigem, sondern in harmonischem und kosmisch-natürlichem Maß. Sie schließt nicht nach außen ab, bindet sich nicht an das Gegebene, behält sich selbst nicht vor, sondern sie gibt frei und projiziert nach außen. Das Innere öffnet sich und kehrt sich nach außen. Die Geburt kann weder eingefordert noch vorgegeben werden. Denn ihrer Form und ihrem Inhalt nach setzt sie etwas aus. Dieses Aus-Setzen wird zur Gefährdung für sein Objekt, das zugleich Subjekt ist: Sobald die Nabelschnur, die Verbindung mit dem schützenden Mutterleib, durchtrennt ist, ist das Neugeborene ausgesetzt, ist es nacktes Leben – aber nicht im Sinn primitiver biologischer Existenz, sondern in der Bedeutung von ausgesetzt, *ex-sistent*, einzig und allein durch die Kraft des Lebens selbst geschützt.

XXXVI

An dieses *Geschenk der Aussetzung* ist aber auch eine *Pflicht* gebunden, die allen Beschenkten – also jedem einzelnen Menschen – auferlegt ist. Es ist die Pflicht jedes Einzelnen jedem anderen Einzelnen gegenüber. Diese Pflicht ist nicht – oder nicht nur – ethisch, sondern weit umfassender zu verstehen. Inwiefern?

Ich will damit sagen, dass die Pflicht, die mit der Geburt verbunden ist, noch vor jeder (politischen, sozialen) Ethik beginnt. Und zwar deshalb, weil sie schon vor der Dimension der *humanitas*, der Grundlage jeder Ethik, zu sein begonnen hat – verwurzelt in dem Urgrund, in dem *humanitas* noch gar nicht *humanitas* im herkömmlichen oder philosophischen Sinn ist.

Das aber, was jenseits des Urgrundes auf der Seite der *humanitas* im Feld des bekannten Politischen – der Politik herkömmlicher Art – liegt, ist das Werk unserer Tradition. Es ist der von unserer Tradition geschaffene und empfundene Kontrast zwischen *humanitas* und *bios*, wobei *bios* das Urmedium meint, in dem das reine Leben, die *zoe* der Griechen, innerhalb seiner selbst zu etwas „Anderem" als es selbst wird. Die Geburt aber ist in gewisser Weise der *bios* der *zoe* oder die *immunitas* der *communitas* – ein Gedanke, der in dieser Form vielleicht erst in unserer Zeit langsam denkbar zu werden beginnt. Vielleicht kann er irgendwann den Grund für ein *neues Politisches* bilden.

Gegenwart und Gegenwärtigkeit als politische Ideen
Elemente für eine Neuorientierung des Politischen unter den Bedingungen der Zeit

Ugo Perone

Dem Auge, das über die Erde schweift, das einfach ihren äußeren Umrissen folgt, ihr Antlitz nachzeichnet, erschließt sich die Natur – offenbar ganz ohne Bedrohlichkeit oder Gefahr. Das Auge kann die Natur im Allgemeinen mühelos aus der Betrachtung der Oberflächen erschließen.

Was erkennt das italienische Auge, wenn es die deutschsprachige Landschaft überstreicht – ohne Eile, behutsam und ohne Bigotterie? Es erkennt staunend, dass diese, wie *Siegfried Lenz* einmal sagte, keine Oberfläche besitzt. Ihre Züge sind selbst im Sonnenlicht noch von einer Strenge, die das südliche Auge zugleich beeindruckt und befremdet. Alles ist nur Tiefe – eine Tiefe ohne Oberfläche, aber auch ohne Leichtigkeit.

Und das Politische, über die Politik hinaus? Wie wird es demnach zwischen italienischem und deutschsprachigem Blick im künftigen Europa erscheinen? Welche Züge wird es annehmen? Wie kann die italienische Politikerfahrung mit der deutschsprachigen so kommunizieren, dass beide vorankommen – und dass Europa davon profitiert?

I

Die Farben *Emil Noldes* – von ihm ist ja in *Lenz'* „Deutschstunde" die Rede – fangen die Tiefe des deutschsprachigen Mitteleuropas mit gnadenlos expressionistischer Gebärde ein. Die Zeit scheint innezuhalten. Im senkrechten Licht verkörpern die schattenlosen Dinge selbst den Schatten. Einen Schatten, der mit seiner bedrohlichen Gegenwärtigkeit alles andere zu erdrücken scheint.

Noldes Landschaft ist vielleicht eine der treffendsten Metaphern für den – gesellschaftlichen, politischen, geistigen – Charakter unserer Gegenwart. Unsere Aufgabe ist es, diesen klaren und ersten Raum, diesen Himmel, diese Farbe, diese unerträgliche Tiefe hinter den Dingen, die immer deutlicher und unerbittlicher hervortritt, bewohnbar zu machen. Wir müssen unsere Augen lehren, hinter den unerbittlichen Stillstand dieser Atmosphäre zu blicken, und den Versuch wagen, ihn aus seiner ewigen Unabänderlichkeit, aber auch vom bedrohlich gegenwärtigen Schrei des scheinbar Vergangenen zu erlösen – auch wenn die Bilder dieses Vergangenen für uns allgegenwärtig sind und stillzustehen scheinen.

II

Wenn wir die *Gegenwart bewohnbar machen wollen*, zumal politisch, dann geht es zunächst darum, die zeitliche *Ekstase* der Gegenwart aus den Fängen von Vergangenheit und Zukunft zu befreien, die jeweils das Primat für sich beanspruchen und uns andauernd die Zeit, die wir jetzt haben, rauben wollen – und damit verhindern, dass wir in der Gegenwart ankommen.

Die Gegenwart, genauer: das Gegenwärtige neu *an sich selbst* zu begreifen, ist meines Erachtens Voraussetzung und Bedingung für einen neuen Blick auf die Kategorien des menschlichen Zusammenlebens: auf das politische *Ethos*. Der *vollständige Eintritt in die Zeitlichkeit* mag einer Irrfahrt gleichen. Aber ohne ihn ist weder ein Durchstoßen zu den Grundlagen noch ein neuer Zugang zu dem möglich, was trotz seiner Zeitlichkeit den Anspruch auf Dauer und auf Normwert erhebt: zum Politischen, das ich hier grundlegender fassen will, als es üblicherweise getan wird.

III

Der erste Schritt ist klar. Wir müssen, um das Politische zu erneuern, endlich in die Zeit *vor Heidegger* zurückkehren: Vor die Verwünschung, mit der er die *Gegenwart* zu einer bloßen Form von *Anwesenheit* verdammt hat. Wir müssen behutsam bei jenen Überbleibseln von Gegenwart beginnen, die dem begrifflichen und zeitlichen Verschleiß auch gegen *Heidegger* getrotzt haben.

Manches von dem, was *Heidegger* hervorgehoben hat trifft zu: Wir kennen die Gegenwart nur als (soeben) Vergangenes oder als (noch) nicht Vollendetes. Demnach träfe auf sie eher die Bezeichnung *gegenwärtige Vergangenheit* oder *gegenwärtige Zukunft* zu. Das beruht aber lediglich darauf, dass die Gegenwart, und sie ist in der Tat reine Zeit, sowohl anwesend ist wie dabei gleichzeitig ständig vergeht – und sich in dieser ihrer charakteristischen Doppelbödigkeit nicht fassen lässt, außer als etwas, was nicht (mehr) ist oder (noch) nicht eingetreten ist.

Deshalb nehmen wir, um Gegenwart zu begreifen und zu „haben", Zuflucht zu Vergangenheit oder Zukunft. Denn diese erscheinen uns als gesichertere Zeitmodalitäten, als in einer wohltuenden Ferne fixierbare Punkte, ganz im Gegensatz zum haltlosen Fließen der Gegenwart ganz im Nahen. In der Gegenwart verweilt man nicht, weil sie sich einem trotz – oder gerade wegen – ihrer intimen Nähe ständig entzieht. Um aber nicht den Verlust der eigenen Zeitlichkeit in Kauf nehmen zu müssen, betrachtet man die Gegenwart bewusst oder unbewusst als Vergangenheit oder als Zukunft. Die Folge davon ist jedoch, dass wir unmerklich nicht nur die Gegenwart, *sondern auch unsere Zeitlichkeit selbst aufgeben*, und zwar, wie nicht anders möglich, zu Gunsten unserer Verhärtung in der Vergangenheit oder unserer flüchtigen Unbestimmbarkeit in die Zukunft hinein. Jede zeitgemäße politische Philosophie sollte diese Alltagsbedingungen psycho-individueller Gegenwart in ihre Überlegungen einbeziehen.

IV

Die Gegenwart hat, gerade im Hinblick auf eine solche protopolitische Individualpsychologie, vor allem *eine* wichtige Charakteristik: sie ist nicht ewig. Wäre sie es, hätte sie keine Ausdehnung. Sie erschiene auch nicht bedroht und ständig dem Verlust ausgesetzt. Aber die Gegenwart ist auch nicht nur die gegenwärtige Stunde oder eine über die Einteilung in Stunden, Tage, Jahre getroffene Vereinbarung, außer vielleicht insofern, als mehrere Subjekte zuweilen derselben Gegenwart angehören – einer unbestimmten gemeinsamen Zone, die nicht verankert ist, sondern schwebend bleibt. Die Gegenwart ist auch nicht bloß Augenblick, sie ist keine Hypostase der bloßen Unterbrechung. Sie ist eher das *Hereinragen eines invasiven Nichts in den Horizont des Seins* – das sich, gerade weil mit der Zeit verwoben, dabei als fundamental ungesichert und schutzbedürftig erweist.

V

Wir müssen bereits an diesem Punkt eine Vorsichtsmaßnahme treffen, wenn wir das damit eröffnete Gebiet weiter erkunden wollen. Keinesfalls darf der unaufhaltsame Fluss der Gegenwart unseren Blick so bannen, dass wir *nur* mehr ihre, wenngleich essentielle, Zeitstruktur wahrnehmen. Das Eigentümliche der Gegenwart, das, was sie von der Zeitlichkeit im Allgemeinen abhebt, ist nämlich nicht das *Fließen*, sondern das *Unterscheiden*, das ihr immanent ist. *Die Gegenwart ist das, was die Vergangenheit von der Zukunft trennt – und dadurch beide sowohl unterscheidet wie auch als das konstituiert, was sie sind.* Mit anderen Worten: *Die Gegenwart ist das, was Grenzen zieht*. Sie ist das Fließen, das aufhält. Sie ist die Hand, die sich schließt – um Halt zu geben und um selbst Halt zu finden.

VI

Der *Akt der Unterscheidung*, der die Gegenwart ist, kann so unmerklich, so unerwartet sein, sich so unversehens einstellen, dass er nicht mehr als einen Augenblick wiegt: Einen Augenblick aber, der entscheidet, weil er eine Scheidelinie zwischen den Zeiten ist und deshalb die Furchen in die Geschichte pflügt. Der *Augenblick der Unterscheidung* zeichnet aber auch jene Stunde aus, der wir wechselseitig angehören und in der wir einander begegnen. Er kann sogar in seltsamer Weise als eine Art Ewigkeit anmuten, oder zumindest als ihr ähnlichstes Abbild, das wir an uns selbst erfahren können: Denn er hat etwas, das dem totalen Nicht-mehr-Sein anheim gefallen wäre, wenn er nicht während seines Geschehnisses jene Art innere Unendlichkeit erlangt hätte, die gerade im kürzesten Augenblick des Zeitlichen, ihrem (scheinbaren) Stehenbleiben, das die Zeit aufhebt, liegt – eine innere Unendlichkeit, die dem Sein zufällt und die sich für das Sein gerettet hat.

VII

All das ist letztlich aber nichts anderes als die real existierende Zeitlichkeit: also auch die *politische* Existenz der Zeitlichkeit. Anders gesagt: Es ist das Abenteuer der (politischen) Zeit, in das sich die Zeitlichkeit als Gegenwart hineinbegibt – nicht *Heideggers* Sich-Zurückziehen der (politischen) Zeit in die abstrakte Überzeitlichkeit. Die Auszeichnung der Gegenwart ist dabei aber nie das Anwesende: Sie ist nie „verfügbar" und nie einfach „hier" oder „dort". Sie ist auch nicht das Trugbild einer seit jeher gesicherten Anwesenheit irgendeiner gegebenen „Substanz" – auch wenn man davon ausgeht, es habe nie eine so simplifizierte Metaphysik gegeben, dass sie in einfachen Substanzkriterien gedacht hätte. Aber: *Wie viele Mühen um das Ewige haben wir durchlaufen...*

VIII

Sich *auf die Gegenwart als politische Kategorie zu konzentrieren*, ist aus alledem nicht nur eine von unzähligen Varianten der Zeit, die lediglich der Definition eines Weltbildes dienen. Das allerdings wäre dann der Fall, wenn die Emphase für die

Vergangenheit von der Gegenwart Bewahrung fordert, wenn die Begeisterung für die Zukunft der Gegenwart gegenüber für Veränderung plädiert oder wenn die Leidenschaft für die Gegenwart zur Verherrlichung des Provisorischen gerät. Das alles sind nicht jene Lesarten von Zeit als Politikum, die wir suchen.

IX

Freilich liegt jeder Ekstase, welcher Art sie auch immer sei, insgeheim *ein* Wunsch zu Grunde: der Wunsch zu bewahren, der Wunsch zu verändern, der Wunsch ein Zelt aufzustellen oder ein Haus zu bauen. Hier aber *ist die Zeit selbst der Wunsch*: Die Zeit, die mein ist, und die ich auf die Welt projiziere; der Rhythmus der Existenz, welche die Zeitlichkeit „heimholen" will; und in letzter Instanz, in immer neuen und verschiedenen Modulationen, die Sehnsucht nach Gegenwart als Grundbedürfnis des heutigen (westlichen) Menschen.

X

Diese Sehnsucht ist ein innerer Kompass des Politischen im 21. Jahrhundert – eines Politischen, das noch übrig ist oder erst noch kommt. Die Zeit ist ihrem Wesen nach dabei zunächst das, was ich nicht habe. Folglich ist die Zeit, die ich „habe", schlussendlich die Zeit, die ich nicht habe, weil sie immer schon Vergangenheit oder Zukunft ist. Hier verkehrt sich die Perspektive in ihr Gegenteil: die Zeit ist essentiell und ursprünglich das, was ich nicht habe. Nichtsdestoweniger stellt dieses Nicht-Haben, von dem ich als Gegenwartsmensch ständig gezeichnet und durchwoben bin, das primordiale, grundlegende Ungleichgewicht dar, auf dem mein tägliches Leben gründet.

XI

Die Gegenwart ist daher genau betrachtet die Schwelle, auf der sich das *Nicht-Haben der Zeit* (*genitivus subjectivus*) mit der *Existenz* in flüchtiger Begegnung kreuzt. Das Leben ist der immer neue Versuch, diesen schmalen Saum der Begegnung zu dehnen: Gewalt über die Zeit zu gewinnen, ihr zuzuarbeiten, ohne ihr zu unterliegen. Man muss also, kurz für den Habitus der Gegenwart zusammengefasst, ständig Zeit sparen: man muss der Zeit, die man nicht hat, habhaft werden.

XII

Aber gerade dieser Grundgestus setzt die Gegenwart in ihrer ureigensten Form: der *Gegenwärtigkeit* außer Gefecht, da er uns radikal dem Widerspruch zwischen Haben und Nicht-Haben aussetzt. Haben ist hier nämlich ein Sich-Einlassen auf etwas, in dem Aktivität und Passivität gleichermaßen legitimiert sind und in dem – vor allem – das Subjekt des Habens von Anfang an einem Anders-Sein gegenübersteht, das sich nicht fassen lässt. Dieses Anders-Sein entgleitet aber nicht etwa deshalb, weil es *anders* als das Selbst ist (der untolerierbare Positivismus der Transzendenz), sondern vielmehr wegen des Charakters der Gegenwärtigkeit selbst, in der es steht (ein Charakter, vor dem man nur allzu oft Schutz suchen möchte). Was ist damit gesagt?

XIII

Jene Gegenwart, die nicht Anwesenheit ist, die ich nicht „habe", die aber Ausgangspunkt jeder Zeit ist: Von Vergangenheit und Zukunft, konstruiert die Welt. Sie lässt sie aus ihrem unbestimmten Fluss heraustreten und verankert sie in einem Subjekt, in einer Perspektive – in derjenigen Perspektive, aus der die Welt als das erscheint, was mich hier und jetzt umgibt: als „Welt". Folglich kann diese Gegenwart auch nicht einfach eine Grenze sein, nicht nur die Linie einer Berührung, die sich über die Trennung definiert, nicht nur der Saum eines Seins, das sich dadurch konstituiert, dass es ausschließt, und auch nicht nur ein Punkt, in dem sich Unterschiede kreuzen und verhärten. Die Gegenwart ist überdies auch keine Barriere, denn als solche wäre sie unüberwindbar, während hingegen eine Unterscheidung (*Krisis*), als die wir sie zunächst zu fassen versuchen müssen, beweglich und – ständig – an das Subjekt gebunden ist, das sich – ständig – *ent*scheidet.

XIV

Gegenwart kann, so sagt es uns die Logik, aber auch nicht einfach das Überhandnehmen eines Absoluten sein, das seinerseits Tangente des Unendlichen ist. Und Gegenwart ist schließlich auch nicht einfach das Zeit gewordene *eschaton*, weil die Unterscheidung nicht im strengen inhaltlichen Sinn im Nachhinein oder während des Auseinanderfalls des Unterschiedenen *wertet*, sondern nur *eine Auswahl trifft*. Die Gegenwart unterscheidet, indem sie nicht vom Absoluten, sondern vom

Endlichen ausgeht, genauer ausgedrückt: *Indem sie das Endliche dauernd wieder in die Zeit einordnet.*

XV

Gegenwart als *ständige Krise der Unterscheidung* ist also weder Grenze, noch Barriere, noch Einbruch des Transzendenten. Sondern sie ist, ihrem ganzen Sein und Wesen nach, *Schwelle.* Sie ist endliche Materie in der Hand der endlichen Existenz, die sich durch sie in der Zeitlichkeit der Welt orientiert.

XVI

Von diesem Punkt aus kann sich weiteres ergeben. Denn eine Reihe von bedeutungsvollen Merkmalen können dem Begriff der *Schwelle* zugeordnet werden. *Walter Benjamin* vermerkt, dass eine Schwelle nicht eine *Linie,* sondern eine *Zone* ist. Zugleich aber ist diese Zone nur *a posteriori* oder *a priori* erkennbar – nämlich dann, wenn man sie tatsächlich überschritten hat oder diese Überschreitung in Form von Phantasie vorwegnimmt. Die Schwelle kann weiters nicht *bewohnt,* sondern lediglich *durchmessen* werden. Und schließlich: Wer vor einer Schwelle steht, dehnt und vertieft sie unweigerlich durch seine Wahrnehmung, ob er das nun will oder nicht.

XVII

Gehen wir diese Merkmale noch etwas genauer durch. Denn es sind *die Merkmale unserer Zeit* – auch der politischen.

Der *erste* Aspekt, den wir genannt haben, veranschaulicht das Fließend-Imaginäre der Schwelle. Die Schwelle ist der Ort, an dem Vertrautes und Beunruhigendes gleichzeitig präsent sind, so wie etwa die Türschwelle den Wohnraum einerseits schützt und zugleich nach außen öffnet. Die Schwelle hat auch einen gewissen magischen Charakter, wie etwa der Triumphbogen, der nicht den einzelnen Sieg, sondern den Sieger als das Sieghafte schlechthin feiert. *Bevor* er unter diesem Bogen durchgeschritten ist, war der Sieger jemand, der außerhalb der Heimat einen Sieg errungen hatte. *Danach* aber ist er derjenige, der innerhalb seiner Heimatgrenzen als „der" Sieger gefeiert wird. Der Sieg außerhalb ist nicht genug; beim Durchschreiten des Triumphbogens innen ist der Sieger wie durch einen magischen

Zauber zum Triumphator geworden. Der Triumph wiederum annulliert bis zu einem gewissen Maß den faktischen Bestand des Sieges, auch wenn daraus ein neuer (historisch-imaginärer) Bestand hervorgeht.

XVIII

Weiters: Die *Schwelle der Schrift* öffnet dem Kind, sobald es sie einmal überschritten hat, den Zugang zum mächtigen Instrument der Verständigung und des Zaubers, Wörter zu erschaffen und sie weiterzugeben. Aber hinter dieser Schwelle verschließt sich zugleich für immer jene Zauberwelt der geheimnisvollen Zeichen, zu der nur Kinder den Schlüssel zu besitzen scheinen. Das Kind überschreitet diese Schwelle, ohne dieser Zusammenhänge gewahr zu werden. Und eines Tages erwacht derjenige, der unter Mühen den Zeichen ihre Mysterien zu entreißen versuchte, als Leser.

XIX

Was also sind die Merkmale der Schwelle?

Rekapitulieren wir. Die Schwelle *ist* nicht, aber sie ist schon immer gewesen: Wie das, was vor mir liegt, an dem (und mit dem) ich mich messen muss. Die Schwelle ist zugleich ein Stadium, das mir, einmal durchmessen, nicht mehr angehört. In jedem Fall ist die *Wahrnehmung* der Schwelle immer *Wahrnehmung einer Zeitlichkeit*, in der ich noch nicht oder nicht mehr bin.

Unter diesem Gesichtspunkt, und obwohl die Metapher der Schwelle dem Räumlichen entstammt und also den Sachverhalt nur ungenau trifft, veranschaulicht sie ein wesentliches Element der Zeit: Nämlich das grundsätzlich Flüchtige, das essentielle Niemals-Mein, die ihr eigene Chiffre der Negativität bei größter Nähe und Intimität.

XX

Demnach kann die Schwelle auch nicht wirklich „politisch" – im herkömmlichen Sinn des Begriffs – *bewohnt* werden. Denn sie ist niemals ausschließlicher Besitz von irgendjemandem, keines Individuums, keiner Interessensgruppe und auch keiner Weltanschauung. Die Schwelle ist *per definitionem* das *Nicht-Meine*, das dennoch *für mich* ist. Sie ist *der Ort und die Zeit der Überschreitung*: Der Weg, der mir gegeben ist, die Erinnerung an das Überschrittene, auch die Erwartung des

Übergangs. *Aber sie ist nicht der Ort und die Zeit des Wohnens.* Die Schwelle ist stattdessen vielmehr Umkehrung. Denn sie verwandelt Diesseits in Jenseits, Innen in Außen, das Meine in Anderes. Sie wirkt auf das Ich, das, währen es sie überschreitet, sich seiner selbst bis zu einem bestimmten Grad notwendig entfremdet. *Die Schwelle besetzt das Ich, nicht umgekehrt; und es ist nicht das Ich, das die Zeit durchmisst, sondern die Zeit der Schwelle durchquert das Ich – und „kehrt es um".*

XXI

Was ist nun aber die Schwelle, die wir am häufigsten erfahren?

Es ist die *Gegenwart als Umbruch*: Als *Krise* oder *Schwellenzeit.* Unsere Gegenwart *ist* eine Schwellenzeit: eine nicht fixierbare Durchgangszeit, die ihren (politischen) Bestand aus der wechselseitigen Umkehrung von Vergangenheit und Zukunft bezieht – und für die das Bild der Meereswelle, von *Bergson* für die Schöpfungskraft der Entwicklung verwendet, erhellend ist.

Das Ufer ist der *Ort* der Umkehrung, an dem die Welle zur Brandung wird. Aber das Ufer ist nicht die *Ursache* dieser „Umkehrung". Denn diese Ursache ist viel komplexer und vielfältiger: sie ist nicht nur von der Beschaffenheit des Ufers, sondern auch von der Stoßkraft der Welle selbst, vom Meeresboden, von den Winden bedingt – so dass zuletzt keine Welle und keine Umkehrung einer Welle der anderen gleich ist, aber doch jede sich unabdingbar bricht und wiederkehrt.

XXII

Gegenwärtigkeit ist ebenso der absolute *Ort der Umkehrung*: ein Augenblick, und zugleich schon wieder entschwunden. Trotzdem dauert sie an. Sie geht der Welle voraus und verweilt auf ihre Weise auch nach dem Abflachen der Welle – mitunter schon gänzlich von ihr losgelöst –, bis sie von der nächsten Welle und ihrer Umkehr wieder abgeholt wird. Gegenwärtigkeit kann man nicht halten: sie geschieht jetzt, und sie ist Geschehenes; aber zugleich steht sie immer noch bevor. Und dennoch: Sobald sie geschieht, teilen sich – wie im Roten Meer – die Wasser und lassen auf der einen Seite Zukunft und auf der anderen Vergangenheit zurück.

XXIII

Und das Ich, das Selbst?

Meine Gegenwart *ist jene Schwelle, an der ich ständig von mir selbst Abschied nehme.* Oder aber nichts als vorweggenommener Wunsch, was auf dasselbe hinausläuft. Die Gegenwart *für sich selbst ist* nicht – es sei denn, ich verharre *zögernd* in ihr. Dieses Verharren ist nicht als Stillstand zu verstehen. *Denn der Augenblick kann, wenn überhaupt, nur vom tödlichen Blitzschlag der Schönheit angehalten werden.* Doch was ist Schönheit?

XXIV

Schönheit ist als Dehnung und Erzählung zu verstehen, als die gedehnte Erzählung der Wirklichkeit – indem man den Augenblick vorbeigleiten lässt und zugleich wiederum zu ihm zurückkehrt; indem man ihn beschleunigt und dann die Bewegung anhält. In ihrer Gestalt *geschichtlicher Zeit* wird die Gegenwart weiterhin unendlich vor mir fliehen. Aber die Gegenwart, in der ich *zögere,* zu der ich mich nämlich in „gedehnter" Erfahrung unter dem Signum der Schönheit zurückwende, eröffnet in sich, als zweite Potenz, einen neuen Raum und eine neue Tiefe. Bei aller Zerbrechlichkeit verstärkt sich ihre Struktur aus ihrer Erfahrung heraus; ihre Flucht wiederholt sich dabei ins Unendliche und zeigt dennoch ein neues Antlitz. Ihre Fläche wird rauer, griffiger – und scheint so auf wundersame Weise auf einmal dem Ich unmittelbar *anhaften* zu können. Als Schwelle gedacht, gewinnt die Gegenwart, ohne ihren Schwebezustand und die ihr eigene Flüchtigkeit aufzugeben, in der Schönheit an Ausdehnung und Tiefe – und so kann sie zum Punkt einer (auch politischen) Zeitenwende werden.

XXV

Vermerken wir hier am Rand: Wenn wir die Zeit und ihr Gleiten unbewusst nicht immer schon, gleichsam in natürlicher Weise, an diesem Punkt der Schönheit verankern würden – wie könnten wir dann jemals verstehen, was wir alle wissen: Nämlich, dass die Zeit vergeht und doch sich selbst nie zur Verfügung steht?

Weder die Vergangenheit noch die Zukunft sind von dieser Eigentümlichkeit des Nicht-Zurverfügungstehens gekennzeichnet. Denn das Unbestimmte an ihnen liegt ja nicht an ihrer Konsistenz, sondern an meiner aktiven Hier-und-Jetzt-Beziehung zu ihnen, die wegen der Gegenwart schwebend bleibt. Das Unbestimmte,

Nichtfassbare an Vergangenheit und Zukunft, das wir zuweilen ebenfalls feststellen, ist nämlich in Wirklichkeit entweder gar nicht gegeben – alles ist vergangen und noch nichts ist künftig –, oder es ist auf ewig unversehrt in sich abgeschlossen, da das Vergangene unwiderruflich und das Zukünftige unfassbar ist.

Das bedeutet: Vergangenheit und Zukunft sind, wenn sie das bleiben, was sie sind, in einem jeweils völlig gesicherten Raum. Eine Fülle abgeschlossener Existenzen, keinem Verschleiß mehr oder noch nicht ausgesetzt: sie bleiben intakt erhalten. Unverwirklichte Träume, tote oder ungeborene Ereignisse würden ihre kostbare Form der Unendlichkeit bewahren, würde nicht die Gegenwart – die selbst aus ihrer Eigenerfahrung heraus an sich nicht „ist" und sich deshalb ständig von Vergangenheit und Zukunft nähren muss – nach ihrer Substanz greifen und sich ihrer bemächtigen, um die Form, die in ihr ständig neues Leben will, umzugestalten. Und so sind letztlich auch die Toten bedroht, wenn der Feind siegt. Aber ebenso können die Träume des Künftigen und des Vergangenen die Geschichte immer wieder in neue Bewegung versetzen.

XXVI

Das Geheimnis der Gegenwärtigkeit besteht zusammenfassend letztlich in der *Macht des Nicht-Seins, das trotzdem sein will, ohne vergangen oder künftig zu sein.* Das ist auch der Berührungspunkt der Gegenwart, ja des Gegenwärtigen schlechthin, mit dem *Nihilismus*, der sich stets radikal der Gegenwart oder vielmehr dem Augenblick zuneigt, schmarotzerisch und unerbittlich zerstörerisch auf den eigenen Fortbestand bedacht.

In mancherlei Hinsicht ist es so auch mit dem politischen Subjekt der Gegenwart. *Die Subjektivität, die nicht in ihr Gegenteil katapultiert wird, um sich gegen sich selbst zu wenden, mündet unweigerlich in ein verlängertes Sterben.* Das Nicht-Sein hingegen, das Sein werden will, ist eine *Gründerkraft.* Es wälzt um, es wertet, es nimmt Besitz und gibt Form, es zählt Takte, es gewährt Kräfte. Auch die Endlichkeit der Gegenwart ist auf ihre Weise eine Barriere. Sie ist der Ursprung des Negativen, das sein will und deshalb Ausdehnung und Tiefe schafft. Unter den Bedingungen von Gegenwärtigkeit gilt: *Das Nicht-Sein (das Nicht-mehr und das Noch-nicht) macht das Sein möglich.*

XXVII

Wenn nun aber, so könnten wir schließen, tatsächlich Vergangenheit und Zukunft dem Werden entzogen sind, dann sind sie nicht Zeit, sondern Trümmer oder verstümmelte Tatsachen von Zeitlichkeit. Nicht nur meine Beziehung zu ihnen ist deshalb ständig gefährdet. Sondern auch sie selbst sind es, weil in ihnen eine unbestimmte Gegenwart noch lebt, gleich dem noch ruhenden Wasser am Strand, das sich der nächsten Welle anschließen wird. Die *versunkene Gegenwart*, jene Verzögerung, die mir entglitten ist und ihrer Bergung harrt: Die unterbrochene, aber nicht vergessene Geschichte, die Erzählung, die auf ihre Fortsetzung wartet. All das macht aus der Geschichte, die sich real ereignet, eine *immer und ständig noch nicht geschriebene Zeit: Ein Es-wird-gewesen-Sein.*

XXVIII

Dem entspricht das Selbstverständnis unserer Zeit jedoch noch nicht. Unsere gesamte Zeitsymbolik, über die wir am Beginn des 21. Jahrhunderts verfügen und die im wesentlichen noch aus der Moderne stammt, bildet Zeit als ein Kontinuum ab. In diesem Kontinuum geht die Vergangenheit in die Zukunft über, und zwar über eine Gegenwart, deren Beschaffenheit unterschiedlich ausgelegt wird. Die Schwierigkeit dabei besteht darin, jeder Zeitmodalität das für sie Wesentliche und Besondere zuzuordnen. Entspräche nämlich die Zeitskala einem linearen Schema, dann wäre die Gegenwart ein zufällig gewählter Punkt, der Vergangenheit und Zukunft voneinander trennt. Und indem man die Skala verschiebt, würde sich das, was Zukunft ist, in Vergangenheit umwandeln oder umgekehrt. Die Unterscheidung zwischen den beiden Modalitäten Vergangenheit und Zukunft bliebe schlussendlich willkürlich und würde einzig und allein – wie in einem bestimmten Sinn bei *Augustinus* – eine Frage des Bezugspunktes.

XXIX

Eine weitere Folge dieser – in der Tat wie ein Trümmerteil übriggebliebenen -Denkweise der Moderne wäre, dass die Zeit nicht nur keine eigene, absolute Konsistenz besäße, sondern dass die Aspekte des Vergangen- oder Zukünftig-Seins letztlich nur willkürlich gesetzte *Modalitäten des Subjekts* wären – und damit einer effektiven Eigenrealität entbehrten. Es bedürfte in diesem Fall schon einer prästabilierten Harmonie im Sinn von *Leibniz*, um die auf seltsame Weise zeitgleiche Anwesenheit von uns allen in *derselben* Gegenwart zu erklären. Andererseits ist es in dieser Lage auch nicht mehr möglich, als Alternative einfach auf eine objektivistische Auffassung von Zeit zurückzugreifen, in der das Verstreichen von Zeit als solches der Vergangenheit den Stempel des Vergangenen und damit des Unwiderruflichen aufdrückt, das ihr wesentliches Merkmal darstellen würde.

XXX

Was bedeutet das?

Über den Begriff der Schwelle haben wir den Sinn von Gegenwart: ihren Charakter als *Zone* heraufzubeschwören versucht. Diese Zone zeitigt, obschon als solche an sich nicht fassbar, reale Wirkungen und Folgen. Die Dimension dieser Wirkungen, deretwegen die Zeit nicht mir gehört, ist eben genau jene Schicht von Gegenwärtigkeit, die sich in jeder Vergangenheit und jeder Zukunft findet – und in der sie sich fortwährend (wieder)finden.

XXXI

Das hat durchaus konkrete politische Implikationen. Politische Vergangenheit und Zukunft wirken in der *Moderne* aufeinander ein; aber sie tun es meist als Gegensätze. Die Vergangenheit ist für die Moderne eine Aufzeichnung, die, ob verborgen oder sichtbar, nur von einer anderen Zukunft umgeschrieben werden kann, damit sich ihr vergessener Sinn wieder eröffnet. Die Zukunft ist für die Moderne der immaterielle Entwurf des Wortes, das mit dem Material der Vergangenheit eine Existenz begründen will. Die Gegenwart aber, die nicht ist, ist der Ort, an dem diese wechselseitigen Umkehrungen geschehen, zueinander in Bezug gesetzt und entschieden werden.

XXXII

Für die *Postmoderne* dagegen gibt es letztlich nur die Gegenwärtigkeit. Denn die Erfahrung unablässiger „Aktivität" der Schwelle verleiht der Zeit eben genau ihre charakteristische Flüchtigkeit: das Subjekt in seine irreduzible Gegenwärtigkeit zu involvieren. Wenn ich postmodern „Zeit" sage, so sage ich also „Gegenwärtigkeit". Und das ist etwas anderes als Anwesenheit, wenn nicht sogar ihr Gegenteil.

Postmodern betrachtet ist daher das Subjekt – und auch das wusste schon *Augustinus* – reine Zeit. Aber reine Zeit ohne „volle" Identität, da die Zeitlichkeit des Subjekts nicht die Projektion eines Vorstellungsschemas sein kann, durch welches formlose Natur in eine Form überführt wird. Zeitlichkeit ist der Postmoderne im Gegenteil die ständige aktive Entfremdung (oder Scheidung) des Subjekts von sich selbst. Sie ist das, was die Punktdimension des Ich ausdehnt und es jenem anvertraut, was ihm nicht angehört, was sogar vor ihm flieht – dem, was es füllt und zugleich verzehrt: Nämlich der Zeit als unfassbarem *Ereignis*.

XXXIII

Zusammenfassend bedeutet das: Gegenwärtigkeit ist letztlich *nicht* Anwesenheit. Sie ist *nicht* Ewigkeit. Sie ist *nicht* Dinglichkeit. Auf sie kann *nicht* zugegriffen werden. Und sie lässt sich *nicht* auf eine subjektbezogene Perspektive reduzieren, da es sich ja eben um jene Zeitkategorie handelt, die ich *nicht* habe, während Vergangenheit und Zukunft weit eher in meinem Besitz sind.

Dennoch ist die Gegenwart paradoxerweise zugleich jene Zeit, die *an mir* ist, die *mich* durchwirkt, die mir *gegeben* ist. Die Gegenwart ist jetzt *für mich*, und sie ist dabei – ebenfalls paradox – bis zu einem gewissen Grad *sozial* oder *kommunitarisch*: Für uns alle ist sie ein „An-mir", aber zugleich auch ein „An-uns". Der unablässige Kontakt zwischen Subjekt, Gegenwärtigkeit und Allgemeinheit dieser subjektiven Gegenwärtigkeit führt zur Kommunität. Er führt dazu, dass sich Zeit in Form von Geschichte konstituiert: dass das Nicht-Sein des Gegenwärtigen, das ich nicht habe, das aber an mir ist, durch die Tatsache, dass das anderen auch so geht, zum sozialen und politischen Sein wird.

XXXIV

Das hat weitreichende Folgen. *Das Gelingen jedes (seiner Natur nach daher stets zumindest implizit politischen) Gründeraktes, welcher Gegenwart zur Erfahrung entfaltet, ist zugleich das Gelingen eines Fragments von Leben – und damit das Gelingen von (sozialem) Leben selbst.* Aber das bürgt nicht dafür, dass subjektive Gegenwart zur Gegenwart kollektiver Geschichte wird. Diese Gemeinsamkeit ist nie garantiert – nicht in der Moderne, und auch nicht in der Postmoderne. Garantiert ist aber die *Voraussetzung* dieser Gemeinsamkeit. Wenn es gelingt, das „An-mir" zu einem „An-uns" werden zu lassen, dann ist das ein „großes Leben".

XXXV

Und das Politische? Es ist bereits in den bisherigen Ausführungen immer anwesend – wenn nicht gar „gegenwärtig" gewesen. Auf jene Weise von Gegenwart und Gegenwärtigkeit zu sprechen, wie ich es hier versucht habe, ist politisch letztlich aber erst *nach der Moderne* möglich. Wobei „nach der Moderne" keineswegs nur die Postmoderne meint.

Die Moderne war die *Zeit des Neuen*. Sie war die Zeit der Zäsuren, die das Neue, weil es noch nicht existiert, in die Geschichte einfügt und diese dadurch verändert. In diesem Sinn war und ist die Moderne die exemplarische Zeit der Zukunft – zumal die Zukunft einen unaufhörlichen Sog erzeugt, der das jeweils Neue der noch neueren, letzten und absoluten Neuigkeit weichen lässt. *Der Druck des Nicht-Seins, vor dem die Zeit von einer Neuigkeit in die nächste flieht, beherrscht die gesamte Moderne – und beschleunigt in ihr notgedrungen die Geschichte zum Tode hin.* Das moderne *Primat der Zukunft* meint genau das: die Beschleunigugn der Geschichte zum Tode hin. Es ist dabei vom letztlich nihilistischen Siegel der modernistischen Geschichtsauffassung geprägt. Der Fortschritt ist für die Moderne tragischerweise letztlich eher Entfliehen des Lebens als sein Wachstum – und das liegt an ihrem eigenen Wesen.

XXXVI

In den Anfängen der Moderne, also bevor die Moderne eigentlich vollgültig „Moderne" war, versuchte man durch den *Modus des Neuen* die Zeit *als* Geschichte zu erklären. Das Neue wollte ein Aufbegehren gegen das Unabänderliche der Natur sein. Und das war es in gewisser Weise auch. Großzügig, zuversichtlich, weit nach vorne geöffnet: Diese Geisteshaltung der Moderne verkörperte den Wunsch, ja die letztlich transzendentale Hoffnung, dass das reine Erlebnis, der reine Eindruck des Neuen, eines unvorhersehbaren Ereignisses die Existenz „überraschen" möge. Zwar unendlich klein, fast nicht wahrnehmbar, aber von unendlicher Vielzahl, ergeben Erlebnisse und Eindrücke für die Moderne eine unendliche Reihe stetigen „Fortschritts".

Aber die Kontrolle über das Neue ist den Begründern der Moderne bereits früh entglitten. Die Zukunft der *unbegrenzten Möglichkeiten* ist einer Zukunft der *unbekannten Variablen* gewichen. An die Stelle von Zuversicht und Großzügigkeit des Geistes sind ein banges Gefühl und später nackte Angst vor der Existenz getreten. Die Zukunft hat in der Moderne keine fest gefügte, verlässliche, sicher voranschreitende Geschichte konstituiert, im Gegenteil: Sie hat sie eher untergraben. Das lehrt nicht nur die Geschichte des 20. Jahrhunderts.

XXXVII

Aber die Moderne neigt sich auch in ihren bis heute weiter wirkenden Schichten dem Ende zu – politisch, philosophisch, geistig. Und mit ihr auch ihr Kind, Ableger und Teil, die Postmoderne. Eine neue, ungewisse Zeit bricht an. Sie könnte Aufbau bedeuten: Aufbau von Gegenwärtigkeit in Gegenwart. Genauer gesagt: Aufbau jenes Aktes, in dem die Gegenwart aus sich heraus dasjenige hervorbringt, was „bleibt": Gegenwärtigkeit. Die Gegenwärtigkeit der Gegenwart entscheidet das, was an mir ist, was ich aber nicht als meinen Besitz habe – ausgehend von einem *ständig anwesenden* Nicht-Sein, das gänzlich verschieden ist vom Noch-nicht-Sein der Zukunft. Das subtile Nicht-Sein der Gegenwart ist, anders als das Noch-nicht-Sein der Zukunft, jenes Flüchtige, das all demjenigen anhaftet, was Ding ist, und auch all dem, was an mir „Selbst" ist.

XXXVIII

Kann sich aus dieser Zeitempfindung eine neue politische Dimension ergeben? Ergibt sich daraus vielleicht sogar eine spezifisch europäische Aufgabe für das 21. Jahrhundert, *und zwar im Wissen, dass Amerika zwar der Kontinent der Zukunft ist, Europa aber der mögliche Kontinent der Gegenwart?*

Die historische Aufgabe Europas könnte in der Pflege eines neuen politischen Gegenwartsbegriffs, ja einer neuen politischen Gegenwärtigkeit bestehen. Einer politischen Gegenwärtigkeit, für die Europa nicht Abendland – oder Land des Untergangs der Sonne – ist, sondern vielmehr Geburtsstätte und Wiege. Während Amerika, wo unendliche Weiten und die üppige Natur geschichtlich Vergangenem einen sekundären Rang zuwiesen, immer noch und vielleicht sogar für immer auf das Eintreten letzter und noch neuerer Neuigkeiten hoffen kann, muss das enge und dicht bevölkerte Europa, wo erst die Geschichte die Natur schön macht, seine eigene Gegenwart gegen die Vergangenheit (und wo möglich, mit ihr) ausbauen, um sie neu aufzubauen.

XXXIX

Die damit zusammenhängende Aufgabe liegt eben in der Gegenwärtigkeit: In der Aufwertung und sorgfältigen Artikulation geschichtlich verankerter Unterschiede, die dem Vergessen ständig neu entrissen werden müssen, ohne zu einem unlösbaren und unendlich offenen Konflikt zu führen. Den eng bemessenen Raum schützen und neue Zeit gewähren: Das bedeutet, den Unterschieden das Wort geben, sie zu behüten, ohne sie zu versöhnen. Es bedeutet fundamental, auf *Gegenwärtigkeit* zu setzen: Nicht um die Zeit anzuhalten, sondern um sie überhaupt erst zu errichten. Ganz so, wie man Institutionen errichtet. Man vergesse nie: Politik ist – nach *Aristoteles* – architektonisches Können. *Nur Gegenwart und Gegenwärtigkeit stiften die Zeit als menschliche Zeit der Endlichkeit, während Vergangenheit und Zukunft unendlich und damit „übermenschlich" sind. Europas Aufgabe liegt in der Erzeugung von Gegenwart als spezifisch menschlicher Zeit der Endlichkeit.*

XL

In diesem Licht könnte sich Europa als bevorzugter Ort für eine neue Wette auf das Politische und die Politik präsentieren – unter den ungewissen Voraussetzungen unserer späten Moderne. Die großen Nationalstaaten haben sich im 18. und 19. Jahrhundert als erste Prothesen souveräner Zentralmächte konstituiert. Die industriellen und politischen Revolutionen des 19. und 20. Jahrhunderts waren dann der Nährboden für demokratische Systeme und Errungenschaften im sozialen Bereich. Im 21. Jahrhundert scheinen jedoch paradoxerweise manche der errungenen demokratischen Rechte die ursprüngliche Kraft der Demokratie auszuhöhlen. Demokratie lebt vielfach nicht mehr von Gegenwartskräften, sondern ist in mancherlei Hinsicht zur Empfindung einer Erbschaft verkommen. Wenige wären heute bereit, für die Freiheit, die sie bereits haben, zu sterben, auch wenn viele sich geopfert haben, um sie zu erwerben.

Demgegenüber gilt es heute, die Notwendigkeit von Demokratie und Solidarität als Gegenwartskräfte neu aufzudecken. Dabei geht es nicht mehr vorrangig um Individual- oder Klassenrechte, sondern um *neue* Kollektivrechte: Von Völkern, Sprachen, Traditionen, Bräuchen, Geschichten, die über sich hinauswachsen, die neue Formen des Zusammenschlusses finden wollen, ohne sich selbst dafür nationalisieren oder aufs Spiel setzen zu müssen. Sie alle wollen gemeinsam Geschichte bauen, mit Kollektivhorizonten, die ihrerseits dann dem Individuum neue Perspektiven und den Zugang zu neuen Rechten jenseits der reinen Bedürfnisbefriedigung des Nationalstaats ermöglichen – zu Rechten also, die in den Sphären der Kultur angesiedelt sind.

XLI

Wo liegt die Perspektive dieser Überlegungen?
Hierin: *Wir brauchen einen neuen europäischen Mythos des In-der-Gegenwart-seins.* Wir brauchen einen neuen *kollektiven* Mythos Europas: Nicht um der Krise zu *entkommen*, sondern um *in* der Krise zu *überstehen. Kann es einen Mythos der Gegenwärtigkeit geben? Kann er der neue europäische Mythos werden?*
Nach der Entführung der Zeit unter dem Gesichtspunkt des Neuen durch die „alte" Moderne könnte Europa heute die Zeitlichkeit des Gegenwärtigen wieder von ihrem trügerischen Schleier befreien – und sie uns als bewohnbare Gegenwart zurückerstatten. Im Mythos machte Zeus der noch kindlichen Europa das Gesicherte zum Geschenk: Die stets behütete Küste Kretas. *Aus dem modernen Strom der Zeit herausgenommen, scheint das postmoderne Europa analog die Gabe zu besitzen, die Gegenwart als Gabe geschenkt zu erhalten, während andere sich mit der Zukunft begnügen müssen.*

XLII

Zugleich gilt für Europa: *Die Gegenwart kann nicht aufgeschoben werden.* Von der *Vergangenheit* konnte man sich in der Postmoderne – zunehmend unbeteiligt – distanzieren. Mit der *Zukunft* kann man sich Zeit lassen, auch wenn dieser Aufschub eine gewisse Unzufriedenheit bedeuten mag. Die *Gegenwart* aber kann nicht vertagt oder anderen Bestimmungen zugeführt werden. Man kann sie höchstens hinauszögern – und dadurch Zeit gewinnen. Es geht dabei um eine bestimmte Art von *Zögern als Dehnung*, wie ich am Beispiel der Schönheit versucht habe zu zeigen. Das Zögern bleibt nämlich, in Form der Schönheit, in der Gegenwart und verlängert sie aktiv, wenn auch zum Teil unbewusst; der Aufschub hingegen lebt von der Gleichgültigkeit. Die Gegenwart aber ist genau hier, am Zögern: sie steht an, sie verlangt dem Subjekt (politische) Existenz ab.

XLIII

Das in der Gegenwart existierende Subjekt hat sich, weil es dies unbewusst empfindet, also mittels eines bestimmten Zögerns in die (politische) Existenz hinein gewagt. Es ist dort dem Anders-Sein begegnet – seinem eigenen und dem der anderen. Es muss sich von nun an unweigerlich der Intersubjektivität aussetzen, der Last, der Reibung, seinem eigenen Anders-Sein. Intersubjektivität bedeutet, wie alles Endliche und Zeitliche, ständige Instabilität und Bedrohung.

Gerade unter intersubjektiven Bedingungen erscheint Gegenwart als ein unentflechtbares Gewirr von Zeiten. Denn sie ist ständig ambivalent, nach zwei Richtungen hin offen, wie wir beschrieben haben. Sie ist in der einen Richtung hin bedingt von der (kollektiven) Vergangenheit, die sie verwahrt oder von der sie sich inspirieren lässt. Und sie steht nach der anderen Richtung hin gegen die (kollektive) Zukunft hin offen, gegen die sie entweder ankämpft oder für die sie eintritt.

XLIV

Jede Gegenwart – jede Gegenwart eines Einzelnen unter anderen Einzelnen – ist so beschaffen. Keine Gegenwart aber ist dabei nur *sich selbst* gegenwärtig. Sondern sie ist mit den Gegenwarten anderer verknüpft und verflochten. Keine Gegenwart ist einfach: einfach *einem* Subjekt *allein* zuordenbar. Denn zu viele Zeiten und Subjekte agieren und interagieren zugleich in ihr.

Der sprichwörtliche einsame Mensch auf einer verlassenen Insel – völlig auf sich gestellt, ohne Bezug zu anderen Menschen, ohne Geschichte, de-politisiert –, wäre der Zeit beraubt, weil er der Gegenwart beraubt wäre. Niemand kann ihm die Vergangenheit nehmen, niemand die Zukunft – da ihm niemand Erinnerungen, Träume oder Vorsätze verwehren könnte. Die Gegenwart jedoch ist ihm sehr wohl genommen, da die Abfolge seiner Augenblicke sich nicht zu einem Feld aufbaut, nicht zur Schwelle (oder Zone) eines Selbst in Andersheit und Gemeinsamkeit wird. Es bleiben nur eine über sich selbst gestülpte, banale Individualität und die Chronologie der Gestirne. Daher das Leiden des Einzelnen auf der Insel, die kein Paradies, sondern eine Hölle ist, auch wenn sie äußerlich ein Paradies ist.

XLV

Anders ausgedrückt: Für den aufgrund seiner Einsamkeit nicht-politischen (postmodernen) Inselmenschen schrumpft die Gegenwart und verkommt zum sinnlosen „Rest". Denn er versucht den Beständen der Vergangenheit – nicht der eigenen Gegenwart – nun nicht mehr wie die Moderne zuversichtlich, sondern nur mehr verzweifelt die Bauelemente für eine Zukunft abzugewinnen. Und würde er sogar noch die Bindung mit der eigenen Geschichte und die (moderne) Hoffnung auf Änderung (zum Beispiel auf die Retter, die über das Meer gefahren kommen) aufgeben, dann würde er überhaupt keine Zeit mehr kennen, über überhaupt keine Gegenwart mehr verfügen, nicht einmal mehr über ihren Bodensatz.

Ist aber „individuelle Gegenwart", solchermaßen (postmodern) verkümmert, überhaupt noch Gegenwart? Wo bleiben Kraft und Stärke, die sie erst zu dem machen, was sie sein soll: Lebendige, aktive Existenz, die sich projiziert, die hier und jetzt kraftvoll nach Ausdehnung strebt?

XLVI

Was also heute Politik ist oder sein will, bedingt *individuelle Gegenwärtigkeit*. Sie wird umgekehrt durch sie entscheidend bedingt. Die Politik muss deshalb im 21. Jahrhundert zurück zum Subjekt, zurück zur Zeit, zurück zur Gegenwärtigkeit. Es gilt: Die Fährte wieder aufnehmen, die Orte der Niederlagen und die Orte des Gelingens aufsuchen, ein neues Netz weben und es erzählen. Kurz: *Nach Moderne und Postmoderne neu mit der Gegenwart beginnen.*

XLVII

Das Verständnis von Gegenwärtigkeit als (politischer) Formgebungsvorgang von Zeitlichkeit verbindet auf natürliche Weise Politik und Erziehung – oder, etwas emphatischer ausgedrückt, Politik und Bildung. Anders als ein bloßes Training, als das Erziehung oder Bildung heute oft verstanden wird, bei dem einzig und allein das Ergebnis – und also die Zukunft des Vorgangs – zählt, ist wahre Erziehung der Versuch, *in der Gegenwart Fuß zu fassen und in ihr so viel an Boden zu gewinnen, dass auch das Unerwartete tragbar wird.*

Unter diesem Gesichtspunkt ist politische Erziehung oder Bildung immer dann zum Scheitern verdammt, wenn sie *auf ein bestimmtes Ziel hin* formen will. Denn das Ergebnis entspricht dann entweder nicht der Erwartung, oder es zeigt auf die eine oder andere Weise, dass ein pädagogischer Wiederholungsmechanismus das Lernen auf der wirklichen, der Willensebene, die zugleich die politische Ebene ist, nicht garantieren kann.

XLVIII

Wahre Erziehung oder Bildung strebt vielmehr danach, „Erfahrungen einzulagern": Erfahrungen der Krise und der Schwelle. Dies nicht, indem man eine bestimmte Vergangenheit zum Vorrat zu machen versucht, von dem man „zehren" kann. Wir haben gesehen: Dieser Vorrat ist nutzlos, denn Geschichte hat uns letztlich nie etwas gelehrt. Sondern wahre Erziehung versucht zu lehren, *dass man sich von der Gegenwart zu ernähren lernt*, sich durch den direkten Zugang zu ihr wie eine Batterie neu aufladen lernt. *Bildung bedeutet letztlich, zu lernen, eine so starke und reichhaltige Gegenwart ins Selbst einzulagern, dass zugleich mit ihr auch mächtige Schichten der Vergangenheit und der Zukunft erworben werden können, die in ihr unweigerlich mitleben*: Die erlebte Geschichte der anderen, die ich zu meiner eigenen und zu einer aktuellen mache, und die unbekannte und unerwartete Zukunft, die (noch) zu etwas werden kann, was mir als Entwurf schon gehört und mich orientiert.

Gelungene (politische) Bildung sichert auf diese Weise den Nährboden für *neue Formen der Kontinuität* im – unter Umständen schmerzhaften – Bewusstsein, dass in der entwickelten Moderne der Bruch vollzogen und die Diskontinuität Normalität geworden ist, *und es dennoch ständig weiter notwendig bleibt, sich um gemeinsame Kontinuität zu bemühen.*

XLIX

Doch seien wir bei der allzu oft wohlfeilen Rede von Bildung einmal ehrlich: Sogenannte Bildungsromane sind meist belehrend und langweilig. So ist *Goethes* „Wilhelm Meister" noch zu sehr dem aufklärerischen Ton verpflichtet, um das Thema Bildung gegenüber vergangenen Zeiten radikal neu aufzurollen. Das angestimmte *memento vivere* ergibt einen schrillen Kontrast zur tatsächlichen Langwierigkeit der Entwicklung, die, einem Initiationsritual ähnlich, laut *Goethe* immer erst in das Leben einführen soll – immer erst noch bevorsteht.

In dieser Hinsicht leisten *Alessandro Manzonis* „Die Verlobten"[1] meiner Meinung nach mehr: Sie führen alle Schicksalsschläge auf eine *verhinderte Gegenwart* zurück.

---

1   A. Manzoni, *Die Verlobten* (Mailand 1840), Frankfurt am Main 2002.

Es ist die Gewalt, die einen Traum von Gegenwart – die Eheschließung als Ziel der Verlobung – durchkreuzt und die Hauptfigur *Renzo* nach Mailand verschlägt, wo er, als direkter Teilnehmer an den Ereignissen der Zeit, nicht irgendwelchen abstrakten Prüfungen unterzogen wird, sondern vor konkreten Hindernissen steht. Seine bescheidene und einfache Geschichte verflicht sich mit der „großen" politischen Geschichte, ohne aber, wie dies *Goethe* in seinem Bildungsroman überaus optimistisch geschehen lässt, in sie einzumünden. Am Ende steht bei *Manzoni*, eher trivial als schön, das gute Ende, mit dem die Geschichte wieder in die Gegenwart zurückkehrt, von der sie ausgegangen war: *Renzo* gründet eine Familie, nachdem er die Welt gesehen hat.

L

Unabhängig davon, ob dies nun gefällt oder nicht, liegt hierin – vor allem in pädagogischer Hinsicht – wesentlich mehr Tiefgang als bei *Goethe*. *Manzoni* verzichtet weitgehend auf Illusionen und den Anspruch des Universalen. Aber er weiß, dass es nicht die Vielfalt der Erlebnisse ist, die den Menschen zur Größe heranwachsen lässt, sondern einzig seine Fähigkeit, mit diesen Erlebnissen die eigene Gegenwart zu festigen und auszuweiten. *Manzonis* Roman ist kein *pädagogischer Roman*. Aber gerade durch die Bescheidenheit der Schlussfolgerungen macht er uns klar, dass Gegenwart nicht auf den Kopf gestellt, sondern nur erweitert werden kann. Ob Erziehung oder Bildung geglückt ist, lässt sich erst im Nachhinein feststellen, wenn der Prozess abgeschlossen ist. Wohin der Weg an und in die Schwelle führt, wird erst dann ersichtlich, wenn der Fuß sie überschritten hat.

LI

Täuschen wir uns nicht: Ähnliches gilt für politische Institutionen.

Politische Institutionen sind Ausdehnungsformen der Gegenwart, des Sinns, der Intersubjektivität. Und genau in dieser Perspektive werden sowohl ihre Notwendigkeit wie ihre Gefährlichkeit sichtbar. Die Familie, die verschiedenen sozialen, politischen, religiösen, staatlichen Einrichtungen leisten der Gegenwart den Schutz intersubjektiver Beziehungen und stellen sie in einen gemeinschaftlichen Sinnhorizont. Institutionen als bloßes Erbe der Vergangenheit zu betrachten – und das ist die Sichtweise einer traditionsfeindlichen Polemik, die heute in Italien geführt wird –, wäre verfehlt. Denn dies trifft nur auf jene Einrichtungen zu, die ihre soziale Berechtigung und Antriebskraft verloren haben. Aber die Institution als solche und vor allem das Grundbedürfnis nach Institution als Vermittlungsinstanz ist weiterhin zeitgemäß.

LII

Alle Institutionen sind historisch datierbar. Sie haben einen Anfang genommen, und sie haben diesem Anfang durch ihre Formalisierung eine Gegenwartsausdehnung zu garantieren versucht. Eine lebendige Institution ist immer ein Ort, an dem die Zeit zirkulieren kann – und an dem unter Mühen versucht wird, sowohl das Erbe als auch den Fortschritt zu sichern.

Die Gefahr von Institutionen ist freilich, dass ihre Existenz, dem Trägheitsgesetz folgend, nur mehr sich selbst reproduziert – und der offenen, geschehenden Existenz des Gegenwärtigen ab einem bestimmten Punkt seine eigene Fülle verwehrt. Eine weitere Gefahr ist, dass das stets *per definitionem* instabile Gleichgewicht zwischen Institution und Individuum zu kippen droht – eine Fehlfunktion, deren Wurzel allerdings meistens schon mit der Institution selbst in die Welt gesetzt wird. Wenn Institution und Individuum ihre jeweiligen Rechte nicht wahrnehmen, nicht in der gegenseitigen Auseinandersetzung eine „gesunde" Dialektik möglich machen, dann nehmen beide Schaden: Die Institution wird verdorren, das Individuum wird darunter leiden.

Das ist vor allem in Italien mit seinen vielen schlecht funktionierenden Institutionen ein großes Thema. Dieser grundlegende Konflikt ist, wie im vorliegenden Buch zu Recht von *Antonio Giuseppe Balistreri* hervorgehoben wurde, hier sogar eine Maßeinheit für Geschichte. Aber er treibt auch Veränderung an.

LIII

Was folgt aus alledem?

Dies: Ohne eine differenzierte Philosophie der Zeit bleibt das Grundsatzproblem zwischen politischer Institution und lebendigem Individuum unlösbar. Genau deshalb rechnen die Reaktionäre, die weder Gegenwart noch Gegenwärtigkeit begreifen, immer mit dem Ausnahmezustand, und bemühen sich, um Veränderung und Wandel zu erklären und herbeizuführen, um die Idee einer *tabula rasa*, auf der Neues aufgebaut und dann wieder verändert werden kann. *Reaktionäre und Revolutionäre hassen gleichermaßen die Gegenwart.* Wo ausschließlich Vergangenheitskonservierung (Reaktionäre) oder Zukunftserwartung (Revolutionäre) Platz greift, wird die Institution nur mehr provisorisch oder zum Schein in Funktion gehalten, damit sie dann ausgesetzt oder vernichtet werden kann. Damit entfällt aber auch ihre dialektische Funktion für das Individuum.

LIV

Auch hier ist es wieder das Konzept der Gegenwärtigkeit, das neue Räume und Perspektiven schafft. Nur das Primat der Gegenwart, die *im Gleitenden* Institutionen schafft und ständig inmitten der Dialektik zwischen bereits eingetretener Vergangenheit und noch zu erwartender Zukunft wächst, vermag die Beziehung Institution-Individuum in ein gegliedertes und historisch-kontextuell angemessen verankertes System einzuordnen.

Diese Perspektive besagt: *Die Rechte des Individuums sind denen der Institution über- und zugleich untergeordnet.* Sie beginnen vor ihr, und sie überdauern sie. Im Fall einer Kollision – wenn nämlich der Sinn der Institution, die ihrerseits dem Individuellen in Gemeinschaft Sinn geben soll, fraglich geworden ist –, *müssen die Grundrechte des Individuums den Vorrang gewinnen.* Die Institution als Ausdehnung von Gegenwart darf keinen Wert an und für sich beanspruchen, der diese Gegenwart „verewigen" wollte. Allerdings erhebt sich auch das Individuum nur über eine Erweiterung der eigenen Gegenwartsschwelle zu seiner eigentlichen Bestimmung: Nämlich dann, wenn es vor dem beweglichen Sinnhorizont des Gegenwärtigen zur Erfahrung von Intersubjektivität vorstößt. *Diese Intersubjektivität aber strukturiert sich ihrerseits stets als politische oder soziale Institution, wenn sie Sinn dauerhaft begründen will.*

LV

Man könnte dies alles zum Anlass nehmen, ein *allgemeines Modell der Beziehung zwischen politischen Institutionen und politischen Individuen* abzuleiten: Die „Minimalrechte" des Individuums haben weniger Wert, aber sie zählen mehr; die „Maximalrechte" der Institution haben mehr Wert, aber sie zählen weniger, wobei Wert hier Ausdehnung, Begründungskraft, Absicht meint – und auch als *intersubjektiver Sinn* bezeichnet werden kann.

Wert und Sinn konstituieren sich stets in wechselseitiger Bezogenheit: In der Geschichte und in der Dauer der Ansprüche. Trotzdem sind auch sie nicht „ursprünglich". Sondern im Ursprung steht vielmehr, eigensinnig, das „kleinste", „mindeste" Element: Die sich selbst stets und unhintergehbar „gegenwärtig" fortpflanzende Individualität. Sie zählt mehr als die Institution – weil sie nicht unterboten werden kann. Noch bevor sie nach Selbstreflexion strebt, konzentriert sie sich auf ihre eigene Erhaltung. Man wird ihr nicht gerecht, wenn man sie als sakralen Wert bezeichnet; und sie bedarf auch keiner rhetorischen Erhöhung oder transzendentalen Überzeichnung. Die Individualität als Tatsache von Gegenwärtigkeit zwingt zur Demut und Bescheidenheit: Zur Auseinandersetzung mit der eigensinnigen Seinsweise von Existenz vor (und in) allem Politischen.

LVI

Welche Schlüsse können wir aus diesen Reflexionen ziehen?

Aus allem Gesagten folgt, dass die bisherigen Kategorien von Politik und Politischem nur mit Hilfe der *Tugenden der Gegenwart und der Gegenwärtigkeit* substantiell zu erneuern sind. Dabei müssen wir nun aber zur Vermeidung von Verwechslungen und Missverständnissen noch eine letzte, grundlegende Unterscheidung vornehmen.

Die bisherige Postmoderne stand wesentlich im Zeichen von Traktaten über die *Leidenschaften* – darunter des Versuchs, politische Wertmaßstäbe für die Gegenwart aus individuellen Emotionen heraus zu definieren. Nur scheinbar zeitlos, im Gegenteil: Gerade im vollen Bewusstsein der Zeitlichkeit, befassen sich postmoderne Wertmaßstäbe im Wesentlichen nicht mit ewigen oder absoluten Ordnungen, sondern beschreiben eher die menschliche Befindlichkeit und das schwierige Gleichgewicht zwischen ihren verschiedenen Antriebskräften. Fern jeder *Stoa*, deren zentrale Botschaft die Unterdrückung der Leidenschaften war, versuchen die meisten postmodernen Denker den Umgang mit diesen Leidenschaften und ihren Unwägbarkeiten, ihren Brüchen, ihren Plötzlichkeiten. Bereits für einen Vorläufer dieses Denkens: Für Spinoza ist der freie Mensch im Besitz einer Weisheit, die *meditatio vitae* und nicht *meditatio mortis* ist. Heiter und fröhlich, wie der freie Mensch ist, strebt er auf natürliche Weise nach noch mehr Fröhlichkeit, und diese bedeutet zugleich mehr Vollkommenheit für ihn. Alles entfaltet sich hier über eine Erweiterung des Seins – vergleichbar mit der Glückssuche bei *Aristoteles*. Der Antrieb des postmodernen Menschen, in dessen Dienst auch seine Leidenschaften stehen, ist auf eine Zunahme des Seins ausgerichtet. Und dieser Antrieb ist damit letztlich nichts anderes als Gegenwärtigkeit, die ihre eigene Ausdehnung und Konsolidierung sucht.

LVII

Bei *Spinoza* erscheint die Gegenwart im Unterschied zu den Eruptionen der Postmoderne wie eine ruhige, fröhliche, sich allmählich ausdehnende Kraft. Aber auch diese sanftere und menschlichere Modalität der sehr frühen Moderne ist nicht mehr für uns bestimmt. Denn *unsere* Gegenwart ist labil, ungewiss, ausgesetzt, oft unvermittelt. Diese unsere Gegenwart scheint bis zum Bersten, bis hin zur apokalyptischen Selbstprophezeiung mit Zeit und Zeitlichkeit angefüllt zu sein. Unsere Gegenwart ist, um mit *Walter Benjamin* zu reden, die Notbremse, welche die Beschleunigung manchmal zum Anhalten zwingt und zur Rechenschaft zieht.

LVIII

Was bedeutet das für die Zukunft des Politischen?

Es bedeutet: Die beharrliche und demütige, ausgesetzte und ungewisse, eigensinnige und doch alles überdauernde Gegenwärtigkeit wird sich der bisherigen Moderne und ihrer Zukunftsmanie, der in ihrem Innern eine Musealisierungs- und Vergangenheitsmanie korrespondiert, in den Weg stellen – und sie retten können. Dasselbe gilt für die Postmoderne mit ihrer Zersplitterungs- und Auflösungstendenz.

Die am 11. September 2001 eingestürzten Zwillingstürme des World Trade Center in New York hätten meiner Meinung nach nicht wieder aufgebaut werden sollen. Und sie sollten keine Suche nach einer neuen „absoluten Gerechtigkeit" auslösen. Sie sollten zumindest in der Erinnerung eher als Abgrund bestehen bleiben, den niemand füllen kann – als Schlaglicht auf das Wahnsinnspotential der Gegenwart. Sie sollen das Gewesene mit der Gegenwart konfrontieren. Denn unser Zeitraum wird nicht der Geschichte zum Opfer fallen können, ohne dass die Geschichte die Vorherrschaft über die Existenz an sich reißt, sich an ihr rächt und aus ihrem daraus hervorgehenden Stillstand neue Nahrung für ihre Beschleunigung gewinnt.

LIX

Was bleibt?

Wir erfahren unsere Gegenwarts-Zeit nicht als absolut, sondern eher als Einschub zwischen zwei Ufern – das eine fern, das andere fremd. Aus dem Zyklus der modernen Abfolge herausgelöst, ist die heutige Form von Gegenwärtigkeit aber dennoch nicht bezuglos. Das Problem unserer Zeit „nach der Moderne" besteht darin, dass sie Gegenwärtigkeit *als Mittel* mit Gegenwart *als Grundlage des Künftigen* verbinden muss. Das bedeutet: dass sie Gegenwart als *ursprüngliche Zeitlichkeit* zum Maßstab und Zentrum politischen Selbstverständnisses machen muss.

Dazu bedarf es freilich neuer Tugenden. Ich wage zu behaupten, dass wir Tugenden brauchen, die nicht verzweifeltes Streben nach etwas Bestimmtem, sondern vielmehr die Selbstempfindung eines Überflusses darstellen, der sich großzügig anderen mitteilt und auf andere ausdehnt. Die Tugenden, nach denen wir suchen müssen, haben ihren gemeinsamen Ausgangspunkt in der Gegenwärtigkeit, und sie erweitern deren Konsistenz. Vielleicht finden wir sie im Umfeld von *hilaritas, humilitas*: Fröhlicher Großzügigkeit, durchdrungen von Bescheidenheit.

LX

Der Ausblick?

Spinozas hilaritas weist auf ihre Art bereits in die Richtung dessen, was für uns Heutige in neuer Weise ansteht. Denn *Spinoza* meint einen spontan verfügbaren Glückszustand, eine in der unmittelbaren Gegenwart um sich greifende *Freude*, die in ihrem Sinn an den heiteren und überraschenden Geist des Evangeliums, der Frohbotschaft, gemahnt. Der *Brief an die Thessaloniker* ist exemplarisch für dieses fröhliche Ungestüm reiner Gegenwärtigkeit. Wenngleich durchwirkt von der Erwartung der Parusie, verschweigt der Brief auch nicht die Sehnsucht nach einem Wiedersehen mit den Brüdern – das ganz menschliche Bedürfnis, sich in ihnen zu spiegeln, um Freude und Glorie zu finden. Und obwohl das Ende nahe ist, ermahnt *Paulus* die Brüder, der Gegenwart Wachstum zu verleihen:

> „Wir ermuntern euch aber, Brüder, darin noch vollkommener zu werden. Setzt eure Ehre darein, ruhig zu leben, euch um die eigenen Aufgaben zu kümmern und mit euren Händen zu arbeiten, wie wir euch aufgetragen haben."[2]

Die *hilaritas* ist demnach kein sich selbst genügendes Glück. Denn ein solches wäre zu keinem Wachstum fähig. *Hilaritas* ist eine Freude, die mir *an und in* der unmittelbaren Gegenwart zuteil wird. Sie kann deshalb nicht wie ein Gut an andere weitergereicht werden. Sie ist ihrem Wesen nach ein Geschenk. Deshalb kann sie nicht eingefordert, sondern höchstens *erwartet* werden: Als ein nicht austauschbarer Akt unvermuteter Großzügigkeit des Seins, dessen innerstes Wesen die Freude, eben die *hilaritas*, an und für sich selbst ist.

---

2 *Brief an die Thessaloniker*, 4, 11-12.

LXI

Daraus ergibt sich eine Perspektive.
Für Jean-Luc Nancy ist

„das *Geschenk* etwas, dessen Gegenwart nicht mit der Überreichung abgeschlossen ist. Das Geschenk ist das Unvermutete in der Anwesenheit seiner Gegenwart und bewahrt sich in dieser Unvermutetheit auf. Es ist deshalb Gabe: eine Zurücknahme und ein Rückbehalt der Überraschung. Es handelt sich hierbei nicht um eine Ökonomie des Schenkens, denn eine solche überlässt das Geschenk nie zur Gänze dem Beschenkten und räumt dem Schenkenden gewisse Rechte ein. Sondern es handelt sich um das *Wesen des Schenkens selbst*: Es ist eine Gabe, die niemandem zustehen kann, weil sie freiwillig gegeben wird. In der Tat: kein empfangenes Geschenk kann weitergeschenkt werden, ohne seinen ursprünglichen Geschenkcharakter zu verlieren. Die einzigartige Gegenwart, in der das Geschenk als solches überreicht wird, muss aufbewahrt werden. Das Geschenk wird entboten und der freien Verfügung des Empfangenden überlassen. Aber es hält auch in Freiheit vor dem Beschenkten inne, der frei ist, es anzunehmen. Der Akt der Gabe, eben genau seine Gegenwart, verleiht dem Geschenk seinen unschätzbaren Wert."[3]

Die besondere Haltung, die demnach den *Akt des Schenkens* begleitet, kann sich auf andere Menschen übertragen: Es ist die *Großmut der Fröhlichkeit*. Und dennoch ist die evangelische und später auch franziskanische *hilaritas humilis* sich des Irdischen und der Niedrigkeit der Kreatur völlig bewusst. Freude und Demut sind eng miteinander verbunden. Denn um ihre Niedrigkeit wissend, ist die Kreatur vom fürsorglichen Blick Gottes, der das Niedrige erhöht und das Erhöhte erniedrigt, umso mehr überrascht. *Demut* ist in Wirklichkeit eher eine *Realitätsnähe*, eine Tatsache eher als eine moralische Qualität. Es ist die Kleinheit, die Erdnähe, die ruhige Leidenschaft für das real Gegenwärtige. Aber die Demut verfügt zugleich über große Kraft. Denn sie legt durch ihre bodennahe Perspektive möglicherweise gerade das Fundament für eine „andere", eine neue Logik, die sowohl die der Moderne (und der Postmoderne) als auch *nicht* mehr die der Moderne (und der Postmoderne) ist: Eines noch Unbekannten, das wir erwarten.

---

3   J.-L. Nancy, *L'Expérience de la liberté*, Paris 1988. Übersetzung aus dem Original durch den Herausgeber.

LXII

Schließen wir ab, indem wir den Raum beschreiben, in den hinein wir uns als Ergebnis dieser Überlegungen begeben sollten, um ein neues Politisches abzusehen. Die Marien-Ikonographie stellt eine kleine, irdische Frau mit ihrem Kind dar: Die stolze Mutter desjenigen, der ihr als Gottessohn verheißen wurde. Und sie verkörpert *zugleich* reine Demut. Ihr Blick ruht schützend auf ihrem Kind – und hält zugleich dem Blick des Bildbetrachters stand: Ausdruck einer „anderen" Wertehierarchie als der des bloß „Neuen".

In der christlich-neutestamentarischen Vorstellungswelt hat sich „Gott" der Mühsal des Menschenlebens aussetzen müssen, um mit den Menschen sprechen zu können. „Gott" selbst hat sich erniedrigt, um die Großzügigkeit und das Geschenk seiner Macht sichtbar zu machen. Er hat den Himmel „von unten", aus den Abgründen des Kreuzes gesehen; und er hat die Unerreichbarkeit „des Vaters" am eigenen Leib erfahren. „Gott" hat sich zum Kreuz bekehren müssen, damit die Schöpfung vollendet werden konnte.

LXIII

In dieser für uns so schwer verständlichen *Demut des Absoluten* liegen der Stolz und die Leidenschaft der Gegenwärtigkeit ebenso wie der schlichten, alltäglichen *politischen Normalität*. Also der täglichen Politik der Gegenwart: Mutter sein, Vater sein, Kind sein, sich an dem freuen, was uns gegeben ist, es vorzuzeigen in der Gewissheit, dass es kein Recht, sondern Geschenk, und dass es unter Beschenkten keine Unterschiede, keine Niedrigeren und keine Höheren gibt.

Das sollte eine Metapher für das Politische sein, das wir brauchen. Es braucht Großzügigkeit, Herzensgröße und den Adel der Schlichtheit, um das Demütige und Verborgene, das Unscheinbare und Einfache, das Heitere und Freudige des Politischen in Gegenwärtigkeit aufzuzeigen, um es aufzuwerten.

LXIV

Und die Gegenwart selbst, in ihrer Gegenwärtigkeit? Deutsche Bahnhofsuhren weisen eine Besonderheit auf: Der Sekundenzeiger hält zu jeder vollen Minute einen Augenblick an, ganz so, als ob es zwischen einer Minute und der nächsten, zwischen einer Stunde und der nächsten eine *geschenkte Zeit* gäbe. Dieses Innehalten ist eine im Überfluss vorhandene und zum Geschenk gemachte Sekunde, in der ein Kreis in den nächsten mündet und das Ende zum Anfang wird. Es ist eine Zeit des Heils.

Ist dieses Heil Traum oder Realität?

Träume sind Wünsche, wie schon *Sigmund Freud* wusste. Meines Erachtens haben nicht alle Wünsche eine Existenzberechtigung – daher auch das doppelbödige Wesen der Traumbilder. Träume kann man nicht anordnen oder verbieten. Aber man muss im wahrsten Sinn des Wortes mit „offenen Augen" träumen, das heißt: Wünsche an Notwendigkeit koppeln, an das, was nicht ist, obwohl es sein müsste. Mit anderen Worten: Nicht von Macht, Größe, Erfolg sollen wir träumen. Sondern wir sollen von dem träumen, was uns fehlt, von dem Ort, an dem wir nie waren, der aber „unser" ist: Von der Gegenwärtigkeit. *Die Gegenwärtigkeit der Gegenwart ist das Wesen der „realistischen" politischen Träume der Gegenwart.*

LXV

Ziel meiner Überlegungen war ein Wechsel, eine Drehung der Perspektive. Wir waren bis vor kurzem gewohnt, unsere Politiken entweder in der (mittlerweile umstrittenen) Sicherheit des Ewigen (transzendentale Mission oder Sendung) oder im Glauben an Zeiten wie Vergangenheit und Zukunft (Ideologien der Stiftung, des Ursprungs oder der Utopie) zu verankern – in der Überzeugung, dass politischen Normen und Idealen dadurch Existenz, Dichte und Dauer gesichert sei. Die Vergangenheit bürgte für Stabilität, die Zukunft verhieß Vollendung.

Heute aber glauben wir nicht mehr an die Unveränderlichkeit, ja nicht einmal mehr an die dauerhafte Verbürgbarkeit von Normen und politischen Systemen. Wir misstrauen der ehrwürdigen Vergangenheit ebenso wie der verheißungsvollen Zukunft – zunehmend der Gefahr einer Zeit ohne Konsistenz, einem Übergang ohne Ende ausgesetzt. Durch den Verlust des Absoluten entgleitet uns auch der Horizont des Endlichen, also der Horizont des Politischen als „Substanz". Weder die Resignation noch die Suche nach einem „anderen" Horizont bloß um seiner selbst willen stehen in dieser Situation als sinnvolle Optionen zu unserer Verfügung.

Was bleibt, ist nur ein Aufbruch zu neuen Ufern: Uns der Gegenwärtigkeit der Zeit anzuvertrauen, ohne uns ihr auszuliefern. Die Zeit zu dehnen, sie auszubauen – um auf ihr aufzubauen, uns in der Gegenwärtigkeit einzurichten. Und aus dieser Position heraus unser Zusammenleben, das Ethos interpersonaler und politisch-sozialer Gemeinschaft sowie die Möglichkeit einer erstmals vertieft *gegenwartsorientierten* Politik neu zu denken.

Nachwort. Zwischen „schwachem Staat" und „starkem Selbst": Die italienische Erfahrung des Politischen – und ihre Anregung für Europa

Roland Benedikter

Fassen wir zusammen – und blicken voraus. Worin besteht das Grundmotiv der italienischen *Erfahrung* des Politischen, wie es die Beiträge dieses Buches direkt oder indirekt herausgearbeitet haben? Wie hängt es mit dem politischen *Denken eines Künftigen* zusammen? Und wohin bewegen sich beide: *Erfahrung* und *Denken* des Politischen in ihrer zeitgenössischen Wechselbeziehung? Schließlich: Welche Anregung kann ihre spezifisch italienische Verbindung für das immer noch erst entstehende Europa entfalten?

I

Klar wird zunächst aus allen Beiträgen dieses Buches: *Das politische Denken Italiens entspricht der Grunderfahrung des Politischen auf der Halbinsel.* Dies zumindest seit dem Beginn der Moderne: seit der – in sich vielfach brüchigen, umstrittenen und konfliktreichen – Gründung des italienischen Nationalstaats 1861, und der sich daraus ergebenden Folgegeschichte. Das gemeinsame Kernmotiv der italienischen Erfahrung des Politischen ist, wie die Beiträge dieses Buches gezeigt haben, *die Spannung zwischen „schwachem Staat" und „starkem Selbst"*: zwischen einem von Anfang an von verschiedenen Kräften unterwanderten „schwachen Staat ohne Volk" und einem – eben deshalb – zum Teil übersteigerten, ja zuweilen an Anarchie grenzenden „starken" Individualismus des Einzelnen, der den Staat ständig implizit oder explizit, zuweilen auch eher unwillentlich als willentlich zu untergraben droht. Der „Staat ohne Volk" hat in der politischen Geschichte Italiens mit und seit seiner Gründung ein „Volk ohne Staat" hervorgebracht, das ihm zutiefst misstraut.

II

Umgekehrt führt das zu systemischem – und systematischem – Misstrauen des Staates gegen den Bürger. Die Folge ist unter anderem eine staatliche und institutionelle Regulierungswut, die dafür gesorgt hat, dass Italien zwischen 1963 und 2003 die astronomische Anzahl von 150.000 Gesetzen verabschiedet hat, während es im gleichen Zeitraum in Deutschland 7.325 und in Frankeich 5.587 waren.[1] Ergebnis: der italienische Alltag ist bis ins Kleinste derart überreguliert, dass es für ein und denselben Sachverhalt oft mehrere konkurrierende Gesetze gibt – was zur Folge hat, dass sehr vieles „Interpretationssache" wird und das Individuum sich daher ermächtigt fühlt, zu tun, was es will.

Als Effekt borden angebliche „Kavaliersdelikte" wie Steuerhinterziehung gegen den Staat und Korruption in den Institutionen trotz aller Reformbemühungen über, mit Italien an 69. Stelle im Korruptions-Wahrnehmungs-Index (*Corruption Perception Index*) 2014 von *Transparency International*, dem letzten Platz aller EU-Staaten, hinter Ghana, Ruanda oder Kuba und auf selber Stufe wie Swaziland und Bulgarien.[2] Allein die Steuerhinterziehung wurde 2014 von Ministerpräsident *Matteo Renzi* auf 91 Milliarden Euro oder 6 % des Bruttonationalprodukts geschätzt – wobei der Staat gleichzeitig allein im Jahr 2013 70 % seiner Prozesse gegen die eigenen Bürger verlor. Die Regulierungsdichte, geschuldet dem Misstrauen einer „schwachen Gemeinschaft" gegen einen „starken Einzelnen", erzeugt nicht Rechtssicherheit, sondern Rechtsunsicherheit, weil es für alles eine Erklärung gibt und zudem der Katholizismus mit seinem Kernprinzip der Vergebung dazu tendiert, das meiste entweder zu relativieren oder zu entschuldigen.

III

Das Kräftemessen „schwach" gegen „stark" betrifft aber nicht nur das Verhältnis zwischen Staat und Bürger, sondern steht auch in vielerlei anderer Weise im Zentrum italienischer Politikerfahrung. Darunter sind die Dichotomie „schwacher" Süden gegen „starker" Norden; die notorische Dialektik zwischen „starken" politischen Parteien und „schwachem" Zweikammer-Parlament (*bicameralismo perfetto*); „schwache" Regierung gegen „starke" Berufs- und Interessensverbände;

---

1   J. M. Magone: *The Politics of Southern Europe. Integration into the European Union,* Westport 2003, p. 107.

2   Transparency International: *Corruption Perception Index 2014: Results,* http://www. transparency.org/cpi2014/results.

„schwacher" Staat gegen „starke" organisierte Kriminalität, vor allem südlich von Rom (*mezzogiorno*); „schwache" Meritokratie- gegen „starke" Beziehungskultur; „starke" Schönheit des Landes bei „schwacher" Innovation (*Matteo Renzi*); aber auch der nicht erst seit der Mediendemokratie *Silvio Berlusconis* (1994-2011) im Zentrum der öffentlichen Debatte stehende Grundsatzgegensatz „schwache" Politik gegen „starke" Wirtschaft. Der Gegensatz „schwach" gegen „stark" steht insgesamt im Kern der italienischen Erfahrung des Politischen und des Staates, und zwar sowohl synchron wie diachron: also im Kern weitgehend unabhängig von Zeitkonstellationen.

IV

Angesichts dieser „gespaltenen" Systemvoraussetzungen ist es bemerkenswert, dass Italien trotzdem die drittgrößte Wirtschaft der Eurozone mit zuletzt deutlichen Fortschritten in der Effizienzsteigerung seiner Produktion bleibt. Das verweist auf die hier wie selten anderswo entwickelte gemeinsame Kunst von Staat und Bürger, sich wechselseitig zu „arrangieren" und aus dem – allzu oft unübersichtlichen und wenig stabil planbaren – Augenblick das Beste zu machen. Womit bereits ein postmodernes Kernproblem weit über Italien hinaus in die heutige europäische Einigungskonstellation hinein beschrieben wäre.

V

Insgesamt gilt: „Schwach" gegen „stark", oder: ein Staat, der das Individuum nie ganz gewinnen kann, und ein Individuum, das der Organisation von Staatlichkeit misstraut: Das ist die für Italiens Gemeinwesen seit der Gründung als moderne Nation durch Liberale gegen Kirche und konservative Nationalisten grundlegende Dualität. Sie begründet eine Konstellation, die der Doyen des italienischen Intellektualismus, der Historiker, Schriftsteller und Journalist des *Corriere della Sera*, *Indro Montanelli*, einmal mit dem berühmten Satz auf den Punkt brachte: „Italiener können alles. Nur kein Staat – kein Volk sein".

VI

Im Zentrum der italienischen Dichotomie „schwach-stark" steht bei alledem nun eine Frage: *Wie stark soll der Staat sein?* Das ist bis heute die Kernfrage an der Wurzel, am (bewussten und unbewussten) Grund oder im ausdrücklichen Kern der meisten politischen Debatten des Landes. Diese Frage ist auch der wesentliche ideologische Maßstab und Gradmesser, an dem sich die Parteien mehr als anderswo reiben und profilieren.

Interessanter als die diesbezüglichen inneritalienischen Tagespolemiken ist aber für deutschsprachige Europäer, *dass diese Frage längst auch auf ganz Europa übertragbar ist.* Zu fragen: Wie stark oder wie schwach soll die staatliche Einheit gegenüber den sie konstituierenden Teilgewalten sein? Und wie stark soll sie gegenüber dem Individuum sein? macht heute für das Reformitalien *Matteo Renzis*[3] (Ministerpräsident seit Februar 2014) ebenso viel Sinn wie für ein Europa, das sich auf der einen Seite einem „starken" Superstaat verweigert, auf der anderen Seite aber wieder in je für sich „schwache" Nationalstaaten auseinanderzufallen droht. Dazu haben die vielen europäischen Krisen der jüngsten Vergangenheit wie die Wirtschafts- und Finanzkrise 2007-2012, die Schuldenkrise seit 2010, die Flüchtlings- und Migrantenkrise seit 2014 und die Terrorkrise seit (spätestens) 2004 (Madrider Zuganschläge) und erneut seit 2015 (Pariser Januar- und Novemberanschläge) beigetragen. Sie alle haben gezeigt, dass auf der einen Seite Europas Grenzen nach außen und innen mit fortschreitender Einigungs-Entwicklung aufbrechen, auf der anderen Seite aber bislang kein Europa vorhanden ist, das diesen Namen im Zeichen „echter" Einheit und staatlicher Konsistenz verdient. Das hat die weitgehend einhellige Reaktion der europäischen Leitmächte unterstrichen, dass nur eine „starke" gemeinsame Zivilreligion den Terrorismus besiegen wird können, wie Italiens Ministerpräsident *Matteo Renzi* im November 2015 in seinen Stellungnahmen zur italienischen Position und Rolle zu Recht hervorhob.

---

3   R. Benedikter: *Das Italien Matteo Renzis. Wohin führt der Weg der drittgrößten Volkswirtschaft der Eurozone? Eine interdisziplinäre Landesstudie.* Mit einem Vorwort von Caroline Kanter, Leiterin der Konrad Adenauer Stiftung Rom. Schriftenreihe der Konrad Adenauer Stiftung, Rom und Berlin 2015 / *Matteo Renzi's Italy. Where Is The Third-Largest Eurozone Economy Heading? An Interdisciplinary Nation Study.* With a foreword by Caroline Kanter, Head of the Konrad Adenauer Foundation, Italy Office, Rome. Publication Series of the Konrad Adenauer Foundation, Rome and Berlin 2015 (deutsch und englisch).

VII

Immer klarer wird in dieser Konstellation: Europa kann nicht bleiben, was es ist. Es muss die Frage zwischen Einheit und Vielheit, und das heißt im Kern: zwischen „Stärke" und „Schwäche" seiner Institutionen und Regulative in Bezug auf Bürger, regionale und nationale Akteure sowie insgesamt auf das angestrebte Mehrebenensystem einer Regierung der „Einzelnen in Gemeinschaft" neu stellen und neu beantworten, wenn es Bestand haben und sich weiterentwickeln will.[4] Dass es dabei ebenfalls zentral um Fragen der „Schwäche" oder „Stärke" zwischen Nord und Süd – nämlich zwischen den Nord- und Südstaaten der Eurozone und ihrem unterschiedlichen Gewinn aus der und ihrem verschiedenartigen Einfluss auf die gemeinsame Währung – geht, ist das eine. Dass es, wie die Reformvorschläge Großbritanniens zur Vermeidung des Austritts gezeigt haben, um Fragen der Überregulierung versus Regulierung sowie „starker" Zentralisierung versus „schwacher" Dezentralisierung geht, ist das zweite. Dass die Frage nach einer „starken" oder „schwachen" gemeinsamen europäischen Zivilreligion die Entwicklung europäischer Staatlichkeit begleitet, ist ein drittes. Und dass schließlich die Frage, wie ein gemeinsames, „starkes" europäisches Bürgertum auf der Grundlage verbesserter Individualrechte möglich ist, ohne die einzelnen Nationalstaaten ungebührlich zu schwächen, eine zentrale Rolle spielen wird, ist ein viertes. Alle vier Aspekte verbinden die heutige europäische Debatte in ihrem Kern mit Elementen, die Italien auf nationaler Ebene bereits seit dem 19. Jahrhundert im Zeichen der Asymmetrie zwischen „schwach" und „stark" an zentraler Stelle beschäftigen.

---

4   R. Benedikter: *Europa kann nicht bleiben, was es ist. Lehren aus Europas Schuldenkrise: Regierungseinheit, Fiskalunion und europäische Zivilreligion. Versuch einer Gesamtschau.* Mit einem Vorwort von Matthias Schäfer, Leiter des Teams Wirtschaftspolitik der Konrad Adenauer Stiftung Berlin. Schriftenreihe der Konrad Adenauer Stiftung Berlin und St. Augustin: Im Plenum, herausgegeben von Matthias Schäfer, Berlin 2013, http://www.kas.de/wf/de/33.33897/ und http://www.kas.de/wf/doc/kas_33897-544-1-30.pdf?130325164828. Englische Version: R. Benedikter: *Europe cannot remain what it is. Lessons from Europe's debt crisis: Governmental union, fiscal union and European civil religion. An attempt to gain an overall picture.* With a foreword by Matthias Schäfer, Head of the Economic Policy Unit of the Konrad Adenauer Foundation Berlin. Publication Series of the Konrad Adenauer Foundation: Social and Economic Governance Programme Asia, Japan Office, Tokyo 2013, http://www.kas.de/japan/en/publications/36034/, http://www.kas.de/wf/doc/kas_36034-1522-2-30.pdf?131118045118 and http://www.kas.de/wf/doc/kas_36034-1522-2-30.pdf?131205045437.

VIII

Die italienische Erfahrung kann deshalb gerade auf der Debattenebene bis zu einem gewissen Grad Vorbild für die anstehende europäische sein. Italien geht in Bezug auf die Frage nach der wünschenswerten Relation zwischen „Schwäche" und „Stärke" des Staates unter *Matteo Renzi* einen deutlich neuen Weg: den Weg eines zwar nicht umfassend „starken", aber relativ „stärkeren" Staates. *Renzi* ist überzeugt davon, dass ein funktionsfähigerer Staat die Steuern senken, die Gesetzeszahl sowie die entsprechenden Kontroll- und Überwachungsmechanismen reduzieren, die Bürokratie entschlacken, die Meritokratie verstärken und insgesamt die Bürger sowohl entlasten wie besser „vergemeinschaften" kann. Denn – so der junge Ministerpräsident – nur „Stärke" im Sinn von wenigen klaren Regeln und Prozessen, die einzuhalten sind, kann einen „kleinen", möglichst wenig in die Geschicke des Bürgers eingreifenden Staat begründen. *Renzis* Verfassungsreform mit Reduktion eines deutlich verschlankten Parlaments auf eine (bisher zwei) Entscheidungskammer, seine Dezentralisierungsmaßnahmen bei Vereinfachung und zum Teil Zusammenschluss sekundärer Körperschaften sowie seine Steuervereinfachungs- und Schulreformen zielen in diesem Sinn nicht auf „weniger", geschweige denn einen „schwächeren", sondern im Gegenteil auf einen „stärkeren", effizienteren Staat, der eben dadurch den Bürger zu größerer Freiheit, Eigeninitiative und Eigenverantwortung befähigen kann.

IX

Damit macht das heutige Italien bis zu einem gewissen Grad vor, was Europa tun muss, um sein Projekt zu erhalten und weiterzuentwickeln: den europäischen Gemeinschaftsstaat durch Vereinfachung und zugleich Abstufung in vergleichsweise autonome Unterebenen zu stärken, indem er entbürokratisiert und dezentralisiert wird, um einen drohenden „Superstaat" zu vermeiden. Dabei sollte „Schwäche" aber weiterhin ein wesentliches Element zur programmatischen Einbindung der zivilgesellschaftlichen Komponente bleiben. „Stärke" und „Schwäche": Die Kunst ist, sie je an dem Ort anzuwenden, wo sie produktiv sind, um dann komplementär zueinander wirken zu können. Oder wie *Renzi* mit Blick auf die europäische Ebene zu Recht immer wieder betont: *Wir brauchen die „Vereinigten Staaten von Europa", wenn das europäische Projekt weitergeführt werden soll – aber in einer neuen Verhältnisbestimmung zwischen „Stärke" und „Schwäche", die anders sein wird als in den Vereinigten Staaten von Amerika.* Diese Verhältnisbestimmung zu diskutieren, ist nicht nur ein zentraler Bestandteil der Reform der Europäischen

Union, sondern ein wesentliches Element und ein bestimmender Motor politischer und politikphilosophischer Diskussion im heutigen Italien.

X

Es ist dieser größere Zeithintergrund, der im heutigen *politischen Denken* des „schönen Landes" (*Il bel paese*), wie sich Italien selbst in aller Ernsthaftigkeit und Wärme, aber nicht ohne doppelten Boden nennt, zu einer *fünffachen* Bewegung politikphilosophischer Innovationsbemühung führt:

- *Erstens* zu Bemühungen, „Schwäche" von Staatlichkeit positiv auszudeuten. Schwäche soll für die Selbstorganisation nicht nur einer „Dritten Republik" Italien, die aus *Renzis* Reformen hervorgehen könnte, sondern auch der gesamt-europäischen Gesellschaft und des gesamteuropäischen Projekts als produktive „Vielheit in der Einheit" ohne „starke" Zentralinstanz fruchtbar gemacht werden. Diese Bemühungen entsprechen im wesentlichen den Vorschlägen *Cacciaris* im vorliegenden Buch.
- *Zweitens* bestehen in aktivem Gegensatz dazu Bestrebungen, einen „starken" Staat nicht-autoritär und demokratisch zu denken. Dieser soll jedoch sein grundlegendes Paradoxon: seine Gründung und Legitimation durch eine libe-rale Konzeption beibehalten. Dies entspricht im wesentlichen der Gangart und Perspektive *Balistreris*.
- *Drittens* ergeben sich zahlreiche Vermittlungsansätze zwischen beiden. Diese wollen zwar mehrheitlich einen „starken" Staat. Aber einen, der die „weichen politischen Faktoren" (*fattori politici soffici, soft political factors*) des Individuellen – einschließlich anthropologischer Selbstvollzüge wie Erinnern und Vergessen und der Selbstorganisation individueller Identität zur kollektiven Gemeinschaft – besonders ernst nimmt. Diese Ansätze wollen im Kern *Kontextpolitiken* (*politiche contestuali, contextual politics*) des Individuellen und der Identität, die bisher meist als prä- oder proto-politische Faktoren galten, als gleichwertig neben, in und jenseits der klassischen Partei- und Institutionenpolitiken etablieren. Sie streben mit der gewünschten Verbindung von „stärkerem Staat" mit „starkem Selbst" unter Gesichtspunkten „weicher" Politikfaktoren eine *Quadratur des Kreises* an, die den italienischen politischen Prozess seit jeher gekennzeichnet hat. Damit war in der Tat in der italienischen Denktradition in natürlicher Weise ein „postmodernes" Kernproblem lange vor der „Postmoderne" angelegt – nicht zuletzt durch den Einfluss der Kirche. Die Tendenz zur Aufwertung „weicher"

Politikfaktoren zu „echter" Politik folgt im wesentlichen der Ausrichtung, die *Bodei* im vorliegenden Buch skizziert hat.

- *Viertens* ergibt sich in Kenntnis der damit dreifach gesetzten Eckpunkte und Orientierungsfahnen ein besonderer Fokus auf Gerechtigkeit und Gerechtigkeitsoptionen. Diese betreffen insbesondere das Spannungsfeld zwischen kollektiv und individuell sowie zwischen lokalen, nationalen und supranationalen (europäischen) Akteuren, um die Grundspannung zwischen „schwach" und „stark" durch Verbreiterung zu entlasten. Das hat *Veca* im vorliegenden Buch kondensiert ausgeführt. Damit kommt im italienischen Denken ein Grundproblem der aktuellen Phase der Globalisierung: Gerechtigkeit zwischen „schwachen" und „starken" Kräften unter Bedingungen ihrer Asymmetrie zum Tragen, das weit über Europa hinaus schlagend wird.

- *Fünftens* schließlich bedienen sich die meisten zeitgenössischen Vermittlungsversuche ausdrücklich experimenteller Leitkonzepte, deren Charakter aktive Unfertigkeit, Flexibilität, begriffliche Dehnbarkeit und programmatische Metaphorik ist, um zum Teil in Bildern ein noch Ungedachtes zu umkreisen. Dazu gehören Leitkonzepte wie „Immunisierung" und „Gegenwärtigkeit", die *Esposito* und *Perone* ausgeführt haben. Diese kreisen um die gemeinschaftsfähige Selbstermächtigung eines gesteigerten Individuellen unter Bedingungen der Nichtanpassung, des Ungenügens an der Umgebung – den Institutionen und Parteien, deren Kanonisierungen und Utopien – und struktureller Dysfunktionalität. Hier wird das Äußere des Politischen am weitestgehenden ins Innere gewendet.

XI

Wegen dieses Fünfschritts in der Antwort auf die Grunddialektik „Schwäche" versus „Stärke" kommt der italienischen Politikphilosophie insgesamt hohe Aktualität im heutigen europäischen Denkpanorama zu. Ihre Thesen finden viele Anschlusspunkte in der Gegenwart.

Darunter ist wie erwähnt insbesondere die Diskussion um den weiteren Einigungsprozess Europas. So etwa die nach wie vor völlig offene EU-Diskussion um einen „starken" oder „schwachen" Gemeinschaftsstaat. Welche Kompetenzen eine – bisher überproportional „starke" – europäische Zentralregierung (*Europäische Kommission*) und das – bisher deutlich (zu) „schwache" – Europäische Parlament in Zukunft haben sollen, und wie sie sich dabei zueinander verhalten sollen; wie sich deren „große" Kompetenzen zu „kleinen" regionalen und lokalen Autonomien verhalten sollen; wie autonom und handlungsfähig die Europäische Zentralbank gegenüber den Interessen der Nationalstaaten im Spannungsfeld zwischen Nord-

und Südstaaten und zwischen West- und Oststaaten werden kann; und ob es eine europäische Armee geben soll, die diesen Namen verdient, wie von EU-Kommissionspräsident *Jean-Claude Juncker* im März 2015 gefordert – all dies sind Fragen im Spannungsfeld zwischen „stark" und „schwach", denen eine neue Grundsatzreflexion jenseits rein technischer Überlegungen gut täte. Die heutige italienische Politikphilosophie zeigt, dass man eine solche Diskussion führen kann – wenn auch Worte noch keine Taten sind.

XII

Zweitens ist das italienische Politikdenken heute von Belang für die Grundsatzdiskussion um die zivilreligiöse Zukunft des (europäischen) Nationgedankens. Individualrechte werden gegenüber Kollektivrechten trotz Rückschlägen und temporären Regressionen (Frankreich, Großbritannien, Schweiz) mittel- bis langfristig tendenziell weiter gestärkt werden, sofern Terror und darauf reagierende Sicherheitsreaktionen nicht die Überhand gewinnen. Das wird das traditionelle nationalstaatliche Prinzip weiter aushöhlen. Welcher Nationalstaat bleibt dann übrig? Und wie wird die Befindlichkeit in ihm sein? Italiens Denken hat Erfahrung mit einem „ausgehöhlten" Nationalstaat und der Befindlichkeit eines Individuums, das sich *in* ihm im Zwiespalt zwischen Selbstermächtigung und Haltverlust findet – also mit einer zum Normalzustand werdenden Vertrauenskrise, die im übrigen heute in Europa die Wiederkehr mehr oder weniger radikaler „Grund und Boden"-Bewegungen wie etwa des *Front National* in Frankreich oder der *UK Independence Party (UKIP)* in Großbritannien begünstigt.

XIII

Drittens spiegelt die Grundspannung zwischen „schwach" und „stark" bis zu einem gewissen, wenn auch umstrittenen Grad die kulturelle Doppelcharakteristik Italiens – und Europas – zwischen (liberalem) Laizismus und politischem Einfluss von Kirchenreligion wider. Italien kann damit einen gewissen Beispielcharakter beanspruchen für Konstellationen insbesondere in den europäischen Mitte- und Oststaaten, die ähnliche System-Komponenten aufweisen, darunter Polen oder die Balkanstaaten. Italien war seit dem Beginn der Moderne ununterbrochen ein Versuchsfeld der Beziehung zwischen den politischen Konnotationen von Religion und Säkularismus. Dieses Feld stellt unter dem Signum der „Wiederkehr der Religionen" und ihrer Politisierung nicht erst seit *Samuel P. Huntingtons* „Kampf der Kulturen", *Papst Johannes Pauls II.* (*Karol Wojtylas*) „starkem" Einfluss auf den Zusammenbruch des Kommunismus oder *Papst Benedikt des XVI.* (*Joseph Ratzingers*) „weicher" „Rechristianisierungs"-Strategie für Mitteleuropa bis in die Gegenwart eine produktive Grundspannung dar, ob man Religion nun zum alten Eisen zählt, sie politisch bagatellisiert oder nicht. Diese Grundspannung wird unter dem Eindruck wachsender Fundamentalismen, die zum Teil zu Terror und (notgedrungen autoritärer) Gegenreaktion des säkularen Staates führen, voraussichtlich weiter an Bedeutung zunehmen.

XIV

Schließlich ist *viertens* das italienische Denken zwischen „schwachem Staat", also nicht befriedigenden Institutionen, und „starkem Selbst", also Aufbegehren des Bürgers zur Selbstermächtigung, auf die er aber aufgrund seines ideellen (katholischen) Kommunitarismus niemals ausreichend vorbereitet sein kann, ein Motiv, das Europa zu denken geben kann. Es kann zu denken geben vor allem einem europäischen Apparat, der zivilgesellschaftliche Motive noch nicht ausreichend reflektiert und bisher kaum in seine Prozesse integriert. Das Bewusstsein von „stark" und „schwach" sowie die Suche nach ihrer bestmöglichen Vereinigung hat im heutigen Zeitalter der „Aufmerksamkeitsökonomie", der eine immer noch fehlende europäische Öffentlichkeit korrespondiert, mehr denn je mit der bewussten Arbeit an Sozial- und Gesellschaftspsychologien beziehungsweise transnationalen Psychopolitiken zu tun – also mit kontextuellen Politikfaktoren, die „weich" sind, aber „stark" wirken (*Bodei, Veca, Esposito, Perone*).

XV

Zusammenfassend stellt die italienische Politikphilosophie vor dem ureigensten Hintergrund der italienischen Staatsgeschichte die Grundfrage nach dem Verhältnis starker-schwacher Staat – und damit zwischen Stärke und Schwäche im sich entwickelnden Politischen und dessen Selbstkonzeptionen insgesamt. Damit stellt sie aber zugleich auch noch eine weitere Frage: Inwieweit „postmoderne" und (angeblich bereits bestehende) „post-postmoderne" Ansätze, die beide im Trend heute *post-humanistisch* konturiert sind, dazu geeignet sind, diese Frage entweder in die eine oder andere Richtung zu beantworten, oder aber in einen „dritten" Ansatz hineinzuführen. Dieser hätte beide zugleich zu überwinden und zusammenzuführen.

XVI

Die beiden ersten Aufsätze dieses Buches argumentierten jeweils archetypisch – und zweifellos im Sinn der Statuierung eines Exempels, an dem sich eben aufgrund seiner Eindeutigkeit die Diskussion reiben kann – *entweder* für „Schwäche" *(Cacciari) oder* für „Stärke" *(Balistreri)*. Wir haben an den auf sie folgenden, auf sie reagierenden Kapiteln dieses Buches gesehen, dass es an Versuchen zu einem dritten, „transzendierenden" Ansatz im heutigen Italien ebenfalls nicht mangelt.

So helfen die „erinnerungspolitischen" Überlegungen *Bodeis* dabei, den zunächst etwas rudimentären und holzschnittartigen Konzepten der „Schwäche" und „Stärke" Hintergrund und Tiefe zu geben. *Bodei* malt, um den Raum, in den sich die Abstraktionen von „Schwäche" und „Stärke" hineinstellen, realistischer zu zeichnen, ein für Italien typisches Helldunkel *(chiaroscuro)* des „proto-politischen" Inneren des Einzelnen. Er untersucht damit den oszillierenden, fließenden und brüchigen Raum des Subjekts auf Möglichkeiten einer Synthese zwischen konturierten *und* bildefähigen Politik-Elementen, die – typisch für den „klassischen" italienischen Ansatz, der das Individuelle gegenüber dem Gemeinschaftlichen bevorzugt – nicht dem Allgemeinen, sondern dem Besonderen entnommen werden. Trotz des Versuchs möglichst ausbalancierter „Neutralität" im Sinn einer „dritten" Position bleibt bei *Bodei* das Konzept politischer Geltung unabdingbar an die strukturale „Schwäche" des Subjekts gebunden, die in der primordialen Präkarität der *conditio humana* selbst wurzelt und als solche die *ununterschreitbare* Grenze jedes politischen Zugriffs darstellt.

XVII

Salvatore Veca verfolgt auf den ersten Blick einen verwandten Ansatz. Seine Neukonzeption von Utopie sucht deren Begriff aus den „starken" Fängen der modernen Ideologien zu befreien – und ihr eine „schwache", wandelbarere Grundlage „von unten herauf" zu geben: nämlich aus den Unzulänglichkeiten und Unwägbarkeiten der Existenz des vereinzelten (postmodernen) Subjekts heraus. Aus seinen Überlegungen wird jedoch zugleich klar, dass bereits die Rede von einer „globalisierten Postmoderne" eine Synthese zwischen „stark" und „schwach" darstellt – oder zumindest begrifflich nötig macht, will das Politische nicht an der Grundkonstellation der kommenden Jahre: Erweiterung ins Ganze bei gleichzeitiger innerer Fragmentierung vorbeigehen.

XVIII

Ähnlich skizziert *Roberto Esposito* in seinen drei Kernbegriffen für ein zeitgemäßes politisches Denken keine „große" politische Ideologie, die sich aus einer – in wenn auch neuer Weise – „globalistischen" oder gar neo-universalistischen Staats-Konzeption ergäbe. Vielmehr geht er, auch er hierin typisch italienisch, vom individuellen „Körper" des Subjekts aus – und untersucht, wie dieser für eine neue politische Theorie „vom Leben des Einzelnen her" fruchtbar gemacht werden könnte. Was *Esposito* findet, liest sich wie eine Metapher des heutigen Zustands Europas: Kommunitäten müssen sich immunisieren gegen ihren Verfall. Aber es kommt darauf an, wie. Immunisieren sie sich – etwa gegen den Terror des sogenannten Islamischen Staats (IS) –, um „für" etwas schützend und integrierend aufzubauen, einschließlich der Integration eines „Fremden", das sie zum Teil – notwendig – selbst mit hervorbringen, indem sie sich verändern? Oder schließen sie sich gegeneinander und in sich gegen Durchlässigkeit und „Leben" ab, um etwas einzufrieren, das bei genauer Betrachtung seit dem Beginn der Moderne nie stabil und „mit sich identisch" war?

Hier ergibt sich nicht nur die Notwendigkeit des Neuaufbaus des Begriffs des Politischen unter dem Signum der Erweiterung des Bedeutungs- und Geltungsumfangs seiner Aufbaukategorie „Leben". Sondern es zeichnet sich auch, immanent und nicht-explizit, eine Art „realistische Metaphysik" des Lebendigen für die kommenden Jahre ab, die manches an bisherigen Ideen zu „post-postmodernen" Gesellschaftsentwürfen ergänzen, manches andere ablösen könnte.

XIX

Schließlich eröffnet *Ugo Perone* – nicht unüberraschend – genau am Treffpunkt zwischen „schwach" und „stark" eine expliziter metaphysische Dimension des Politischen, die sich ihm am Ereignis der Erfahrung von *Gegenwärtigkeit* ergibt. Diese Erfahrung ist kommunitarisch, *weil* sie individuell ist: das Individuellste wird ihr zum Allgemeinsten. Bei *Perone* erfolgt diese Grund- und Anfang-stiftende Erfahrung für ein gegenwartsfähiges Politisches aber nicht in deutscher, sondern in italienischer Färbung: Nicht das Allgemeine umhüllt und schützt das Individuelle (ideale Volksgemeinschaft der Moderne, in der jeder für jeden in gesellschaftlicher Solidarität eintritt und in der niemand zurückgelassen wird, Deutschland), sondern das Individuelle ist das Allgemeine (der Einzelne in seiner nicht vergesellschaftbaren *conditio humana* ist das letzte Gut und Ziel von Gemeinschaft, Italien)

Zugleich klingt es bei *Perone* vielleicht am deutlichsten – und, zumindest der Diktion, der Sprache und der Metaphorik nach, vielleicht am italienischsten – an:

Die einzig *realistisch in den Phänomenen „anwesende"* spirituelle Zeit-Erfahrung des Politischen unter Demokratiebedingungen ist das *„Es wird gewesen sein: Jetzt".* Das heißt: Wer den Augenblick hier und jetzt *in actu* aus dem Gesichtspunkt von Jahren später erleben kann, und zwar nicht träumerisch, sondern in gleichsam (gefühlter) „absoluter" Gegenwärtigkeit und Anwesenheit, vereinigt Vergangenheit und Zukunft in einer Gegenwart, die sich *überzeitlich* „jetzt" anfühlt – und dabei durchdrungen ist von der Wärme und Liebe eines *aus der Zukunft hereinbrechenden Erinnerns an das, was jetzt gerade geschieht.* Liegt darin ein Teil der „psychopolitischen" *(Bodei)* Zukunft des Politischen? Und wenn ja: Welches *Politischen?* Eines „säkular-spirituellen" Politischen, das sich einerseits seiner metaphysischen Fesseln entledigt, aber andererseits in der Erfahrung des eigenen Existenz-Ereignisses eine „andere" Art von Metaphysik kultiviert? Und welche *Zukunft?* Die Zukunft des Politischen Italiens, Europas – oder der Globalisierung?

XX

Manche dieser Stoßrichtungen mögen dem deutschsprachigen Leser spekulativ oder gar abenteuerlich erscheinen. Vor dem kulturellen und historischen Hintergrund Italiens sind sie das aber weit weniger als vor dem Mitteleuropas.

Dennoch bleibt die Frage: Wird Italien den Spagat zwischen „schwach" und „stark" nicht nur vorausdenken, sondern auch in seiner konkreten politischen Erfahrung im Sinn einer Überwindung bisheriger Problemstellungen schaffen? Und kann es damit Europa einen Impuls geben?

Eben wegen der schier unaufhebbaren – und so in anderen Ländern kaum vorhandenen – Spannung zwischen Individuum und Staat wird von vielen Politikern der Halbinsel, darunter zuletzt von Ministerpräsident *Matteo Renzi* im Mai 2014 in einem Gespräch mit dem *Time* Magazin, offen ausgesprochen,

> „dass Italien kein normales Land *(un paese normale)* ist, nicht sein kann und auch nie sein wird. Wir haben eine viel zu komplizierte Bürokratie, und, um ehrlich zu sein, ein sehr irritierendes politisches System. Wir haben die doppelte Anzahl von Parlamentariern im Vergleich zu den Vereinigten Staaten; und wir bezahlen einigen Regionalgouverneuren mehr, als der Präsident der USA entlohnt wird. Italien kann wohl kein normales Land sein, sondern wird ein besonderes bleiben. Aber hoffentlich ein immer einfacheres und besseres."[5]

---

5   Il Post: *Renzi: « L'Italia non sarà mai un paese normale »,* 8 maggio 2014, http://www.ilpost.it/2014/05/08/intervista-renzi-time/.

XXI

Renzis Wahrnehmung wird im Ausland durchaus geteilt. Deshalb ist eine oft gehörte Behauptung vor allem in den weit staatsfreundlicheren, gemeinschaftsorientierteren und daher in mancherlei Hinsicht „einfacheren" deutschsprachigen Ländern, dass nicht nur die italienische Politik*praxis* zum Teil schwer verständliche Eigenheiten zeigt, sondern auch das italienische Politik*denken* bis zu einem gewissen Grad ein besonderes ist – und im europäischen Konzert eher für sich steht. Dazu kommt zuweilen die Wahrnehmung von Unsachlichkeit italienischer Politikdiskurse, auf die sich das italienische Politikdenken direkt oder indirekt bezieht:

> „In Italien scheinen politische Debatten stärker als anderswo von persönlichen und parteipolitischen Interessen bestimmt – und mit viel Polemik, Hysterie und Theatralik angereichert zu werden. Eine sachliche Diskussion wird dadurch oftmals unterdrückt."[6]

Zu Recht konstatierte die *Neue Zürcher Zeitung* ein Jahr nach der – damals bereits zweiten – Wahl eines der reichsten Männer Europas, des Mailänder Medien- und Bauunternehmers *Silvio Berlusconi*, zum italienischen Ministerpräsidenten im Mai 2001 für die Apenninen-Halbinsel politische Verhältnisse in zum Teil chaotischer, für Außenstehende oft nur schwer entzifferbarer Multidimensionen-Logik, die immer wieder an den Doyen italienischen Politikverständnisses, oder besser: italienischer Politikmentalität *Nicolò di Bernardo dei Machiavelli* erinnert. Die für Nicht-Italiener seltsame *Einheit zwischen Katholizismus und Sozialismus*, die einen Überschneidungspunkt zwischen rechts und links in der politischen Kultur generiert, der viel ausgeprägter und breiter konvergierend, aber darin auch viel widersprüchlicher als zwischen den großen Volksparteien im deutschsprachigen Raum ist, verwischt immer wieder die Grenzen zwischen Ausrichtungen und Lagern – und fördert damit informelle Seilschaftsbildungen in einer Ebene hinter der „offiziellen" Politik, die für das politische Leben der Halbinsel sprichwörtlich ist.

XXII

Diese zweite Ebene war – nicht nur in Sizilien, im Süden oder in Rom – immer vorhanden und in Italien stets stärker als in anderen europäischen Ländern ausgeprägt. Sie ist weiterhin einflussreich. Das macht „klare" Politikanalysen nicht leichter – und verstärkt den Eindruck der Bürger, dass „die politische Klasse" (*la*

---

6   Neue Zürcher Zeitung, 12.07.2002.

classe politica), zu der im italienischen Sprachgebrauch nicht zufällig *alle* gewählten
Bürgervertreter ungeachtet ihrer Parteizugehörigkeit und Tätigkeitsebene gezählt
werden, in einer eigenen Realität leben, die mit der von Wahlergebnissen und
repräsentativen Mehrheits- und Minderheitsverhältnissen oft wenig zu tun hat:
wo Freundschaften und Beziehungen nicht als Mehrwert, sondern als Kernwert
gepflegt werden, der die Orientierungslinien repräsentativer Demokratie in der
Praxis immer wieder unterläuft.

XXIII

Diese Grundmotive haben sich in jüngster Zeit nicht wesentlich verändert – auch
nicht unter dem jüngsten (und nach eigener Aussage „post-postmodernsten") italienischen Ministerpräsidenten aller Zeiten, *Matteo Renzi* (geboren 1975). *Renzi*,
nach eigener Aussage wie Bill Clinton und Tony Blair Anhänger eines „dritten
Weges" zwischen links und rechts[7], ist, wie er nach den Terroranschlägen von Paris
im November 2015 bekannte, auch Vertreter einer ausgleichenden Politik zwischen
„schwach" und „stark". Das ist nicht überraschend, da aus italienischer Sicht die
politische „Unschärfe"-Kultur zwischen links und rechts in bestimmter Weise mit
Konnotationen von „schwach" (links) und „stark" (rechts) korreliert.

    Renzi kam, nicht untypisch für die beschriebenen Verhältnisse und die dahin-
terstehende Mentalität, im Februar 2014 mittels eines innerparteilichen „Putsches"
gegen seinen *Partito Democratico* (PD)-Parteikollegen und amtierenden Ministerpräsidenten *Enrico Letta* an die Macht – ein Vorgang, der in anderen, „normalen"
Demokratien wohl undenkbar wäre. Dass *Renzi*, der den Ministerpräsidenten seiner
eigenen sozialistisch-sozialdemokratischen Partei ohne Anlass und Notwendigkeit
mitten in der Amtsausübung ablöste, keinem der Flügel seiner Partei „wirklich"
zugehört und auch persönlicher Freund *Silvio Berlusconis* war, dem er seinen Aufstieg in der Linkskoalition (!) entscheidend mit verdankt, macht die italienischen
Verhältnisse auch im Zeitalter der für 2014-18 angekündigten „tiefen" Reformen
von Staat und Institutionen noch etwas patchworkartig-„postmoderner".

---

7   R. Benedikter: *Third Way Movements*. In: M. Juergensmeyer and H. K. Anheier (ed.):
    The SAGE Encyclopaedia Of Global Studies. 4 Volumes, SAGE Publishers London and
    Thousand Oaks 2012, Volume 4, pp. 1647-1650.

XXIV

Renzis ehrgeizige *Reformagenda* für seine Amtsperiode 2014-18, laut ihm eben nur wegen seiner persönlichen, „untypischen" Charakteristik zwischen links und rechts – und „schwach" und „stark" – möglich, schließt wie erwähnt eine Verfassungs- und Bürokratiereform sowie ein Ende des für westliche Demokratien einzigartigen *bicameralismo perfetto* („perfektes Zweikammersystem") ein. Das bedeutet die Entmachtung der zweiten Parlamentskammer, des Senats, der bisher „perfekt" gleichberechtigt mit dem Repräsentantenhaus war und daher jeden Gesetzestext in derselben Fassung verabschieden musste, was meist zu zirkulären Prozessen zwischen den zwei Kammern und zu einem der langsamsten und aufwendigsten Gesetzgebungsprozesse in Europa führte. Dass die italienischen Parlamentarier dabei trotzdem die höchste Gesetzesdichte aller europäischen Staaten verabschiedeten, spricht für ihren Fleiß. Das Ausladend-Ornamentale italienischer Politikrhetorik spiegelt sich nichtsdestotrotz auch nach *Mani pulite* in einem ungebrochen barocken Institutionsprozess – und die Frage ist, ob *Renzi* das zugunsten eines „stärkeren" oder, in seiner Diktion, „effizienteren" oder „normaleren" Staates ändern kann.

XXV

Erneut: Die entsprechende Reform-Erfahrung könnte auch für Aspekte des europäischen Projekts lehrreich werden. Denn wie sein Gründungsmitglied Italien braucht auch Europa nach Jahren der Stagnation eine Erneuerung seiner (rudimentären) „Verfassung" und eine Neuordnung der Institutionen – insbesondere eine Neuregelung des Verhältnisses zwischen dem wie erwähnt viel zu „schwachen" und dabei zu wenig bürgernah agierenden Europaparlament und einer im Hinblick auf „normale" demokratische Prozesse viel zu „starken" EU-Kommission. Auch in den europäischen Amtsstuben gilt es im Spannungsfeld zwischen „zu schwach" und „zu stark" „ornamentale" Strukturen zu beseitigen, die Dinge zu vereinfachen und für den Bürger verständlicher zu strukturieren, ohne einen zu „starken" Superstaat einzuführen.

Allerdings bleibt auch innerhalb der heutigen italienischen Reformbemühungen entgegen ihrem Kernanspruch das Zentrum der italienischen Politikkultur, das unentschiedene, „zögernde" (*Perone*) Schwanken zwischen „Schwäche" und „Stärke" erhalten – so etwa, wenn ausgerechnet die Linke Italiens (!) im Rahmen der Verfassungsreform die Autonomie-Rechte von autonomen Provinzen und Regionen wie Südtirol und Trentino zu beschneiden und in Teilen gar abzuschaffen sucht, um daraus „normale" italienische Gebiete zu machen. Das widerspricht linker Tradition und ist einerseits der Verwischung von Grenzen zwischen links und rechts, andererseits einer typischen Verführung „dritter Weg"-Politiken geschuldet: der Verführung zur unterschwelligen (und vielleicht nur halb intendierten) personenzentrierten Rezentralisierung zwecks Komplexitätsreduktion. Was *Massimo Cacciari Renzi* in der öffentlichen Diskussion Italiens fast täglich vorwirft, deckt sich genau damit: dass *Renzi* seine Partei zum Zweck der Durchsetzung einer „neutralen" „dritter Weg"-Politik faktisch – und entgegen jeder Überzeugung und Programmaussage der Linken – zur Ein-Mann-Partei (oder genauer: zur Ein-Gesicht-Partei) gemacht hat, genau wie dazumal *Tony Blair* und bis zu einem gewissen Grad auch *Bill Clinton.* Wird das auch auf einer europäischen Ebene der Zukunft, die einen "dritten Weg" zwischen "schwach" und "stark" findet, der Fall sein? Liegt die Zukunft Europas in einzelnen Gesichtern, womit Komplexität reduziert und Integration personalisiert wird? Und: Wäre das ein Fort- oder Rückschritt?

XXVI

Zusammenfassend gilt: Italiens Verhältnisse waren seit der Staatsgründung im 19. Jahrhundert, und sie sind bis heute *auch*, aber keineswegs *nur* durch die Vermischung von parteipolitischen, Gruppen- und persönlichen Interessen gekennzeichnet. Sie sind es mehr noch durch den Zwiespalt öffentlicher Personen, *Bürger und Staat zugleich zu sein*; sowie zweitens durch den täglichen Konflikt des Bürgers, Teil eines ungeliebten Staates zu sein, der parteiisch, variabel und unberechenbar erscheint.

Wie erwähnt: Diese Grundkonstellation scheint gegenwärtig nicht mehr nur auf Italien beschränkt, sondern spiegelt auch etwas von der unsicherer gewordenen Empfindung europäischer Bürger nach Jahren der Krise wieder. Wie immer in Krisenzeiten scheint sich aber eben darin zumindest implizit etwas Neues anzuregen, das die Beiträge dieses Buches skizzenhaft zu umkreisen suchten: Einen Übergang nicht nur *der Politik*, sondern *des Politischen* in ein anderes, als es bisher war. Inwiefern?

XXVII

Der heutige Übergang des Politischen vollzieht sich, soweit es ihn gibt und wir ihn sehen können, auf der Grundlage *dreier* historischer Aufbauebenen der vergangenen Jahrzehnte, die Europa stark beeinflusst haben:

- im Gefolge des Zusammenbruchs des „real existierenden Sozialismus" und des Ost-West-Gegensatzes 1989-91 sowie der darauf folgenden „Wende" zum neoliberalen Global-Kapitalismus;

- im Gefolge des damit scheinbar verbundenen „endgültigen Siegs" des Wettbe-
  werbs-Kapitalismus als angeblich einzig überlebensfähigem Gesellschaftsmodell
  und seiner schleichenden Ersetzung des Politischen; sowie
- im Gefolge des dadurch scheinbar herbeigeführten „Endes der Geschichte".

Das Scheitern dieses letzteren Denkansatzes erzeugte nach einer gewissen Inku-
bationszeit nicht nur die *Rückkehr der Geschichte,* sondern (bis zu einem gewissen
Grad als deren Effekt) auch die *Renaissance des Staatsdenkens.* Und zwar eines
Staatsdenkens, das weniger durch Ideologie, als vielmehr durch eine dreifache
praktische Spannung gekennzeichnet ist: durch

1. die *Spannung zwischen Individuum und Staat;*
2. die *Spannung zwischen Individuum und Gemeinschaft;* und
3. die *Spannung zwischen Individuum und „Letztbegründungs"-Ansätzen* sowohl
   säkularer wie transzendentaler Art, wozu auch die Verstärkung der Konflikte
   zwischen säkularer Demokratie und „religiösen" Fundamentalismen gehört.

Alle drei Spannungen waren in Italien seit der Staatsgründung permanent präsent.
Der dritte Konflikt im besonderen ist gegenwärtig einer derjenigen Prozesse, der
innen- und außenpolitische Dimensionen stärker als vordem zusammenschließt
– siehe etwa die aus Syrien zurückkehrenden oder im Fall Italiens laut dem Innen-
ministerium mit den Flüchtlingsströmen aus Nordafrika einsickernden IS-Kämpfer.
Die Stimmen mehren sich, die angesichts der terroristischen Bedrohung offen
für eine Einschränkung von Individualrechten zugunsten eines „starken" Staates eintreten – mit der Begründung, dass in Zeiten des „Krieges" der westlichen
Demokratien gegen den Terror das Individuum ohnehin „schwach" sei und es zu
seiner Verteidigung also eines „starken" Staates bedürfe. Das schließt laut den europäischen Sicherheits-Propagatoren nicht nur „stärkere" Nationalstaaten, sondern
auch einen „stärkeren" europäischen Zusammenarbeits-Staat ein.

XXVIII

Der Effekt? Die Intensivierung von Spannung 3 wird die Spannungen 1 und 2
mittelfristig verstärken – womit das Thema „schwach" versus „stark" dringlicher
und direkter als vordem auf die politische Tagesordnung Europas kommt. Dort
wird es auch noch auf Jahre hin bleiben. „Schwach" gegen „stark" wird zu einem
der maßgeblichen Multi-Ebenen-Entwicklungsmotoren nun auch für Europa, das

sich über Jahre derartigen Problemen aufgrund „reifer" Säkularisierung weitgehend
entzogen meinte.

XXIX

Und „*Il bel paese*"?

Die Konstellation mehrdimensionaler Spannung zwischen Individuum, Staat
und (Anti-)Staatsideologie(n) wurde in Italien erneut seit den 1990er Jahren in
drei aufeinander folgenden Schüben wie in einem Laboratorium in verschiedenen
Varianten durchexerziert. Diese drei Schübe bauen auch noch die heutige Situation
des Politischen auf der Halbinsel gewissermaßen in drei polit-geologischen Schichten auf, die mittlerweile großteils unbewusst weiterwirken. Die drei Schübe sind:

1. *Die staatsgefährdenden Machenschaften des „verehrungswürdigen Meisters"*
   (maestro venerabile) *Licio Gelli (geboren 1919) und seiner Geheimloge „Propaganda 2"* (Loggia P2) *von 1976 bis mindestens Anfang der 1990er Jahre,* obwohl
   die Loge offiziell 1982 per Staatsgesetz aufgelöst wurde.

   Die Aktivitäten der *P2* waren unter anderem eine Folge des Ost-West-Gegensatzes in Italien. Sie erwuchsen überdies aus dem Dualismus zwischen den
   zwei großen Volksparteien Christdemokraten-Konservative (Kirche, Kapital,
   Democrazia Cristiana) versus Sozialisten-Kommunisten (Erbe des anti-national-
   sozialistischen Widerstands, *partigiani, Partito Socialista Italiano, Partito Comu-
   nista Italiano*). *Gelli*, oft auch als *il burattinaio* (der Puppenspieler) bezeichnet,
   begründete in einer Mischung aus säkular-macchiavellistischem Machtstreben,
   sektorenübergreifenden ökonomisch-politischen Gruppen-Interessen und spiri-
   tuellem Missionarismus para- und post-konfessioneller Natur (genährt sowohl
   von traditioneller religiöser Renaissance wie irregulären freimaurerischen Aktivitäten) einen verborgenen *Staat im Staate*. Dies unter Einbeziehung breiter
   Elitenkreise aus Politik, Industrie, Gewerkschaften, Geldadel, Banken, Justiz,
   Kirche, Geheimdiensten und Militär. Beteiligt war aber auch die von der westlichen Allianz NATO mutmaßlich mit aufgebaute Geheimarmee *Gladio* (lateinisch:
   „Schwert"), die für den Fall einer Parlamentswahl mit Mehrheitsausgang für die
   Kommunistische Partei einen präventiven Staatsstreich zumindest als Option
   möglich machen sollte, um die verletzliche Südflanke des westlichen Bündnisses
   zu schützen. Paradoxerweise waren sogar Persönlichkeiten der sozialistischen
   und kommunistischen Sphäre angeblich in den informellen „Zweitstaat" eingebunden. Dieser nahm offenbar breiten Einfluss auf die offizielle, repräsentative
   Ebene italienischer Politik.

Grundlegende – und als solche für Italiens „klassisches" Politikverständnis nicht untypische – Idee am Grunde der P2 war, eine „zweite Dimension" gesellschaftlicher Verständigung und „flexibler Integration" (*trasformismo aggiuntivo*, Alternativer Transformismus) zu eröffnen, die den Formalismen und Äußerlichkeiten der institutionalisierten Prozesse des Staates ebenso wie dem wechselnden Wählerwillen entzogen sein sollte und so angeblich „freier" eine „echte italienische Gemeinschaft als Ganze" unabhängig von den Gesetzen der (aus dem Westen importierten) Demokratie nach Italiens angeblich „eigenen" Bedürfnissen bilden sollte. Das machte über den Zeitraum von mindestens 15 Jahren allerdings mutmaßlich zahlreiche Morde an eingeweihten, aber nicht (mehr) teilhabenden Persönlichkeiten wie etwa dem Banker *Roberto Calvi* (Banco Ambrosiano, genannt der „Bankier Gottes") 1982 in London „nötig".

Gelli wurde in Italien aufgrund seiner guten Verbindungen zur – traditionell eher links stehenden – Justiz nie umfassend verurteilt. Er lebt heute im Hausarrest in der luxuriösen Villa Wanda (30 Zimmer) in Arezzo wegen Steuerhinterziehung, Beleidigung von Staatspräsident und Staatsanwälten sowie Verrats von Staatsgeheimnissen, wobei unklar bleibt, wie genau er an letztere kommen konnte.

2. Nicht zuletzt aus der Aufdeckung der P2, also des Hohlraums, der sich im Innern des politisch-sozialen Gefüges Italiens unter Nutzung sektorenübergreifender, traditionell anti-meritokratischer Seilschaftsmentalitäten das gesamte Staatsgebiet übergreifend gebildet hatte, aber auch aus einer im – traditionell der Politik äußerst skeptisch gegenüberstehenden – Justizapparat beginnenden Revolte gegen das korrupte Parteiensystem des Kalten Krieges ging 1992-95 die für westliche Demokratien einzigartige, friedliche *Demokratie-Revolution Mani pulite* („Saubere Hände") hervor. Sie war Folge der Bewusstmachung einer Kultur undemokratischer Gesellschaftspraktiken „hinter" dem Staat und den Institutionen Italiens, aber auch der Erschütterungswellen der friedlichen Revolutionen Mitteleuropas von 1989 bis 1991. Sie machte dem bis dahin herrschenden politischen Parteiensystem Italiens und seinen komplexen „Do ut des"-Verfilzungen (der sogenannten *partitocrazia*: der Beschlagnahmung des Staates durch die Parteien) den Garaus. Zumindest schien es so in der Öffentlichkeit sowohl der Halbinsel, wie international.

3. Zum Teil als diese Ereignisse synthetisierendes Ergebnis und als sie fortsetzender Effekt, zum Teil als konservative Reaktion auf sie erfolgte seit 1994 der *Aufstieg des Medien-Tycoons Silvio Berlusconi* (selbst mutmaßlich ehemaliges Mitglied der P2) *mittels seiner auf ihn zugeschnittenen Medienpartei Forza Italia* („Kraft Italiens", in der Doppelbedeutung des Begriffs auch: „Auf geht's, Italien!", oder: „Vorwärts Italien!"). *Berlusconi* wurde zwischen 1994 bis 2011 insgesamt vier Mal zum Ministerpräsidenten gewählt. Er konnte mit seinem medialen

Funktionalismus, gepaart mit einem „starken" Zentralismus, in das Vakuum
stoßen, das die Zertrümmerung (in der Diktion des heutigen Ministerpräsidenten *Matteo Renzi*: *rottamazione*) des Parteiensystems der Ersten Republik
(1946-1992) hinterlassen hatte. *Berlusconi* begründete die Zweite Republik (seit
1992) als Medienrepublik, in der wiederum, wie laut *Balistreri* immer wieder
in der italienischen Geschichte, Einzelinteressen zum Teil politischer, oft und
ungewöhnlich offen nun aber auch wirtschaftlicher und unternehmerischer
Natur den Staat vereinnahmten, wenn nicht gar besetzten – und trotz aller
Versprechen über Jahrzehnte klug dafür Sorge trugen, dass dieser Staat nicht zu
effizient und vor allem nicht zu „stark" wurde. Denn erneut hätte ein zu starker
italienischer Staat den Interessen einer partikularistischen Generation geschadet
– diesmal der *Berlusconis*, geboren nach seinen eigenen Angaben aus dem Geist
des US-Fordismus. Berlusconis Erbe gestaltete die Zweite Republik in der Folge
bis zum Amtsantritt *Matteo Renzis* am 22. Februar 2014 in wesentlichen Zügen.

XXX

Dieser dreifache Ereigniszusammenhang sowie die Schichten, die er im Politischen Italiens – einschließlich seiner Sozial- und Politikpsychologie(n) – bis
herauf zu *Matteo Renzi* hinterlassen haben, erzeugten in Italiens Intellektuellen
den anhaltenden Drang zum Denken eines *neuen Politischen* – bis heute, und unabhängig von *Renzis* seit 2014 geäußertem Anspruch, die Zweite Republik mittels
einer tiefgreifenden Reform von Verfassung und politischem System sowie durch
„kulturelle" Änderungen im Verhältnis zwischen Bürger und Staat in eine Dritte
Republik zu überführen.

Viele Intellektuelle misstrauen angesichts der Erfahrung der vergangenen
Jahrzehnte denn auch *Renzis* Forderung nach einer „kulturellen Revolution", die
der Premier damit begründet, dass

> „Italien nicht verloren ist, sondern nur durch ein neues Verhältnis zwischen Bürger
> und Staat, und mit Hilfe aller Bürger, verändert werden kann. Italien braucht eine
> neue Kultur: eine Kultur der Kooperation zwischen Staat und Bürgern anstelle von
> gegenseitigem Misstrauen."[8]

---

8   Dolomiten: *91 Mrd. Euro an Steuern hinterzogen. Fiskus: Regierungschef Matteo Renzi
    kündigt verstärkten Einsatz gegen Schattenwirtschaft und Steuerhinterziehung an.* In:
    Dolomiten. Tagblatt der Südtiroler, 28.11.2014, p. 1.

Italien braucht laut Renzi also in erster Linie eine *politische Kulturrevolution*. Das hat der Premier immer wieder explizit so geäußert.[9] Doch bereits vor seiner Forderung inspirierten die Aufbauschichten des Politischen seit den 1990er Jahren in allen Vor- und Nachteilen eine politikphilosophische Avantgarde, die bis heute von der Auseinandersetzung mit der konstitutiven Ambivalenz des Nach-1991-Politischen gekennzeichnet ist – sich dabei aber auch selbst durch Tiefenambivalenz auszeichnet. Die Polemik, Hysterie und Theatralik, die die Neue Zürcher Zeitung 2001 beobachtete, waren im Rückblick besehen nur die Begleitmusik für das seit damals ernsthaft anhaltende Bemühen um einen Paradigmenwechsel *politischen Denkens*. Die Bemühungen der Politikphilosophie treten wie *Renzi* mit dem Anspruch auf, dabei zu helfen, die politische Kultur des Landes zu ändern – und dabei tiefer als die weiterhin allzu macchiavellistische politische Praxis selbst zu gehen.

XXXI

In gewisser Weise besteht also durchaus eine gewisse Konkurrenz zwischen *politischer Philosophie* und *politischer Praxis* im heutigen Italien – was bei den überproportional vielen Politiksendungen im Fernsehen auch täglich, ja stündlich erfahrbar wird. Beide bezichtigen sich gegenseitig der Abgehobenheit und der Verfolgung von Individual- und Gruppen- statt Staatsinteressen.

XXXII

Was wären aber nun die Kennzeichen eines tatsächlich neuen politischen Denkens für die Halbinsel? Und was könnte ein solches für Europa an „Mehrwert" erbringen?

Wir haben gesehen: Praktisch alle Ansätze gegenwärtigen italienischen Politik-Denkens bewegen sich zwischen den Konzeptionen von „Schwäche" und „Stärke" des Staates. Was wir, um dieses Grundmotiv vollends zu verstehen, an dieser Stelle noch beachten müssen, ist: Italiens politikphilosophische Versuche kreisen dabei immer wieder – und von immer neuen Seiten – um *drei Grundprobleme,* in denen sich möglicherweise drei *Grundaufgaben* zeitgemäßen politischen Denkens spiegeln. So würden es jedenfalls die italienischen Denker verstehen. In diesen Aufgaben

---

9   Zum Beispiel in: Il Foglio Quotidiano: Renzi: „Serve una rivoluzione culturale", 27 Novembre 2014, http://www.ilfoglio.it/articoli/2014/11/27/renzi-evasione-fiscale-serve-rivoluzione-culturale-nuovo-modello-per-combattere-furbi___1-v-123294-rubriche_c362.htm.

scheint den Denkern Italiens – so auch den in diesem Buch vertretenen – sowohl das *Erbe des 20. Jahrhunderts* wie die *Avantgarde für das 21. Jahrhundert in nuce* enthalten. Welche drei – wie man in Italien sagen würde: „kardinalen" – Probleme und Aufgaben sind das?

Gehen wir sie abschließend kurz durch, um dann zu einem Ausblick zu kommen.

XXXIII

Das *erste* Grundproblem ist *die Art und Weise politischer Formalisierung* – die Verfahrensweisen, wie politisches Denken sich selbst definiert und artikuliert, und wie seine Diskursformen sich dabei organisieren. Aus diesem Problem erwächst die – laut den in diesem Buch vertretenen Denkern vielleicht unabschließbare – erste Grundsatzaufgabe: die *Rekodierung von Ideologie*. Rekodierung heißt: ihre Übertragung in zeitgemässere Formen mittels Umformung ihrer zugrundeliegenden „Codes".

Damit hat Italien lange Erfahrung. Auffällig viele ideologische Avantgarden der Moderne des 20. Jahrhunderts – Neo-Idealismus, Futurismus, Dadaismus, in Teilen anti-modernistischer Neo-Mythologismus, Faschismus, christlich-soziale Weltanschauungen der Nachkriegszeit, Eurokommunismus –, von denen später viele europaweit wirksam wurden, erlebten ihre Erstgeburt in Italien und seinem seit dem 19. Jahrhundert traditionell „schwachen" Staat. Warum? Weil sie in einem solchen Staat größere Entfaltungsfreiheit hatten – und sich relativ ungestört von *privaten* zu *öffentlichen* Ideologien organisieren konnten. Auffällig ist: Sie suchten mehrheitlich ein „starkes" Politisches zu kultivieren, um mit ihm den bestehenden Staat zu besetzen.

Diese Entwürfe strahlten ihre Grundideen als prinzipielle Tendenz der Vereinnahmung des Staates durch Ideologie von Italien nach Europa aus – und beeinflussten damit die europäische Geschichte des 20. Jahrhunderts maßgeblich mit.

Rekodierung von Ideologie hieße im Licht dieses historischen Hintergrundes zunächst, Staat und Ideologie sowohl im Denken wie in den institutionellen und praktisch-politischen Verfahrensweisen zu unterscheiden und zu entflechten. Dazu gehören auch die Unterscheidungen zwischen Staat und Gemeinschaft sowie zwischen politischer Ideologie und Seilschaft, die in Italiens politischer Kultur nicht immer deutlich werden. Dazu gehört zweitens die Umdeutung von – in der Moderne ihrem Wesen nach kollektivistischer – Ideologie in individuelle Gewissensverantwortung, wie sie etwa in Bezug auf die Parlamentarier in den meisten westlichen Demokratien verfassungsmässig verankert ist, aber angesichts des Gruppenzwangs von Parteidisziplin in wichtigen Situationen selten praktiziert wird. Individuelle Gewissensentscheidung muss nicht weniger „ideologisch" fundiert und veranlasst sein als herkömmlich „ideologische"; aber sie ist anders strukturiert und bedient sich anderer Wege der Verständigung (Codes), wodurch sich ihr Wirken in der Praxis gegenüber jenem moderner Ideologien verändert. Das haben mehr oder weniger alle Beiträge dieses Buches direkt oder indirekt herausgearbeitet.

XXXIV

Das Problem der Rekodierung von Ideologie wird in Italien aus *dreierlei* Gründen besonders stark empfunden. *Erstens*, weil die *Kommunistische Partei* bis zu *Mani pulite* Mitte der 1990er Jahre zumindest nach außen hin ebenso „rein" ideologisch vorzugehen versuchte wie, wenn auch in weniger theoretischer und eher implizit-„zurückhaltender" Weise, die *Democrazia Cristiana*.

Zweitens, weil darauf radikal-militante Ideologieströmungen wie die *Roten Brigaden (Brigate Rosse)* als „hausgemachte", „interne" Formen von Gegenideologie durch Abspaltung und Gewalt reagierten. Späte Folgen dieser Entwicklung sind heute die zahlreichen anarchistischen Gruppen in Italien, die vor allem in den Städten aktiv sind und zum Teil versuchen, die Zivilgesellschaft zu infiltrieren, wie etwa der 27. G-8-Gipfel im Juli 2001 in Genua gezeigt hat. Die Folge der Ideologisierung der Nachkriegszeit waren die „Bleiernen Jahre" des italienischen Terrorismus (*anni di piombo*) in den 1970er und 1980er Jahren.

Ein *dritter* Grund für die Bedeutung der Rekodierung von Ideologie liegt im Umstand, dass Ideologie, um den Staat zu besetzen, seit den 1990er Jahren neue Formen angenommen hat: Die Omnipräsenz der Medien in der Aufmerksamkeitsökonomie hat Italien zu einer populistisch-instrumentellen „Mediokratie" gemacht, die nach außen hin nicht mehr programmatisch, sondern „pragmatisch", nämlich nun funktional-ökonomisch die Vereinnahmung des Staates vollzieht (*Balistreri*). *Rekodierung von Ideologie* bedeutet daher aus Sicht der italienischen Politikphilosophie auch ganz grundlegend die Entflechtung der Medien von Staat und Politik. Dazu hat es in Italien in den vergangenen Jahren viele Ansätze gegeben, unter anderem betreffend Organisation und Führung des staatlichen Rundfunks *Radiotelevisione Italiana* (RAI), aber auch durch die Einführung einer Medien-Fairnesskommission bei Wahlkämpfen.

XXXV

Das *zweite* Grundproblem italienischen politischen Denkens auf dem Boden jener zwar laizistischen, aber deshalb keineswegs säkularen Nation, die den Papst beherbergt, ist wie gesehen die Verflechtung von staatlichen und politischen mit religiösen Logiken. Daraus erwächst die zweite Grundaufgabe heutigen politischen Denkens in Italien: Die *Rekodierung von Metaphysik.*

Vor allem diese Aufgabe scheint dem weit säkulareren, dazu von der Reformation geprägten deutschsprachigen Raum eher fremd. Italien aber wurde von der Gegenreformation geprägt. Es lebt in den Persönlichkeiten der überwiegenden Mehrheit der Parteien in Symbiose mit dem Katholizismus – unabhängig von deren offizieller Parteilinie, sei sie nun links oder rechts. Während der konservative Anteil der Politiker ohnehin der katholischen Kirche nahesteht, hat der Amtsantritt des als Sozialreformer und „Linkskatholiken" bekannten Papst Franziskus (*Jorge Mario Bergoglio*) im März 2013 dazu beigetragen, auch die mitte-links-Politik wieder offener – und öffentlicher – an die Kirche heranzuführen und sie in Teilen zu „reintegrieren".

Da Metaphysik auch dadurch in Italien eine täglich öffentlichere Rolle spielt, gilt es aus Sicht politischer Denker, sie in die zeitgemäßere, implizitere Form eines „spirituellen Säkularismus" im weitesten Sinn rückzubinden, um ihre politische Expansion einzugrenzen. Dazu ist die Entwicklung eines solchen spirituellen Säkularismus auf der Grundlage politik- und sozialphilosophischer Erwägungen notwendig, da diese Aufgabe niemand außer der politischen Philosophie übernimmt. Obwohl das wohlweislich nicht zum Programm erhoben und kaum ausdrücklich artikuliert wird, ist es den meisten Denkversuchen der italienischen Avantgarden implizit – so bei genauerem Hinhören auch denen dieses Buches. Was anderes ist das „Lob der Schwäche" *Cacciaris* anderes als das christliche Prinzip des „die andere Wange Hinhaltens", der Demut und Milde und letztlich – für den Katholizismus und die von ihm inspirierte politische Kultur mit Abstand am wichtigsten – der universalen Vergebung? Wer würde bei der „Kommunität" *Espositos* nicht an die *communitas* der *Oikumene* denken? Und was anderes ist der „Kairos" im Kern der Gegenwärtigkeit *Perones* anderes als die christliche „Scheidung der Geister"? Nur, dass hier die metaphysischen in säkulare Konzepte und die transzendentalen in rational-spirituelle „Codes" umgewandelt werden sollen – mit unterschiedlichem Erfolg und Ausgang.

XXXVI

Die Mehrdeutigkeit und, wenn auch nicht im Vordergrund stehend, zuweilen auch ungewollte Bigotterie dieses Verfahrens ist kein Wunder. Italien ist nicht nur das Land, in dem ein in seinen frühen Jahren vergleichsweise radikaler Links-Philosoph mit kommunistischen Anfängen wie Massimo Cacciari eine politische Zeitschrift namens „Neuer Engel" (*Angelus Novus*, 1964-1971) gründete. Es ist auch das Land, in dem wichtige Fußballstadien selbstverständlich zwei Namen haben, zum Beispiel das wichtigste in Mailand. Die Laizisten sagen *Meazza-Stadion*, die Katholiken *San Siro* zur selben Anlage. Und je nachdem, wer das Stadion wie nennt, erkennt man bereits eine Weltanschauung. Das wichtigste, bekannteste staatliche Gefängnis in Rom heißt *Regina Coelis* (Mutter Gottes).

Insgesamt gilt: In Italien treffen durch die Nähe des Vatikans – genauer: seiner physischen und geistigen „Immanenz" im italienischen Nationalstaat –, aber auch verschiedener Querverbindungen zwischen Vatikan und dem Finanz- und Geschäftsleben (im Vatikan werden die weltweiten Vermögen der katholischen Kirche in engem Austausch mit italienischen Banken verwaltet), Konfession und Philosophie, Universalismus und Nominalismus, griechisch-katholischer Geist und säkular-administrative „römische" Reflexion in besonderer Weise aufeinander – und arbeiten zusammen.

XXXVII

Der auch im 21. Jahrhundert noch weitgehend ungebrochene Dauerkontakt zur Religion hat auf der Halbinsel traditionell Kerneinfluss auf das politische Denken – mit einer ganzen Reihe von Folgewirkungen, so zum Beispiel auf das öffentliche Verhältnis von Politik und Moral. Dieses erfährt in Italien eine größere rhetorische Thematisierung als in mittel- oder westeuropäischen Ländern – parallel und proportional zur weiter entwickelten Hinterzimmerkultur. Die diesbezügliche Sonderstellung Italiens hat nicht erst die Ablehnung *Rocco Buttigliones*, Europaminister (2001-05) und Kulturminister (2005-06) unter *Silvio Berlusconi*, aufgrund seines angeblich „radikalen" Katholizismus als EU-Kommissar durch das Europäische Parlament im Oktober 2004 gezeigt. *Buttiglione* ist neben seiner politischen Karriere im Hauptberuf Professor für Politikwissenschaft an der Freien Universität St. Pius V. in Rom. Als Reaktion versuchen praktisch alle Ansätze der italienischen Politikphilosophie der Gegenwart, Metaphysik *implizit* in ihrer Argumentation „aufzuheben", um sie *nicht-explizit* bewahren zu können.

XXXVIII

Das *dritte* – und letzte – Grundproblem heutigen italienischen Politikdenkens ist allgemeiner, weil es weniger Italien-spezifisch konturiert ist. *Es ist die Frage nach der angemessenen Rekodierung des Politischen als Reaktion auf zunehmende Instabilität.* Wenn sich seit 2001 althergebrachte Staats- und Nationenideen im Zeichen

innen- wie außenpolitisch asymmetrischer Beziehungen und Multipolarität allmählich aufzuweichen begannen, und sich in deren Vakuum zugleich Wirtschaft
und Politik immer stärker zu undurchsichtigen Konglomeraten verbanden, so
war das ein Prozess, der heute mit dem Kampf gegen den Terror möglicherweise
an eine Schwelle kommt. Wie kann das Politische rekonstruiert werden, ohne es
unnötig zu renationalisieren oder gar zu militarisieren (wie das etwa nach den
Pariser Terroranschlägen im November 2015 martialisch durch Europa hallte)?
Durch „Stärke" von Staat, Institutionen und Parteien? Oder demokratisch doch eher
durch zivilgesellschaftliche, „schwache", zum Teil außer-institutionelle Initiativen?
Welche Chancen und Gefahren ergeben sich dabei?

Mit anderen Worten: Ist es die väterliche „ruhige Hand" (*Silvio Berlusconi*, dem
Vorwurf der Opposition nach auch *Matteo Renzi*), die aus dem Begegnenden des
Augenblicks heraus das, was geschieht, nicht mehr unter dem Gesichtspunkt von
„Ideologie" (das heißt aus leitenden, festumrissenen Bildern), sondern in „Gegenwärtigkeit" (*Perone*) steuern kann? Ist es im Gegenteil die Vielfalt der Basisparti-
zipation „von unten": aus den Psychologien (*Bodei*), neuen Utopien (*Veca*) oder der
technischen Innovation (*Esposito*) heraus, was Staat und Politik stabilisieren kann?

Und: Benötigt die Weltgesellschaft des „Kampfes gegen den Terror" dann überhaupt noch „Leitbilder", die über den Tag hinaus gültig sein und wirksam werden
können? Oder nur noch eine „Politik des Gegenwärtigen": also ein Politisches als
Geistesgegenwart, die ohne „große Visionen" permanent Taten setzt, indem sie aus
dem Tag heraus ins „Nötige" tut, ohne sich je der Illusion hinzugeben, dass damit
etwas abgeschlossen sein könnte? Öffnet das nicht umgekehrt der Visionslosigkeit
Tür und Tor – ja erhebt sie zum „avantgardistischen" Programm?

Das sind Fragen, die Italien mit seiner Kultur der Improvisation nur allzu gut
bekannt sind. Teile der heutigen italienischen Politikphilosophie versuchen daraus
ein Programm zu machen, das Geistesgegenwart ins Zentrum einer „anderen"
politischen Aufmerksamkeit stellt (*Perone*) – allerdings mit unsicherem Ausgang.

XXXIX

Was bleibt? Und was liegt *vor* dem italienischen Denken?

Auch in Italien wird in Zeiten der Globalisierung *der hermeneutische Zirkel von
einer philosophischen Idee zur politischen Realität*. Man kann das Einzelne immer
weniger ohne das Ganze – und das Ganze immer weniger ohne das Einzelne verstehen. Wenn man in dieser Lage wie manche Politik-Denker des deutschsprachigen
Raums weiterhin alles „Ganzheitliche" dekonstruiert, dann mag das bis zu einem

gewissen Grad notwendig sein. Ganzheit ist ein großer Anspruch, der sehr vorsichtig zu handhaben ist. Das lehrt die Erfahrung des 20. Jahrhunderts.

Aber zugleich ist in Zeiten von transnationalem Terror und vernetzter Multipolarität das Selbstverständnis des Politischen als „Partikulares, Lokales, Temporäres oder gar nur Willkürliches" kaum mehr aufrechtzuerhalten, wie es der „transalpine" Vordenker und Namengeber der „Postmoderne", *Jean-Francois Lyotard* (1924-1998), nicht unähnlich einigen Versuchen italienischen dekonstruktiven Politikdenkens propagierte. Ohne Bemühen um Ganzheitlichkeit sind weder der Ausgleich zwischen „schwachem" und „starkem" Staat, noch die Gestalt eines Vereinten Europa, noch eine Zukunft der internationalen Beziehungen im Zeichen der Menschenrechte, noch eine tatsächliche *global governance* denkbar. Für ein ganzheitliches und nachhaltiges Politikverständnis notwendig sind die *Rekodierung von Ideologie, von Metaphysik und von (Staats-)Politik* und deren wechselseitige Koordination, vielleicht auch Neu-Inbeziehungsetzung. Wie kaum eine andere Denktradition deckt die italienische „instinktiv" alle drei Dimensionen ab – und arbeitet (bewusst und unbewusst) an ihrer Integration, unabhängig von der jeweiligen Inklination ihrer einzelnen Strömungen in die eine oder andere Richtung.

XL

Die neue *Notwendigkeit des Ganzen* bringt jedenfalls den Grundtenor der italienischen Politikphilosophie hervor, *dreierlei* zu versuchen:

1. *„Schwäche" versus „Stärke"* zu einem Grundlagenentwurf des Politischen auszubauen. Die Annahme ist, dass beide *mittels wechselseitigem Einschluss* einen gewissen konzeptuellen Ganzheitscharakter erzeugen können, der Ideologie, Metaphysik und Staatspolitik gleichermaßen betrifft und einschließt.
2. Die vielfältigen *Ambivalenzen von „Integrationsbemühungen" zwischen Ideologie, Metaphysik und Staatspolitik* auszuloten. Diese Ambivalenzen kennzeichnen Italien seit seiner Gründung – und beschäftigen es im Kern bis heute. Dazu gehören für Italien *erstens* das produktive Spannungsfeld zwischen katholischer Kirche samt politischen Sympathisanten und der globalen „Renaissance der Religionen", die auch extreme (politische) Bewegungen hervorbringt und fördert; *zweitens* zwischen emanzipativen Strömungen wie Liberalismus und Sozialismus; *drittens* zwischen staatlichen und zivilgesellschaftlichen Bewegungen; viertens zwischen Staat und kriminellen Vereinigungen wie der Mafia; und *fünftens* zwischen Staat und „säkular-spirituellen" Untergrundströmungen wie etwa der Freimaurerei (Italien ist traditionell eines der an Geheimgesellschaften

reichsten Länder Europas). Italienische Politikphilosophie ist in Summe dieser Spannungsfelder heute zu einem guten Teil der Versuch, Teiltendenzen zusammenzubringen in einer Art impliziten politischen Dimension, die den Gefahren neuer Seilschaftsmentalitäten entgeht.

3. Italienische Politikphilosophie nimmt zu diesem Zweck eine *Umdeutung bestehender proto-politischer Begriffe zum Zweck ihrer Fruchtbarmachung für ein neues Politikdenken* vor. Das geschieht, wie von Italien mit seiner Sprachverliebtheit nicht anders zu erwarten, vorrangig aus Sprachspielen heraus: Mittels der „Drehung" (*Perone*) zunächst harmloser, aber mehrdeutig gebrauchter Leitbegriffe, die sich dann als ebenso subversiv wie experimentell erweisen – so zum Beispiel „Identität" bei *Bodei*, „Immunität" bei *Esposito* oder „Gegenwart" bei *Perone*. Begriffe werden hier „gedreht", um sie für etwas Neues zu öffnen – etwas, das freilich gerade deshalb neu ist, weil es erst im Werden begriffen ist und also eher beschworen werden muss als gefasst werden kann. Der Philosoph als „Provokateur der Urteilskraft" (*Peter Sloterdijk*) auch in Italien also? In gewisser Weise ja – aber kein „Philosophieren mit dem Hammer" Nietzsches, sondern weicher, südlicher, immanenter, emotionaler.

XLI

Fazit?

Die gegenwärtige italienische Politikphilosophie stellt keine *moderne Imagination* mehr dar, sondern gibt sich im Gestus eher als *postmoderne Inspiration*. Statt ein klares Leitbild zu entwerfen, deutet sie an und spielt. Das hat seine Berechtigung. Heute lebt politisches Denken nicht mehr in Vorstellungen eines Sein-Sollens (Rom: Militanz, Einheitsdruck, leitende Ganzheitsbilder), sondern eher in einer Inspiration der Vorläufigkeit (Griechentum: Stadtstaaten, Fragmentierung, Lokales). Die für das italienische Denken typisch poetische („grossgriechische") Empfindung des Sozialen artikuliert sich im politischen Makro-Konzept der „Schwäche"; das „römische" Bewusstsein der öffentlichen Rolle des Einzelnen in der Polis dagegen im Konzept der „Stärke". Die gesamte italienische Politik- und Staatsidee bleibt von der produktiven Dialektik dieser beiden Konzepte geprägt; und auch die konkrete politische Entwicklung Italiens ist ohne den zwischen ihnen gesponnenen Fäden nicht denkbar – auch künftig nicht.

XLII

Die Dialektik zwischen „starker" oder „schwacher" Konzeption des Staates wird, wie wir zu zeigen versuchten, aber auch für das sich entwickelnde Europa zur mit entscheidenden Frage. Soll der neue europäische „Staat" „stark" oder „schwach" sein? Und soll er auf internationaler Ebene eine „starke" oder „schwache" Rolle spielen? Das sind Fragen, bei denen durch Rückblick auf die Erfahrung des EU-Gründungsmitglieds Italien zumindest in Teilbereichen Wege abgekürzt werden können. Italien hat sich, aus verschiedenen Gründen, faktisch immer für „Schwäche" entschieden. Es hat maßgeblich auch deshalb eine Transformation durchgemacht, die für Europas ähnlich bevorstehen könnte.

XLIII

Wie geht es weiter?

„Ich stelle keine Behauptungen auf, sondern ich begnüge mich mit dem Glauben daran, dass mehr Dinge im Bereich des Möglichen liegen, als man vermuten möchte", sagte *Massimo Cacciari* einmal während seiner Zeit als Bürgermeister Venedigs (1993–2000 und 2005–2010).

Das gibt den Geist des heutigen – und vielleicht auch des künftigen – politikphilosophischen Denkens Italiens gut wieder. *Cacciari* stellt sich das künftige Europa als Gemeinschaft der Ähnlichen (*communitas analogiae)* vor, deren verbindende zivilreligiöse Substanz gerade in ihrer politischen Schwäche ihren Anfang nimmt. Dieser „Schwäche"-Ansatz erhielt in den vergangenen Jahren (wenn auch paradoxen) Widerhall etwa durch Ansätze konservativer US-Denker wie *Robert Kagans* „Macht und Ohnmacht. Amerika und Europa in der neuen Weltordnung"[10], in der die USA die „starke", Europa die „schwache" Macht darstellen. Beide wirken nur gemeinsam und in komplementärer Arbeitsteilung ordnend und stabilisierend auf die internationale Gemeinschaft ein. Doch kann Europa dabei wirklich „nur" „schwach" bleiben? Diese Diskussion wird unter anderem im Rahmen neuer Abkommen wie zum Beispiel der geplanten „Transatlantischen Handels- und Investitionspartnerschaft" (TTIP) noch über Jahre fortgeführt werden. Sie wird die entstehende europäische Identität mit prägen, wie immer sie sich auch weiterentwickelt.

---

10 R. Kagan: *Macht und Ohnmacht: Amerika und Europa in der neuen Weltordnung*, Berlin 2003.

Das politikphilosophische Denken, traditionell wenig unmittelbar einflussreich und also „schwach" seiner Natur nach, könnte sich in dieser Diskussion als „starker" Beitrag – ja als wahre Stärke Europas erweisen.

Weiterführende Literatur des Herausgebers

Roland Benedikter (Hrsg.): Italienische Moralphilosophie. Springer Verlag, Berlin 2015.
Roland Benedikter: Das Italien Matteo Renzis. Wohin führt der Weg der drittgrößten Volkswirtschaft der Eurozone? Eine interdisziplinäre Landesstudie. Mit einem Vorwort von Caroline Kanter, Leiterin der Konrad Adenauer Stiftung Rom. Schriftenreihe der Konrad Adenauer Stiftung, Rom und Berlin 2015 / Matteo Renzi's Italy. Where Is The Third-Largest Eurozone Economy Heading? An Interdisciplinary Nation Study. With a foreword by Caroline Kanter, Head of the Konrad Adenauer Foundation, Italy Office, Rome. Publication Series of the Konrad Adenauer Foundation, Rome and Berlin 2015.
Roland Benedikter: Mario Monti's Italy and the European Debt Crisis. In: Korea Review of International Studies (KRIS). Edited by the Global Research Institute, The Graduate School of International Studies, Korea University Seoul, Volume 14, Issue 2/2011, Seoul 2011, pp. 3-36. Links: http://gsis.korea.ac.kr/gri/contents/2011_2/14-2-01_Roland_Benedikter.pdf und http://gsis.korea.ac.kr/gri/contents.html.
Roland Benedikter: 15 Years of Privatization of Italian Cultural Heritage 1996-2010. Stanford University Working Paper, Part I: "The Real Dimension of the Process is Not Visible to the Public and the International Community." The Three Problems Inbuilt Into the Privatization of Italian Cultural and Architectural Heritage 1996-2010. In: Stanford University, Freeman Spogli Institute for International Studies, The Europe Center, 13 January 2011 (gemeinsam mit Salvatore Settis). Link: http://fsi.stanford.edu/publications/15_years_of_privatization_of_italian_cultural_heritage.
Roland Benedikter: Privatization of Italian Cultural Heritage. In: The International Journal of Heritage Studies IJHS London. Volume 10, Number 4, September 2004. Routledge, London 2004, pp. 369-389.
Roland Benedikter: Kultur-Kooperation. Ein wegweisendes deutsch-italienisches Kooperationsabkommen: Inhalte und Perspektiven. In: Kulturelemente. Zeitschrift für aktuelle Fragen. Herausgegeben von der Distel-Kulturvereinigung Bozen-Bolzano-Bulsan. Heft 39/2003 (April). Bozen 2003, S. 2.
Roland Benedikter (Hrsg.): Italienische Technikphilosophie für das 21. Jahrhundert. Reihe Problemata, Band 145. Frommann-Holzboog Verlag, Stuttgart 2002.

Weiterführende Literatur des Herausgebers

Die Autoren
(in der Reihenfolge der Beiträge)

Roland Benedikter ist Forschungsprofessor für Multidisziplinäre Politikanalyse am Willy Brandt Zentrum der Universität Wroclaw/Breslau, Senior Research Scholar des Council on Hemispheric Affairs Washington DC, Trustee der Toynbee Prize Foundation Boston und Vollmitglied des Club of Rome. 2009-13 war er Research Affiliate am Europa-Zentrum des Freeman Spogli Institute for International Studies der Stanford Universität, 2008-12 Full Academic Fellow des Potomac Institute for Policy Studies Washington DC. Er ist Autor von Büchern zu europäischen und internationalen Fragen, darunter zu Italien, Europa, den USA, China und Chile, Co-Autor von zwei Pentagon und U.S. Joint Chiefs of Staff „White Papers" zu Zukunftstechnologien und Ethik (2013 und 2014) sowie Mitautor von Ernst Ulrich von Weizsäckers „Bericht an den Club of Rome" 2003 mit einem Beitrag über die Privatisierung italienischer Kulturgüter. Er war von 1995-2003 in der Südtiroler und europäischen Politik tätig und schreibt unter anderem für *Foreign Affairs, Harvard International Review* (in deren Advisory Board er ist), *Global Policy, European Foreign Affairs Review, Welttrends* (in deren wissenschaftlichem Beirat er ist) und *Challenge: The Magazine of Economic Affairs*. Benedikter ist häufiger politischer Kommentator für den staatlichen Rundfunk Italiens „RAI – Radiotelevisione Italiana", „Die Welt" Berlin und die „Wiener Zeitung". E-mail: rolandbenedikter@yahoo.de.

Massimo Cacciari ist Professor emeritus für Philosophie an der Universität Vita e Salute San Raffaele Mailand. U. a. Mitbegründer und Co-Direktor einiger der wichtigsten italienischen Kulturzeitschriften, die die politische und kulturelle Debatte Italiens zwischen den 1960er und 1990er Jahren maßgeblich mitbestimmten, darunter *Contropiano* (1968-1971), *Laboratorio politico* (1980-1985) und *Il Centauro* (1980-1985). 1999 Hannah Arendt Preis für politische Philosophie, 2002 Preis der Darmstädter Akademie, 2005 Goldmedaille des Circulo de Bellas Artes Madrid; Doktorate *honoris causa* in Architektur, Politikwissenschaft und Klassischer Philologie. 1976-1983 Abgeordneter zum italienischen Parlament, 1995-2001 und

2005-2010 Bürgermeister der Stadt Venedig, 2001-2005 Regionalparlamentarier der nordostitalienischen Region Venedig-Triveneto, 1999-2003 Europaparlamentarier, seit 2010 Mitbegründer der Partei *Verso Nord*. Unter seinen wichtigsten Büchern, die in alle europäischen Sprachen übersetzt wurden, sind: *Krisis* (1976), *Icone della legge* (1985), *L'Angelo necessario* (1986), und das Doppelwerk zur Idee Europas: *Geofilosofia dell'Europa* und *L'Arcipelago*. Seine im engeren Sinn theoretische Forschung ist enthalten im Triptychon: *Dell'Inizio* (1990), *Della cosa ultima* (2004) und *Labirinto filosofico* (2014). Ausschließlich in deutscher Sprache sind erschienen: *Zeit ohne Kronos* (1986), *Grossstadt, Baukunst, Nihilismus* (1995) sowie *Wohnen, Denken* (2002). E-mail: aricacci@libero.it.

Antonio Giuseppe Balistreri ist Forschungsdoktor für Geschichte des politischen Denkens und lehrt Philosophie und Geschichte in Italien und Deutschland. Er war Dozent für italienische Geschichte und Kultur an den Universitäten Veliko Tarnovo (Bulgarien), Constanta (Rumänien) und an der Universität Stuttgart, wo er auch Verantwortlicher für den Schwerpunkt Italien des Internationalen Zentrums für Kultur- und Technikforschung (IZKT) war. Er lehrte am Institut für Philosophie der Technischen Universität Braunschweig, arbeitete mit dem Forschungsinstitut für Philosophie Hannover zusammen und schreibt für die *Rivista di Politica*. U. a. Autor von *La mafia e il cittadino* (1995), *Un'idea dell'Italia* (2003), *Filosofia della Konservative Revolution* (2004) und *Conoscere l'Italia* (2006). E-Mail: ag.balistreri@gmail.com.

Remo Bodei ist Professor emeritus für politische Philosophie an der Universität Pisa, vordem an der „Scuola Normale Superiore" derselben Stadt und lehrt auch an der University of California, Los Angeles. U. a. Gastprofessor an der Ruhr-Universität Bochum (1977-1979), am King's College der Universität Cambridge (1980), an der Ottawa University (1983), an der New York University (1987-1990), an der Toronto University (1992, 1997) und an der Universidad de Girona (1998). U. a. Autor von *Geometria delle passioni. Paura, speranza e felicità: filosofia e uso politico* (1991), *Ordo amoris. Conflitti terreni e felicità celeste* (1991), *Scomposizioni. Forme dell'individuo moderno* (1987, dt.: *Dekompositionen. Formen des modernen Individuums*, 1996) und *We, the Divided. Ethos, Politics and Culture in Post-War Italy 1943-2006* (2006). E-mail: bodei@humnet.ucla.edu.

Salvatore Veca ist Professor für politische Philosophie am Istituto Universitario di Studi Superiori in Pavia, 2005-2013 Prorektor ebenda, 1984-2001 Präsident der Stiftung „Giangiacomo Feltrinelli" Mailand, Mitglied des technischen Beirates des „Istituto per lo sviluppo dell'Innovazione dei Mass Media" (SIMM), Mitbegründer der Zeitschrift *Reset*, Mitarbeiter des *European Journal of Philosophy* und der Zeitschriften *Teoria Politica* sowie *Rassegna italiana di sociologia*. U. a. Autor von *La lealtà civile*. *Saggi e messaggi nella bottiglia* (2003), *Dell' incertezza: tre meditazioni filosofiche* (1997), *L'Idea di giustizia da Platone a Rawls* (1997), *L'idea di incompletezza* (2011) und *La gran città del genere umano* (2014). E-mail: salvatore. veca@iusspavia.it.

Roberto Esposito ist Professor für theoretische und zeitgenössische Philosophie an der Scuola Normale Superiore Pisa, vordem am Istituto Universitario Orientale Neapel. U. a. Direktor der Zeitschrift *Filosofia Politica*, Mitbegründer des „Centro per la Ricerca sul Lessico Politico Europeo" Bologna, Kurator der Reihe *Per la Storia della Filosofia Politica* sowie der Reihe *Communità e libertà.* und wissenschaftlicher Berater der Zeitschrift *Micromega*. U. a. Autor von *Immunitas. Protezione e negazione della vita* (2002), *L'origine della politica. Hannah Arendt o Simone Weil?* (1996) und *Communitas. Origine e destino della comunità* (1998). E-mail: roberto. esposito@sns.it.

Ugo Perone ist Professor für Philosophie an der Universitá degli Studi del Piemonte Orientale Amedeo Avogadro, vordem Professor für Philosophie an der Universität Turin. 1993-2001 Kulturreferent der Stadt Turin, 2001-2003 Kulturattaché der Republik Italien in Deutschland und Direktor der Zentralstelle Berlin der Italienischen Kulturinstitute in Deutschland, u. a. Präsident der „Associazione italiana per la promozione dei giovani artisti" und Präsident des „Coordinamento delle città d'arte e di cultura" (CIDAC). Seit 2012 Gastprofessor an der Humboldt Universität Berlin. E-mail: ugo.perone@lett.unipmn.it oder ugo.perone@yellowspace.net.

MIX
Papier aus verantwortungsvollen Quellen
Paper from responsible sources
FSC® C105338

If you have any concerns about our products,
you can contact us on
ProductSafety@springernature.com

In case Publisher is established outside the EU,
the EU authorized representative is:
**Springer Nature Customer Service Center GmbH
Europaplatz 3, 69115 Heidelberg, Germany**

Printed by Libri Plureos GmbH
in Hamburg, Germany